La inteligencia emocional

aplicada al liderazgo

y a las organizaciones

Para: Familia Rosenstiel

Reciban este presente,
con mucho cariño y respeto.
De parte de su amigo
Roberto Méndez Maya y Familia
Esperando sirva para practicar
el idioma castellano.

LA INTELIGENCIA EMOCIONAL APLICADA AL LIDERAZGO Y A LAS ORGANIZACIONES

ROBERT K. COOPER
AYMAN SAWAF

Traducción
Jorge Cárdenas Nannetti

GRUPO
EDITORIAL

norma

Barcelona, Bogotá, Buenos Aires, Caracas, Guatemala,
Lima, México, Miami, Panamá, Quito, San José, San Juan,
San Salvador, Santiago de Chile, Santo Domingo

Edición original en inglés:
Executive EQ.
Emotional Intelligence in Leadership & Organizations
de Robert K. Cooper y Ayman Sawaf.

Una publicación de Grosset/Putnam, parte de Penguin Putnam Inc.
200 Madison Avenue, New York, NY 10016
Copyright © 1997 por Advanced Intelligence Technologies, LLC.

Dirección editorial, María del Mar Ravassa G.
Edición, María Lucrecia Monares
Diseño de cubierta, María Clara Salazar
Fotografía de cubierta, Image Bank

ISBN 958-04-4184-7

Dedicado al avance
del aspecto interno del liderazgo
y la empresa próspera en la cual
cómo negociamos unos con otros
es tan importante como lo que producimos,
y cómo servimos a los demás
es tan vital como cuánto ganamos.

Tabla de materias

PRIMER PILAR

Conocimiento emocional

SEGUNDO PILAR

Aptitud emocional

TERCER PILAR

Profundidad emocional

CUARTO PILAR

Alquimia emocional

Nota al lector

La inteligencia emocional aplicada al liderazgo y a las organizaciones es una colaboración única. En 1989, Ayman Sawaf, ejecutivo y empresario internacional, inició una investigación sobre conocimientos emocionales. Fundó un boletín informativo sobre la materia y presidió una fundación sin ánimo de lucro llamada Foundation for Education in Emotional Literacy. Robert K. Cooper, Ph.D., fue contratado para llevar a cabo una encuesta mundial sobre la inteligencia emocional en los negocios y campos conexos.

De esta iniciativa polifacética nació una nueva compañía: Advanced Intelligence Technologies. Cooper y Sawaf contrataron entonces a Esther M. Orioli, presidenta de Essi Systems, Inc., prominente firma de información corporativa y medición, y a su equipo de investigadores, encabezado por Karen Trocki, Ph.D., para desarrollar con ellos el primer Cuadro de CE (Cociente Emocional) y Perfiles de CE Organizacional, probados por normas y estadísticamente confiables. Al final de este libro se encontrará una copia de la versión introductoria y de autocalificación del Cuadro de CE. En la fecha de su publicación, éste ha sido puesto a prueba con millares de ejecutivos, gerentes y profesionales en más de cien organizaciones de servicios, tecnología e industria.

Fue Sawaf el que primero sugirió el Modelo de Cuatro Pilares para *La inteligencia emocional aplicada al liderazgo y a las organizaciones*, y él y Cooper desarrollaron un primer esquema para este libro. Al empezar en serio la investigación exhaustiva y el proceso de redacción, resolvieron que Robert Cooper investigaría y escribiría el libro y lo comunicaría con su voz.

El valor de la inteligencia emocional en el liderazgo y las organizaciones

Nos ENCONTRAMOS en las primeras etapas de lo que muchas autoridades creen que será la siguiente revolución en los negocios. No se va a derramar sangre en esta tremenda transformación de lo viejo a lo nuevo, pero sí perecerán muchas ideas preconcebidas.

Todo empezó con una serie de estudios sobre la inteligencia emocional, los cuales indicaron que las personas intelectualmente más brillantes no suelen ser las que más éxito tienen, ni en los negocios ni en su vida privada. En el curso de los últimos años el cociente emocional, CE, se ha venido a aceptar ampliamente como una expresión abreviada del equivalente en inteligencia emocional al cociente de inteligencia, o CI. Y las investigaciones recientes sugieren que un ejecutivo o profesional técnicamente eficiente con un alto CE es una persona que percibe más hábil, fácil y rápidamente que los demás los conflictos en gestación que tienen que resolverse, los puntos vulnerables de los equipos y las organizaciones a que hay que prestar atención, las distancias que se deben salvar o los vacíos que se deben llenar, las conexiones ocultas que significan oportunidad, y las oscuras y misteriosas interacciones que prometen ser de oro... y rentables.

Considérense por un momento las grandes iniciativas de los últimos decenios en el campo de la gerencia. Estas han difundido ampliamente la fe en la racionalidad de la estructura y la premisa de que las estadísticas, el análisis, la indagación intelectual, las relaciones incorpóreas y la brillantez conceptual impulsan las organizaciones al pináculo del éxito.

Todo ese intelecto puro puede haber sido necesario para hacer nuestras organizaciones más competitivas, y ciertamente ha traído algunos beneficios; pero no sin costos dramáticos que los que están en ellas sienten todos los días, incluso derrumbamiento de la confianza, incertidumbre, mayor distancia entre los directivos y sus subordinados, creatividad ahogada, enconado recelo, creciente inconformidad, y lealtad y dedicación que van desapareciendo.

Hay una manera mejor de hacer las cosas. La ciencia de la inteligencia emocional está creciendo a pasos agigantados, sostenida por centenares de estudios, investigaciones e informes administrativos; nos enseña todos los días cómo mejorar nuestra capacidad de raciocinio y, al mismo tiempo, cómo utilizar mejor la energía de nuestras emociones, la sabiduría de nuestra intuición y el poder inherente en la capacidad que poseemos de conectarnos a un nivel fundamental con nosotros mismos y con los que nos rodean.

Ejemplo tras ejemplo a lo largo de estas páginas demuestran la influencia decisiva que puede ejercer la inteligencia emocional sobre los factores críticos del éxito en una carrera y en la organización, incluyendo:

- toma de decisiones
- liderazgo
- avances decisivos técnicos y estratégicos
- comunicación abierta, franca

- relaciones de confianza y trabajo en equipo
- lealtad de los clientes
- creatividad e innovación

"Algo que reteníamos nos hizo débiles..."

Hemos pagado un precio demasiado elevado, no sólo en nuestras organizaciones sino en nuestra propia vida, por tratar de desconectar las emociones del intelecto. No sólo sabemos intuitivamente que eso no se puede hacer, sino que la ciencia moderna nos está demostrando todos los días que es la inteligencia emocional, no el CI ni la sola potencia cerebral, lo que sustenta muchas de las mejores decisiones, las organizaciones más dinámicas y rentables, y las vidas más satisfactorias y de éxito.

Los científicos del cerebro están suministrando ahora explicaciones psicológicas de la conexión que hemos reconocido desde hace mucho tiempo pero que a menudo hemos tratado de desconocer. Antonio R. Damasio, jefe de neurología en el Colegio de Medicina de la Universidad de Iowa, dice:

> En verdad, razonamiento/toma de decisiones y emoción/sensación se entrecruzan en el cerebro... En el cerebro hay un conjunto de sistemas dedicado al proceso de pensar orientado a una meta que llamamos raciocinio, y a la selección de respuesta que llamamos toma de decisiones. Este mismo conjunto de sistemas cerebrales actúa en las emociones y las sensaciones. Sensación y emoción ejercen poderosa influencia sobre el razonamiento. A mi modo de ver las sensaciones tienen una posición realmente privilegiada. Retienen una primacía que satura nuestra vida mental. Deciden cómo desempeñan su función el resto del cerebro y la cognición. Su influencia es inmensa.

Robert Frost escribió: "Algo que reteníamos nos hizo débiles, hasta que descubrimos que éramos nosotros mismos". Todos los días un número increíble de brillantes gerentes y profesionales reprimen lo mejor de sí mismos en la puerta antes de ir a trabajar —y eso nos impone a todos un costo directo o indirecto humano y monetario. Lo que se queda reprimido es ese "algo" de que habla Robert Frost: el corazón. Tal vez menos poéticamente el psicólogo de Yale Robert Sternberg, experto en inteligencia de éxito, afirma: "Si el CI manda, es sólo porque lo dejamos. Y cuando lo dejamos mandar, elegimos un mal amo".

La inteligencia emocional surge no de las divagaciones de un intelecto enrarecido sino de las operaciones del corazón humano. El CE no es cuestión de trucos para vender ni de cómo trabajar en un cuarto.

Y no es cuestión de poner buena cara a las cosas, o la psicología del control, explotación o manipulación. La palabra *emoción* puede definirse simplemente como la aplicación de "movimiento", metafórica o literalmente, a sensaciones básicas. La inteligencia emocional es lo que nos motiva a buscar nuestro potencial único y nuestro propósito, y activa nuestros valores íntimos y aspiraciones, trasformándolos de cosas en las cuales *pensamos*, en lo que *vivimos*. Las emociones se han considerado siempre de tanta profundidad y poder que en latín, por ejemplo, se describían como *motus anima*, que significa literalmente "el espíritu que nos mueve".

Al contrario de lo que generalmente se cree, las emociones no son en sí mismas ni positivas ni negativas; más bien actúan como la más poderosa fuente de energía humana, de autenticidad y empuje, y ofrecen un manantial de sabiduría intuitiva. En efecto, las sensaciones nos suministran información vital y potencialmente provechosa todos los minutos del día. Esta retroinformación (del corazón, no de la cabeza) es lo que enciende el genio creador, mantiene al individuo honrado consigo mismo, forma relaciones de confianza, ofrece una brújula interna para la vida y la carrera, nos guía hacia posibilidades inesperadas y aun puede salvarnos o salvar nuestra organización del desastre.

No basta, por supuesto, *tener* sensaciones. La inteligencia emocional requiere que aprendamos a *reconocerlas* y a *valorarlas* —en nosotros mismos y en los demás—, y que *respondamos* apropiadamente a ellas, *aplicando* eficazmente la información y energía de las emociones en nuestra vida diaria y en nuestro trabajo. Una definición más completa es como sigue:

> Inteligencia emocional es la capacidad de sentir, entender y aplicar eficazmente el poder y la agudeza de las emociones como fuente de energía humana, información, conexión e influencia.

"...LAS LLAVES PERDIDAS DE LA ADMINISTRACIÓN"

Desde hace ya varios decenios algunos de nuestros mejores pensadores sobre liderazgo nos vienen recomendando conservar las emociones en la vida organizacional y aprender a valorarlas y manejarlas mejor —en nosotros mismos y en los demás. Entre esos académicos de los negocios, en particular los que han dado forma a nuestra comprensión del mejor liderazgo y administración, tal como se practica en realidad, se cuentan Chris Argyris, Abraham Zaleznik y Henry Mintzberg, quien fue el primero que sugirió, en un artículo de 1976 en *Harvard Business Review*, que es en el dominio de la intuición, más bien que en el análisis, donde debemos buscar "las llaves perdidas de la administración". Considérense también los escritos recientes de Gary Hamel y Michael Hammer, entre muchos otros. Peter Senge, director del Centro de Aprendizaje Organizacional del MIT, hace por su parte otra prevención a los que sólo se fían del intelecto: "Los individuos con alto nivel de maestría personal... no se pueden permitir escoger entre razón e intuición, entre cabeza y corazón, como no elegirían caminar con una sola pierna o ver con un solo ojo".

Cuando uno pone en juego no sólo la mente analítica sino también las emociones y la intuición, los sentidos y la inteligencia emocional lo capacitan para recorrer en un instante centenares de posibilidades y alternativas para llegar a la mejor solución en segundos en lugar de horas. Y los estudios indican no sólo la rapidez del proceso sino la probabilidad de que quienes lo utilizan descubran una solución tan buena o mejor que si se fiaran únicamente del intelecto.

Cualquiera que sea su actual posición o título, cada uno es al fin y al cabo responsable por ser el director de su propia vida y trabajo. Según este modo de ver, todos los días tomamos, o dejamos de tomar, decisiones que tienen consecuencias tanto inmediatas como a largo plazo. Además, a un número mayor de personas se les pide hoy servir como líderes en una u otra forma en el lugar de trabajo y se espera que estén a la altura de expectativas cada día más altas. No es simplemente que esperemos de nuestros ejecutivos y gerentes que asuman la responsabilidad por el éxito de nuestro grupo u organización y que compartan las recompensas y utilidades equitativamente con todos los interesados.

Insistimos también en que muestren amplios conocimientos y pericia analítica en muchos campos distintos, tales como finanzas, estadística, asignación de recursos, tecnología, sistemas de información, desarrollo de productos, manufactura, prestación de servicios y marketing. Esto es sólo para empezar.

Exigimos también competencia para escribir, hablar, escuchar, negociar, formular estrategias y ejercer influencia. Más allá de esto, esperamos que nuestros ejecutivos y gerentes demuestren casi todos los atributos conocidos o sospechados del carácter del líder, incluyendo honradez, energía, confianza, integridad, intuición, imaginación, elasticidad, propósito, dedicación, influencia, motivación, sensibilidad, empatía, humor, coraje, conciencia y humildad. Encima de todo, queremos que los líderes en todos los niveles de una organización sean nuestros mentores, entrenadores, consejeros, aliados, guardianes y amigos, siempre alerta a las necesidades de la empresa y a nuestros intereses personales. Por desgracia todavía estamos a oscuras en cuanto a cómo aprender a hacer esto —cómo llegar a ser no sólo gerentes y líderes excepcionales sino también hombres y mujeres notables. Y una de las piezas que faltan en el rompecabezas es la inteligencia emocional.

El propósito de este libro es plantear y examinar algunas cuestiones potencialmente útiles sobre las características y valores de desarrollar y aplicar inteligencia emocional en el trabajo y la vida. Lo que se encontrará en las páginas siguientes es un modelo práctico e integral que ofrece un punto de partida basado en las ideas de líderes e investigadores de muchas organizaciones de todo el mundo.

Al contrario de lo que generalmente se cree, las emociones no son unas intrusas en nuestra vida; son inteligentes, sensibles, beneficiosas y hasta sabias. Son la fuente primaria de motivación, información (retroinformación), poder personal, innovación e influencia. En la mayoría de los casos no están reñidas con el buen sentido y la razón sino más bien *inspiran* y *vitalizan* el buen sentido y la razón y se relacionan con el éxito y la rentabilidad. Como lo verá el lector, todo lo importante que sucede suscita emoción.

Todo.

El Cuadro de CE

Desde hace varios años un grupo de colegas y yo hemos compartido la creencia de que muchas calidades de la inteligencia emocional se podrían identificar y medir en una forma altamente personalizada y muy distinta de las pruebas tipo CI. A fin de comprobar nuestra hipótesis, invitamos a una importante firma de medición e investigación corporativa, Essi Systems, Inc., de San Francisco, a trabajar con nosotros para desarrollar el primer *Cuadro de CE* y *Perfiles de CE Organizacional*. Valiéndose de las tecnologías más avanzadas en este campo, un equipo de investigación encabezado por Esther M. Orioli, presidenta, y Karen Trocki, Ph.D., directora de investigación, lanzó esta iniciativa científica con una base de clientes integrada por más de 2 000 organizaciones. De esta temprana colaboración nació Q-Metrics, con la misión de explorar nuevas maneras de medir y diagramar las dimensiones de la inteligencia humana que contribuyen a la realización personal e interpersonal, al éxito de las organizaciones y al beneficio de la humanidad.

Gracias a esta combinación de esfuerzos, el lector hallará al final de este libro una copia de la versión introductoria del Cuadro de CE, primer método extensamente investigado, puesto a prueba por normas nacionales y estadísticamente confiable que le permitirá empezar a registrar sus relativas fuerzas y vulnerabilidades sobre una amplia gama de características relacionadas con la inteligencia emocional. Hasta la fecha de esta publicación, el Cuadro de CE se ha probado como piloto con millares de ejecutivos, gerentes y profesionales en más de un centenar de organizaciones en industrias de servicios, tecnología y manufactura en los Estados Unidos y el Canadá. Versiones modificadas del cuadro se están desarrollando para el Reino Unido, Europa, Japón y otros países y regiones del mundo. Creemos que los resultados prometen mucho. Ya estamos aprendiendo maneras de empezar a medir la relación entre inteligencia emocional y salud, trabajo en equipo, innovación, productividad y utilidades.

Quizá sorprenda al lector lo que el Cuadro de CE le revela; o tal vez le confirme cosas que ya había presentido acerca de sí mismo. También puede recordarle talentos y capacidades innatas que había olvidado y que piden renovada atención. Si bien puede ser útil concentrarse en una o dos de las áreas o escalas del cuadro, donde su puntaje indique una posible vulnerabilidad, puede ser igualmente importante continuar profundizando y desarrollando sus puntos fuertes a través de toda la gama de atributos de la inteligencia emocional, y contar estos como activos en su vida y su trabajo.

Prólogo

TODOS CONOCEMOS esa profunda sensación que se experimenta, por ejemplo, contemplando absortos el mar desde una playa a la puesta del sol, o un bosque al romper el día, o el cielo cuando salen las estrellas, y sentimos una presencia poderosa. Yo estaba en una montaña en el Tibet, el sol empezaba a bañar las cumbres distantes que se alzaban sobre lagos azules rodeados de hondonadas convergentes. Abajo se extendían praderas bordeadas de rocas cristalinas, arroyos y flores silvestres.

La vista despertó en mí un hondo sentimiento de maravilla, una renovada curiosidad sobre el significado de nuestra existencia: el misterio de quiénes somos, para qué vivimos y qué podemos alcanzar. Contemplé los mundos del más allá, rebasando los horizontes de mi imaginación, mirando a lo lejos como si durante esa serie de instantes en el techo del mundo nada estuviera oculto para mí.

Lo que no podía adivinar entonces, aquel día de hace varios años, era que iba a experimentar algo que cambiaría para siempre mis ideas sobre el valor y la compasión, el liderazgo y el aprendizaje, la intuición y la fe. Justamente antes de llegar a la cima mi guía tibetano me preguntó: "¿Está listo?" ¿Listo para qué?, pensé yo, haciéndole sin resuello un ademán afirmativo. ¿Para la vista espectacular? ¿Para la honda satisfacción del triunfo en aquella ascensión? Sí, estaría listo.

Pero no lo estaba. No estaba preparado para lo que siguió.

Además del guía, nos acompañaba ese día un hombre que cuando lo conocí me pareció muy viejo. Luego me enteré de que tenía 59 años. Tenía la piel arrugada y tostada por el viento y el sol, los ojos de un penetrante azul oscuro, con lo blanco de ellos cruzado de vasos sanguíneos, lo que le daba un aspecto de cansancio, o quizá de tensión; pero esto contradecía su manera de andar y de trepar, que era confiada y vigorosa a pesar de que cojeaba ligeramente de la pierna izquierda. Calzaba viejas botas de montaña y llevaba una pesada chaqueta de lona azul oscura, pantalones grises de trabajo y un suéter rojo con el cuello raído. Tenía las coyunturas de los dedos diversamente agrandadas —unas parecían haber sufrido fractura, otras estaban retorcidas por la artritis o la edad— y llevaba en la mano un largo cayado de madera dura que, según me contó el guía, él mismo había alisado quitándole las espinas y aceitándolo a mano hasta dejarlo brillante.

Yo visitaba entonces el Tibet por primera vez, completando un proyecto de investigación sobre el aspecto interno del liderazgo. Antes de eso había pasado varios años consultando con ejecutivos y equipos de administración corporativa, y explorando los resultados científicos de investigaciones sobre el desempeño excepcional de los seres humanos bajo presión. En un período de veinte años había estudiado igualmente la vida de varios líderes en la historia mundial, unos muy conocidos y otros poco conocidos. Desde 1973 me había intrigado un hombre en particular, un líder de quien casi no se ha oído hablar en Occidente, que vivió en el Tibet en el siglo séptimo. Arrostró una serie impresionante de dificultades y surgió como una figura excepcional en virtud de un raro estilo de liderazgo que combinaba mente y corazón, fuerza y compasión, y construyó un imperio donde antes no lo había, un imperio quizá más grande en tamaño, alcance e influencia que los de César, Atila o Alejandro. Por cualquier norma, sus realizaciones, más allá de sus triunfos militares, fueron notables: un gobierno representativo; expansivo comercio mundial; fomento de un código moral y derechos humanos; creación de un idioma escrito y un plan de alfabetización nacional; un sistema de cuidado de la salud basado en las mejores tradiciones de Grecia, Persia, India y China; y promoción de una cultura igualitaria unificando las tribus salvajes de Asia Central. Yo había ido al Tibet para seguir las huellas de ese líder que vivió hace más de mil trescientos años.

Cuando coronamos la cima del monte, el guía y yo permanecimos al lado del viejo, tendiendo todos la mirada sobre los valles ocultos abajo. Era una vista maravillosa. El sol tibio nos daba en la cara. A pesar de que el cielo estaba despejado, leves copos de nieve empezaban a caer. Me volví hacia el viento para ver de dónde provenían: un grupo de nubes blancas que se destacaba sobre el azul del cielo flotaba hacia nosotros desde el este.

—Es allá —señalaba el viejo con el dedo.

—¿Qué hay? —pregunté yo, curioso, y me acerqué para asomarme por el borde de la cresta.

—Allá, ese montón de piedras.

Al pie de la montaña donde nos encontrábamos y centenares de metros más abajo, alcancé a ver entre la bruma que penetraban los rayos del sol de la tarde lo que parecía un apilamiento circular de grandes piedras, como si un amplio hueco en el suelo hubiera sido rellenado. El viejo lo miraba y noté que los brazos le temblaban. Lo observé más detenidamente y vi que las lágrimas empezaban a rodarle por las mejillas. El guía también tenía los ojos colorados, visiblemente conmovido por algo que yo no comprendía.

—Toda mi familia fue enterrada aquí... antes de que se llevaran los cadáveres —dijo el viejo, en una voz tan queda que apenas se le oía*.

—¿Qué pasó? —pregunté yo, pensando en algún posible accidente del montañismo, recordando nuestra ascensión y mi temor de que un golpe de viento o un paso en falso nos precipitara al abismo.

—¿Sabe usted lo que significa este signo? —me preguntó el viejo juntando las manos palma a palma sobre el pecho y con los dedos extendidos hacia el cielo.

Le indiqué que sí lo sabía. En todo el Tibet y en el Himalaya era una señal de respeto, de saludo y de oración. Me miró fijamente antes de proseguir.

—En 1959 el ejército chino nos prohibió la oración en cualquier

---

* Para cumplir con la promesa que hice a los tibetanos y para proteger a los sobrevivientes de más persecuciones a manos del ejército chino de ocupación, he alterado las fechas, números, horas y características humanas y geográficas y otros elementos de esta historia sintética.

forma. Antes de la invasión china yo había sido elegido por los ancianos como uno de los futuros conductores de la aldea. Eso fue antes de que yo entrara a la universidad y antes de que el Ejército Rojo viniera a destruir nuestras casas, nuestros negocios, nuestras bibliotecas y templos, y violara a nuestras mujeres y niños y nos prohibiera orar. Durante más de mil años nosotros hemos sido en general gente de paz; teníamos una pequeña fuerza defensiva pero no se podía medir con la Guardia Roja. Ningún otro país salió en defensa nuestra. Fue una época negra para el Tibet, y lo es todavía para los que sobrevivieron...

Se secó las lágrimas de los ojos y mostrándome un sendero que parecía un fino hilo de plata tendido en el fondo del valle agregó:

—Un día, hace ya muchos años, iba yo por ese camino cuando me encontré con un viejo amigo, y por instinto y por respeto junté así las manos y lo saludé a nuestro modo tradicional diciéndole: "*Tashi deley*", que quiere decir "Honro la grandeza que hay en ti". Nos detuvimos a conversar un momento. Un oficial del ejército chino me vio hacer esto y ordenó: "Prendan a este hombre. Está rezando y propagando la religión. Ha violado la ley y haremos con él un escarmiento". Durante años yo había venido protestando contra la manera como trataban a nuestra gente, pero nunca había atacado a nadie ni había tomado armas. Sin embargo, en el valle había mucha intranquilidad y yo creo que los chinos me vigilaban, temiendo un alzamiento. Al día siguiente juntaron a todos mis parientes sobrevivientes: mi esposa, mi hermano y hermana, madre y padre, abuela, tío y tía y los hijos y nietos de la familia. Bajo la amenaza de los fusiles obligaron a los vecinos a presenciar la escena y a nosotros nos ordenaron cavar un gran hueco allá abajo (y señaló el montón de piedras al pie de la montaña). Los oficiales vociferaban que las leyes tenían que cumplirse, pasara lo que pasara; que nadie podía pensar ni sentir nada que no les dijera el jefe de grupo nombrado por ellos. Contaron mi delito. Dijeron que yo había violado la prohibición de oraciones y religión y era un enemigo del gobierno y del pueblo, y anunciaron mi castigo mientras cuatro soldados me retenían por los brazos.

Durante unos momentos no pudo hablar. El viento cambió. Que mi guía también estaba conmovido, se le veía en la expresión del rostro. Pasó un tiempo antes que el viejo volviera a su relato.

—No hicieron caso de mis protestas. Tal vez lo tenían todo planeado desde hacía tiempo. Hasta el día de hoy no lo sé. Les dije una vez más que mi oración la había hecho por instinto, por respeto a mi amigo, pero que yo no estaba tratando de catequizarlo. No fue un acto de desobediencia ni rebelión contra el gobierno. Les supliqué que me castigaran *a mí*, que a mí solo me hicieran sufrir, no a los demás. Me dijeron que no me preocupara, que ya sufriría bastante. Sin hacerme caso, me obligaron a presenciar el acto.

Respiró hondo y exhaló el aire muy lentamente, como para controlarse. Yo por mi parte era presa de tan intensa emoción, que aquello era como estar presente a su lado años atrás, cuando él pasaba por una de las horas más terribles de su vida. ¿Qué sucedió entonces —me preguntaba yo— y cómo reaccionó él? ¿Qué habría hecho yo en su lugar?

Empezó a hablar otra vez, temblándole aún los brazos.

—Los oficiales se reían mientras unos soldados empapaban tiras de algodón en gasolina y les rellenaban con ellas la garganta a mi esposa y mis parientes, para luego pegar fuego al algodón. Arrojaron a sus víctimas al hueco y las enterraron todavía vivas, ardiendo en llamas. Y los niños, los pequeñitos, sus llantos, sus ojos...

Calló, rígido el cuerpo, temblándole las manos sin poderlas controlar.

Yo sentía la sangre que se agolpaba en mi pecho y me secaba la garganta. Traté de imaginar que esto sucediera a los míos. Me imaginé a mi esposa, mi hijo, mis dos hijas muriendo de esa manera. La nieve había disminuido y vi el viento azul cruzar los rayos de luz de la montaña, en el suspiro silencioso de la vida de un hombre, de un hombre que era el único sobreviviente de su familia, un líder señalado en una atmósfera de miedo y represión. Este era un hombre cuyo crimen había sido juntar las manos en oración para honrar la grandeza de otro ser humano.

La imagen se grabó en mis sentidos.

¿Cuántas veces en la historia se han repetido tales horrores? Y me pregunto, ¿dónde suceden hoy todavía?

Lentamente el viejo se volvió hacia mí y se enjugó la humedad de las mejillas. Tenía las manos desnudas y observé que la nieve que les caía encima no se derretía inmediatamente sino que parecía descansar allí, sobre las viejas articulaciones. La luz iluminaba sus facciones, trabajadas por el tiempo y la vida y el sol, pero los ojos le brillaban con claridad. Me miró a la cara, no, me miró más al fondo, como si me quisiera llegar al alma. No tengo palabras para describir esa mirada. Luego, con voz serena, dijo:

—Cuénteme usted de su vida, y de los Estados Unidos.

Me quedé estupefacto. Un poco desconcertado, le pregunté:

—¿Cómo puede usted hacer eso?

—¿Hacer qué?

—Hablarme de una experiencia tan atroz y en seguida olvidarla como si nada hubiera ocurrido.

—Olvidarla, no. Eso nunca. Me quitaron todo lo que yo tenía, menos dos cosas que nadie me puede quitar: primera, lo que yo valoro y creo, lo que *siento* en el fondo del corazón que es verdad aun cuando mi mente no lo pueda probar o explicar. Y segunda, a menos que me hubieran dado muerte, no me habrían podido quitar cómo expreso *lo que yo soy* en el camino de mi destino. Estas son las cosas que me hacen a mí real y me dan esperanza.

—Pero cómo... —empecé yo.

—Robert —me interrumpió—, aquello fue la cosa más terrible, la cosa más dura de mi vida. Yo quería que usted la supiera. Algo aprenderá de ella. Además, sin saber eso, usted no me conoce. No me conoce en el fondo, en lo que realmente soy. Nunca podría ser un líder para usted. Y usted no podría trabajar gustoso a mi lado ni seguirme. Piense en esto: ¿podría confiar en mí, o compartir un propósito o visión conmigo, simplemente porque un oficial chino se lo ordenara? No. Pero ahora, si usted quiere, puede empezar a conocerme y a trabajar conmigo y a confiar en mí. Ahora soy real, no apenas un nombre; tengo un corazón, una voz, una vida. No soy sólo un extraño que escaló la montaña con usted.

Ahora soy real, no apenas un nombre; tengo un corazón, una voz, una vida.

—En cuanto a su otra pregunta —agregó—, ¿que cómo puedo contarle una experiencia tan horrible y luego pasar a otra cosa? Es por usted, porque usted está vivo, está aquí, ahora. Mi familia ha muerto. Todo muere, más temprano o más tarde. Aprender a hacer frente a esto es difícil. Pero yo estoy vivo. Todos los días me lo digo a mí mismo.

Y usted está aquí. Puedo aprender algo de usted. Todavía me queda trabajo por hacer.

Puedo aprender algo de usted.

El viejo vio mi confusión.

—Tiene que entender, Robert, que esto no es sólo un engendro de la mente, sino que sale del corazón. En el Tibet lo llamamos *auténtica presencia*. Significa "campo de poder". Cuando vivimos así, desde adentro, podemos hablar abierta y francamente los unos con los otros y decir cosas que sentimos hondamente, aun cuando sea duro decirlas. Todos nos responsabilizamos por hacer nuestro mejor esfuerzo en todo. Buscamos nuestra vocación, el camino que nacimos para recorrer. Toda persona tiene esto y puede afrontar penalidades y problemas pero no vivir dentro de ellos. Estos no desaparecen por sí solos pero no debemos perder la oportunidad de aprender algo de cuanto se nos presente *ahora*.

Mientras él hablaba así, yo pensé en los ejecutivos de negocios, los líderes de gobierno y los equipos administrativos con quienes he trabajado muchos años.

—¿Pero podemos los demás aprender eso? —pregunté—. ¿Qué me dice de las ocasiones en que estamos tratando de superar obstáculos o dificultades y nos encontramos frente a otro problema, y otro y otro? Si tratamos de prestar atención a estos también, ¿no seremos apabullados por ellos? ¿No es mejor no hacerles frente y dejarlos para después?

—No —respondió tras un momento de reflexión—. No. Tenemos que hacer frente a lo que se presente.

—El puente —interpuso mi guía.

—Ah, sí —dijo el viejo, recordando—. Ese mismo día que perdí mi familia, el ejército chino destruyó uno de los puentes sobre el río. Para castigarnos más. Para que todo el pueblo sufriera. Para que todos tuvieran que dar un gran rodeo para cruzar al otro lado. Los oficiales decían: "Reconstrúyanlo si pueden. Nosotros no les vamos a ayudar".

El viejo explicó que a él lo llevaron desde el lugar de la matanza, junto con los demás aldeanos, a la orilla del río cerca del puente destruido. Los aldeanos lloraban. Él comprendió que tenía que decidirse, entre atacar a los soldados y perder inmediatamente la vida, o reaccionar en otra forma. En medio de su dolor y la angustia de las circunstancias, observó las ruinas humeantes y se dejó guiar por la intuición.

Alzó una gran piedra, y con angustia que le oprimía el pecho y la cara bañada de lágrimas apretó los dientes y, a la vista del batallón armado que se mofaba de él, entró en el agua helada del río hasta uno de los estribos sumergidos del viejo puente, apenas visible en el agua, y depositó allí la piedra. Los oficiales enemigos sabían que los tibetanos por larga tradición tenían miedo del agua profunda, y daban por sentado que no querrían ni podrían reconstruir el puente. Pero subestimaban el valor emocional y el carácter de un hombre, un hombre que antes de 1959 había sido elegido para conducir a su pueblo. La invasión lo había privado de su destino hasta ese día de terror y explosiones. Un día que pondría a prueba a cualquier líder, a cualquier ser humano. Yo me preguntaba: ¿Qué habría hecho yo? Y ahora pregunto a mis lectores: ¿Qué habrían hecho ustedes?

"Yo llevaré cien piedras y maderos por cada uno de mis parientes; ¿cuántos llevarán ustedes?", dijo el viejo a los aldeanos, echando llamas por los ojos.

Por el momento nadie contestó, nadie se movió. Lo miraban, sintiendo su presencia al responder a su destino y a la llamada del liderazgo. Él supo entonces que no podía darse por vencido, que no podía dejar de entrar en el agua profunda, o todos perecerían; los centenares de aldeanos se darían por vencidos, no sólo él. Poco a poco otros empezaron a alzar pesadas piedras y meterse en el río. Ese día él llevó dieciocho piedras vadeando en el agua, hasta que sus compañeros lo envolvieron en mantas, temblando de pies a cabeza por el choque de su pérdida y por el frío. En los meses siguientes rehicieron el puente a mano, con un elevado arco a la vieja manera tibetana. Ahí está hoy. Como símbolo, más bello y útil que antes. Yo he estado en ese puente. Es un monumento a la memoria de un hombre de corazón, y al corazón de su comunidad.

El resto de aquella larga tarde el viejo, el guía y yo hablamos de la vida y de lo que significa tener un propósito y un destino. Yo les hablé de lo que los Estados Unidos significan para mí; de cómo son una nación que nació de una reñida lucha por la libertad, los derechos y la dignidad humana. Pero comprendía claramente que el viejo tibetano estaba demostrando lo que yo trataba de aprender: la capacidad de *ser un auténtico ser humano de hondo sentimiento, cualquiera que sea la suerte que nos depare la vida, cualesquiera los retos y las oportunidades que se nos presenten.* Fue entonces cuando empecé a creer que esa capacidad requiere, ante todo, no intelecto sino inteligencia emocional, incluyendo una *energía activadora* que vivifica lo que sentimos y valoramos. Expresamos esto en muchas formas, como ser francos, honrados, íntegros, valerosos y creativos —comprometiéndonos a transformar las circunstancias, aun las más aterradoras, en algo significativo y valioso a medida que damos forma a un nuevo futuro.

Estas son algunas cualidades de la inteligencia emocional. Cuando se *piensa* en ellas, son poco más que una ideología, o principios, o buenas ideas; sólo cuando se *sienten* hondamente se hacen activas y reales, y uno se ve obligado a *actuar* con ellas, a vivirlas. Todo líder de negocios quiere o necesita tener cualidades como estas. Todo empleado las pide en su jefe, y todo miembro de familia espera encontrarlas en sus padres, en su pareja o sus hermanos.

El líder tibetano de quien he hablado se vio obligado por un cambio catastrófico a empezar de nuevo, con poca ayuda o recursos, a buscar profundamente en el interior de sí mismo y encontrar la manera de prevalecer en medio de terribles circunstancias adversas*; de análoga manera, los empresarios se ven obligados a volver a empezar muchas veces en su carrera, a encontrar la manera de prevalecer haciendo frente a recortes, incertidumbre en los mercados, recursos disminuidos, oportunidades que se van, limitada financiación y competencia incesante.

En términos generales, lo que buscamos en los negocios y en la vida no esta *allá afuera*, en la última tendencia o tecnología, sino *aquí*,

---

* Yo no tengo manera de averiguar si el oficial que tomó parte en la tragedia aludida era un pícaro de la Guardia Roja o si actuaba con respaldo del gobierno comunista de ocupación del Tibet, o si los soldados fueron castigados por los actos que se les atribuyen. Al narrar los detalles de este episodio, tales como a mí me los contaron, y al escribir sobre mis experiencias con el pueblo tibetano, no ha sido mi intención en modo alguno culpar al pueblo chino; éste no tuvo arte ni parte en la invasión ilegal por su gobierno de la nación soberana de Tibet, ni en la tentativa de genocidio ni en la represión terrorista que dura todavía. También quiero dejar en claro que ninguno de los líderes u organizaciones de negocios con quienes he trabajado tuvieron nada que ver con mis viajes al Tibet, que realicé hace años y que fueron puramente personales. Como dijo Elie Wiesel, premio Nobel: «Lo que está ocurriendo en el Tibet es un crimen de lesa humanidad». Para mayor información, dirigirse a International Campaign for Tibet, 1825 K St., N.W., Suite 520, Washington, D.C. Correo electrónico: http://www.peacenet.org/ict

dentro de nosotros mismos. Allí ha estado siempre pero no lo apreciábamos, o no lo respetábamos o no lo utilizábamos tan bien como somos capaces de hacerlo. En su esencia una vida significativa y venturosa requiere sintonizarse con lo que está *adentro*, debajo de los análisis mentales, las apariencias y controles, debajo de la retórica y la piel.

En el corazón humano.

No, el corazón no es una simple bomba, como lo describen los cardiólogos. Es más que eso. Los científicos pueden medir su energía desde un metro y medio de distancia. Irradia. Activa nuestros valores más profundos, trasformándolos de algo en que *pensamos*, en lo que *vivimos*. Sabe cosas que la mente no sabe ni puede saber. Es el asiento del valor y el espíritu, la integridad y el compromiso. Es la fuente de la energía y hondas sensaciones que nos llaman a aprender, cooperar, dirigir y servir.

El líder tibetano era claramente inteligente. Pero no sólo en la mente; tenía alta inteligencia emocional. Yo fui testigo de muchos actos pequeños de liderazgo creativo, práctico, en el breve tiempo que pasé con él. Lo observé en el trabajo en su comunidad, en su trato con los demás, confiando en ellos, haciéndolos responsables por sus mejores esfuerzos y generando ideas creativas y alianzas de trabajo a pesar de la escasez de recursos y la falta de fondos. Una y otra vez demostró lo que se puede tener por distintivo del CE: aprendía y enseñaba mediante sensaciones vinculadas con el razonamiento, en lugar de ideas abstractas y análisis, autenticidad en vez de reacción, profundo discernimiento en lugar de hábito, y mediante lo esencial en vez de lo superficial.

Era, en suma, el líder más profundo y más auténtico que yo he conocido. ¿Quién es el suyo? Tómese unos minutos para recordar qué sentía estando con esa persona. En el curso de los años he conocido a varios hombres y mujeres excepcionales que dirigían e innovaban, que desafiaban las circunstancias desfavorables y por lo general salían triunfantes. El lector conocerá a muchos de ellos en las páginas de este libro. Yo me prometí encontrar la manera de aprender lo que ese hombre había aprendido, y de medirlo si era posible, y esto llevó posteriormente a la organización del equipo que creó el Cuadro de CE. El poeta William Stafford dijo que el deber del escritor es profundizar en su propia historia para poder llegar a la historia de todos. Eso es lo que he tratado de hacer en estas páginas. Ese es también deber del líder. Por lo menos una razón de que usted esté leyendo este libro es que usted es un ser humano sensible, no un rostro sin nombre ni un manipulador de números con un título de un cargo. Es, pues, hora de preguntar: ¿Cuáles son las historias de su vida? ¿Cuál es su sentido de vocación personal, su más hondo sentido del porqué de su vida? ¿Qué lo hace real y que valga la pena conocerle?

Un punto de partida para la exploración

Este libro se basa en una combinación de investigación científica y experiencia personal, y en ideas específicas y ejemplos prácticos de líderes, directivos y profesionales. La esencia es esta: que en la vida humana y en el trabajo hay más de lo que reconocen nuestras rígidas y anticuadas teorías. Hay más profundidad y sabiduría en lo que sentimos, en cómo el corazón conserva la imagen de nuestro potencial único, o destino, y nos llama a él.

Este libro trata de esa llamada.

Uno de los beneficios inmediatos es una oportunidad de liberarse uno de la lucha constante por trabajar más duro, más rápidamente y más tiempo, y empezar a cambiar lo más íntimo de su vida interior, su vida interpersonal y su vida de trabajo. James MacGregor Burns ha dicho que los líderes y los ejecutivos "tienen que operar por pálpito y por retroalimentación". Tenía razón. Una empresa es lo que nosotros la hagamos. Si la tratamos como un altar de hechos y lógica, como una calculadora, una máquina, un regimiento militar, eso será; ¿pero qué pasa si, por el contrario, la tratamos como algo precioso y *vivo*, un organismo de ideas creativas y relaciones de confianza que hay que cultivar y nutrir, valorar y celebrar, como una familia, una comunidad o un templo?

Pienso en muchos de mis antiguos condiscípulos en la facultad de administración, que durante sus estudios manejaron por lo menos un millón de números y analizaron un millar de balances generales, pero ninguno de ellos recibió treinta segundos de consejo sobre la manera de formar relaciones profundas, confiables, ni de respetar y expresar valores humanos hondamente sentidos e intuición creativa (la inteligen-

XXX ▢ LA INTELIGENCIA EMOCIONAL

cia combinada del corazón y la cabeza), ni de cómo mantener la credibilidad e integridad al mismo tiempo que uno fluye *con* los problemas en vez de dejarse apabullar o descarrilar por ellos.

En los últimos cien años hemos llegado al súmum de la inteligencia académica y el racionalismo técnico. La educación moderna y el adiestramiento se han estructurado con una mentalidad muy ensalzada de lógica y análisis, con un plan de estudios construido alrededor de gramática, aritmética, raciocinio reduccionista, análisis a base de fórmulas y memorización de la última cosecha de datos. Hemos tratado de usar esta inteligencia inerte para formarnos como perfectos estudiantes y teóricos profesionales: no prácticos, adaptables o creativos; no personas *reales* sino de *apariencia* perfecta, con alto CI y realizaciones, hablando académicamente. Con este modelo hemos sobresalido. Lo hemos llevado a la cima.

Y lo que hemos descubierto es que, en sí mismo, esto no es lo más vital ni es suficiente.

Ni mucho menos.

Todos conocemos individuos a quienes les fue muy bien en la escuela pero fracasaron en la vida, y al contrario. Todos conocemos ricos con sentido común o creatividad que quizá no salieron muy bien librados en las pruebas académicas; son un recordatorio permanente de que el éxito requiere algo más que habilidad escolar. Y sin embargo parece que hemos hecho poco caso de los resultados de investigaciones que muestran que el CI tal vez se relaciona apenas con un *4 por ciento* del éxito en el mundo real. En otras palabras, más del 90 por ciento puede estar relacionado con otras formas de inteligencia.

Pensemos en esto: en todo nuestro alrededor, a pesar de la revolución informática y de una población con realizaciones intelectuales sin paralelo en la historia, las relaciones se están deteriorando, la confianza se esfuma, los abogados prosperan, el recelo aumenta, el odio se extiende y la política de la democracia se ha relegado a poco más que una fabricación de los medios de publicidad. Al mismo tiempo, muchos nos sentimos abrumados de trabajo y subvalorados. En muchos casos hemos perdido el sentido de dirección, o nuestro espíritu creativo se está debilitando, o no encontramos ya verdadero significado en lo que hacemos.

Voltaire señala que para los antiguos romanos, *sensus communis* significaba no sólo sentido común sino también humanidad y sensibilidad, incluso el ejercicio total de los sentidos, el corazón y la intuición. Es cierto que los negocios se manejan con el poder del cerebro, pero para pensar bien y alcanzar éxito duradero tenemos que aprender a competir con todos los aspectos de la inteligencia, no sólo con la cabeza. Además, los últimos estudios neurológicos indican que la *emoción* es el "combustible" indispensable de la alta potencia razonadora del cerebro. Volveré sobre este punto dentro de un momento. Cuando estudié ciencias en mis estudios de pregrado, me enseñaron que un adulto sólo usa por término medio un 10 por ciento de su inteligencia durante su vida. Años después supe que los científicos del cerebro han revisado ese cálculo: es probable que un adulto sólo use en toda su vida 0,0001 de su inteligencia potencial. En suma, poseemos capacidades no utilizadas muchísimo mayores de lo que suponemos. Los individuos y organizaciones de éxito en todo el mundo reconocen que hay muchas dimensiones de inteligencia práctica y creativa, más allá del CI. Como afirma el psicólogo de Yale Robert Sternberg: "La gente todavía cuenta el CI, pero el CI no cuenta... Nunca debemos perder de vista el hecho de que lo que sí importa más en el mundo es la inteligencia interior". ¿Adónde, pues, volver los ojos? Un lugar es la inteligencia emocional.

Según el pensamiento de sistemas, las estructuras más hondas, o hábitos, de que no nos damos cuenta nos tienen prisioneros. Revise el lector las pautas de su vida y su trabajo: a medida que de todos lados lo asedian presiones, incertidumbres y cambios, ¿se vale usted más que nunca de su inteligencia emocional, o lo tiene prisionero el altar del intelecto —de cosas aprendidas de memoria, análisis técnicos y razonamientos reduccionistas?

Pregúntese: ¿Qué capacidades estoy desarrollando y recalcando hoy, con cuáles cuento en mi carrera, en cuáles cifro mis esfuerzos? No es una pregunta ociosa. Hay una buena posibilidad, según nuevas investigaciones, de que su respuesta determine su futuro.

Introducción

La sabiduría no convencional
de la inteligencia emocional

Si LA FUERZA MOTRIZ de la inteligencia en los negocios en el siglo veinte fue el CI, según pruebas que se están acumulando, en el siglo veintiuno será el CE y formas afines de inteligencia práctica y creativa. Naturalmente todavía quedan en administración algunos que desechan del todo las emociones, o las ven como un campo minado que se debe evitar a toda costa. En muchos casos esos son precisamente los gerentes que, a pesar de su énfasis en los números fríos y el balance de utilidades, están más desconectados del motor corazón que impulsa el capital humano y produce el trabajo creativo excepcional que se requiere para que una organización vaya a la cabeza en su campo en medio de la turbulencia y confusión de los cambios del mercado global.

El modelo de cuatro pilares

Este libro ofrece un plan de trabajo para iniciar la discusión y el desarrollo incremental de inteligencia emocional en su trabajo y en su vida: un modelo de cuatro pilares, *que saca la inteligencia emocional del campo del análisis psicológico y las teorías filosóficas y lo coloca en el terreno del conocimiento directo, el estudio y la aplicación.* Empieza con el pilar de *conocimiento emo-*

cional, que crea un espacio de eficiencia personal y confianza mediante honestidad emocional, energía, conciencia, retroinformación, intuición, responsabilidad y conexión.

El segundo pilar, *aptitud emocional,* forma la autenticidad del individuo, su credibilidad y flexibilidad, ampliando su círculo de confianza y capacidad de escuchar, manejar conflictos y sacar el mejor partido del descontento constructivo. En *profundidad emocional,* que es el tercer pilar, uno explora maneras de conformar su vida y trabajo con su potencial único y propósito, y de respaldar esto con integridad, compromiso y responsabilidad, que a su vez aumentan su influencia sin autoridad. De allí se pasa al cuarto pilar, *alquimia emocional,* por la cual extenderá su instinto creador y capacidad de fluir con los problemas y presiones, y de competir por el futuro construyendo sus capacidades de percibir —y tener acceso— a soluciones ocultas y nuevas oportunidades.

Desde hace años la vida organizacional y el liderazgo se han concentrado en análisis, poder externo y racionalismo técnico, lo cual ha servido para opacar otras características humanas, como emoción, intuición, espíritu y experiencia. Nuestras emociones, tanto como el cuerpo y la mente o aun más, contienen nuestra historia. Comprenden la conciencia de quiénes somos y entran en nuestro sistema como energía. La energía, como es sabido, no se puede crear ni destruir. Ella fluye.

Esta energía es una fuente primaria de influencia y poder. No todas las formas son físicas. Un pensamiento es una forma de energía; pero ¿de qué está formado? ¿Luz? ¿Electricidad? También las emociones se componen de energía que continuamente fluye a través del individuo y afecta a todos los aspectos de su vida. Cuando uno aumenta su inteligencia emocional, cambia la forma de esta energía, y esto cambia su experiencia del trabajo, la vida y las relaciones.

La época pasada ha sido dominada por el CI y se ha centrado en un modelo matemático que todo lo trata como si fuera inanimado y analizable, pero hay síntomas de que está surgiendo un nuevo modelo de inteligencia organizacional que se basará en los principios del CE y los sistemas biológicos. Tratará a las personas, los mercados, las ideas y las organizaciones como únicas y vivas, creadoras e interactivas e inherentemente capaces de cambio, aprendizaje, crecimiento y sinergia.

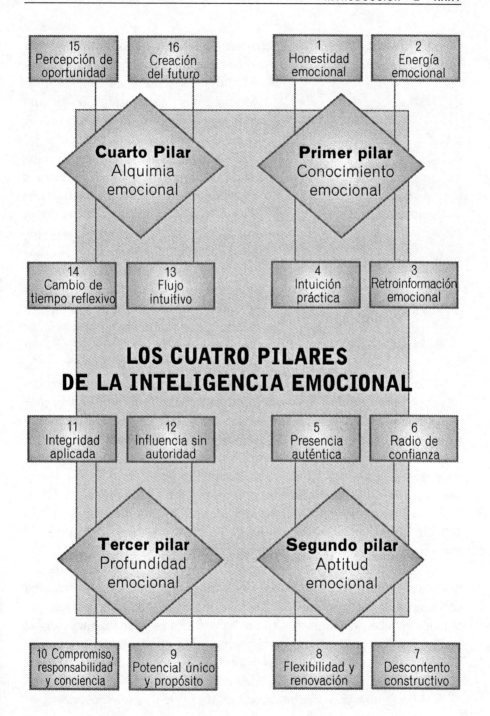

LOS CUATRO PILARES
DE LA INTELIGENCIA EMOCIONAL

En muchas compañías, personas de talento y productivas se ven frustradas o saboteadas por vacíos en inteligencia emocional —la propia o la de sus jefes u otras personas. Muchos nos vemos atrapados en una atmósfera de administración autocrática, a veces abusiva, montañas de reglas y papeleo, traumáticas reducciones de tamaño, y un clima de temor e incertidumbre, injusticias, resentimientos y descontento que puede llegar hasta hostilidad y cólera. Mantenemos cerrado el corazón y la cabeza baja, sin más esperanza que ir pasando y cobrar el sueldo. La verdad es que a muy pocas personas en los negocios les queda algo de energía; ciertamente no la suficiente para llevar su carrera, su empresa o su industria a un futuro próspero.

> Los negocios son hoy tan complicados y difíciles, la supervivencia de las compañías tan incierta en un ambiente cada vez más imprevisible, la competencia llena de tantos peligros, que su vida depende de la diaria movilización de toda onza de inteligencia.
>
> **Konosuke Matsushita**
> Fundador, Matsushita Electric, Ltd.

Careciendo de inteligencia emocional, cuando se presentan tensiones el cerebro humano se pasa a piloto automático y tiende a hacer más de lo mismo, sólo que más intensamente; lo cual es justamente lo que no se debe hacer en el mundo de hoy. Recuerdo que una vez que fui a dar una conferencia, antes de empezar, en un salón lleno de estudiantes de posgrado en administración se discutía el proyecto para un nuevo negocio que había presentado un empresario. Los estudiantes señalaban con mucha suficiencia las fallas del plan: "Eso no funcionará", "Un callejón sin salida", "Irá a la quiebra antes de un año"... Después de escuchar con paciencia, el empresario habló así:

"Sí, ustedes son muy eficientes. Conocen los principios de los negocios y los estudios de casos. Los banqueros inversionistas también rechazaron la idea. Mi socio y yo identificamos todos los puntos que ustedes señalan; examinamos todas las objeciones y las razones por las cuales nuestro proyecto necesariamente tenía que fracasar. Luego, siguiendo nuestra intuición, encontramos la manera de obviarlas. Creíamos que lo 'imposible' era posible.

"Fundamos una pequeña compañía, que financiamos nosotros

mismos, con muy escasos recursos. Este mes se inicia su tercer año de vida. Hemos tenido ingresos de US$26 millones y utilidades de casi US$5 millones".

Sorpresa general. Fue una lección más sobre la debilidad del análisis técnico cuando le falta la caja de resonancia de la inteligencia emocional —en particular, la sabiduría creativa.

El *raciocinio* tiene fuerza y valor sólo en el contexto de las emociones. Cualquiera que sea el producto, idea, servicio o causa, los adoptamos basándonos en sentimientos; y en seguida, si es posible, racionalizamos para justificar nuestra decisión con números y hechos.

En muchos casos, cuando se pide a los profesionales que cuenten su historia, hablan de sus realizaciones académicas, su hoja de vida o lo que han adquirido. Pero la inteligencia académica es inerte y analítica; pocas veces provoca iniciativas creadoras o conduce a realizaciones. La verdad es que los que podemos memorizar hechos, y de vez en cuando razonar sobre ellos, no confiamos necesariamente en ellos para tomar decisiones realmente importantes en la vida o en el trabajo. Cuando pido a líderes y profesionales que me cuenten algo de su historia, lo que me interesa es saber quiénes son en el fondo, no sus credenciales o títulos de oficios; cuál creen que es su potencial único y su vocación y cómo lo descubrieron; con qué han tenido que luchar para alcanzar lo que han alcanzado, y qué han aprendido, soñado, arriesgado o aprovechado. Esta es la verdadera historia de nuestro trabajo y nuestra vida, y es, por encima de todo, una historia de inteligencia emocional.

Piense usted cuánto tiempo y energía ha desperdiciado protegiéndose de personas en quienes no confiaba, evitando problemas de los cuales no puede hablar, fingiendo aceptar decisiones que no comparte, guardando silencio a pesar de que su intuición le dice que está perdiendo oportunidades, tolerando oficios que no son adecuados para usted, o reprimiendo su percepción de problemas corrientes y retos.

Hay hombres y mujeres privilegiados que poseen altos índices tanto de CI como de CE. Otros tienen poco de uno o de ambos. Estas y otras formas de inteligencia se fortalecen y complementan recíprocamente: las emociones provocan creatividad, colaboración, iniciativa y transformación; el razonamiento lógico frena los impulsos descarriados y conforma el propósito con el proceso, la tecnología con el toque. Hay aquí otra fuerza motriz: todo indica que los valores y el carácter fundamental de una persona provienen no del CI sino de subyacentes capacidades *emocionales*.

PERSPECTIVAS CAMBIANTES

El cambio en la capacidad de liderazgo que he venido describiendo, me parece que no es arbitrario. Es el resultado de cambios específicos en la vida organizacional en general y en las realidades de la interacción humana en el trabajo. Si bien un exceso de emoción puede perturbar temporalmente la razón o el análisis, nuevos estudios sugieren que en la mayoría de los casos muy poca emoción puede ser aún más perjudicial para una carrera u organización.

Según Josh Hammond, presidente de la American Quality Foundation, las emociones tienen una definición de alto rendimiento que está presente en las principales empresas, pero es poco reconocida o valorada en otras organizaciones:

EMOCIONES
Significado convencional y de alto rendimiento

Convencional	De alto rendimiento
Señal de debilidad	Señal de fortaleza
No tienen lugar en los negocios	Indispensables en los negocios
Evitar emociones	Inician aprendizaje
Confunden	Explican (aclaran)
Suprimirlas	Integrarlas
Evitar a personas emotivas	Buscar personas emotivas
Atender sólo a la idea	Buscar la emoción
Usar palabras no emotivas	Usar palabras emotivas

Con base en las últimas investigaciones, yo agregaría las siguientes:

Convencional	De alto rendimiento
Obstaculizan el buen juicio	Indispensables para al buen juicio
Nos distraen	Nos motivan
Señal de vulnerabilidad	Nos hacen reales y vivos
Obstruyen o retardan la razón	Fortalecen o aceleran la razón
Forman una barrera al control	Crean confianza y conexión
Debilitan actitudes fijas	Activan valores éticos
Inhiben el flujo de datos objetivos	Proveen información vital y retroinformación
Complican la planeación administrativa	Generan creatividad e innovación
Socavan autoridad	Generan influencia sin autoridad

Los estudios revelan igualmente que las emociones son una indispensable "energía activadora" de los *valores éticos*, tales como confianza, integridad, empatía, flexibilidad y credibilidad, y del capital social que representa la capacidad de uno de crear y sostener valiosas relaciones de negocios. En el centro de estas características hay algo que todo gran líder tiene que tener: la capacidad de entusiasmar. Esto es parecido a lo que generalmente se llama la capacidad de motivarse a sí mismo y a los demás, pero esa es una expresión demasiado diluida para indicar el fuego interno que se requiere para construir grandes compañías y competir para el futuro.

> Sin la guía de las emociones, la razón no tiene ni principios ni poder.
>
> **Robert C. Solomon**
> Profesor de filosofía,
> Universidad de Texas

Gran parte de lo que ustedes van a ver en este libro puede ser de sentido común, pero no es práctica común. Por fortuna, los científicos consideran ahora que el CE *se puede aprender*, se puede desarrollar y mejorar en cualquier tiempo y a cualquier edad.

LA INTELIGENCIA EMOCIONAL ES VITAL PARA EL RAZONAMIENTO Y EL CI

Las emociones son poderosas organizadoras del pensamiento y la acción. El CE viene en ayuda del CI cuando necesitamos resolver importantes problemas o tomar decisiones claves, y nos permite hacer esto en una forma superior y en una fracción del tiempo —unos pocos minutos o segundos, por ejemplo, en lugar de todo un día o más que podría requerir el raciocinio lineal exhaustivo y secuencial para llegar a la misma decisión. Además, las emociones despiertan la intuición y la curiosidad, y contribuyen a prever un futuro incierto y planear nuestras acciones de conformidad.

"Nunca ha habido duda de que en ciertas circunstancias la emotividad altera el raciocinio, pero la investigación indica que una reducción de las emociones puede constituir una fuente igualmente importante de comportamiento irracional", explica el Dr. Damasio, atrás citado.

Cuando las emociones se reconocen y se guían en forma constructiva, refuerzan el rendimiento intelectual. Para citar sólo un ejemplo, Robert Rosenthal, psicólogo de Harvard y experto en empatía, ha demostrado que cuando las personas que administran las pruebas de CI tratan a los participantes cordialmente, los puntajes son más altos.

En reuniones y grupos de personas que colaboran, hay una fuerte sensación de CI de grupo, la suma total de conocimientos y destrezas que hay en el salón. Sin embargo, resulta que el elemento más importante de la inteligencia de grupo no es el promedio de CI ni el más alto CI sino la inteligencia emocional. Un solo individuo que tenga un bajo CE puede hacer bajar el CI colectivo del grupo. Chris Argyris, de Harvard, pregunta: "¿Cómo puede un grupo en que todos los participantes tienen un CI individual de 130 reunirse y resultar con un CI de 65?" Robert Sternberg y Wendy Williams, de Yale, que han estudiado por qué algunos grupos son más creativos y eficaces que otros, llaman esto el "CI de grupo"; y refleja la efectividad con que colaboran los participantes. Aun cuando el grupo pueda trabajar con más inteligencia de lo que sugeriría la inteligencia colectiva de sus miembros, bien puede resultar menos inteligente por no permitirles a las personas compartir sus talentos y permitir en cambio descontento destructivo, imposición o disensiones internas que perjudican el rendimiento y obstaculizan el progreso.

En el estilo rápidamente cambiante, más abierto y fluido de trabajo de hoy, se necesita la combinación de intelecto con CE, especialmente en lo que concierne a confiar en los demás y formar equipos para resolver problemas y aprovechar oportunidades.

A fin de ayudar al lector a explorar y aplicar los descubrimientos y principios de este libro, he reunido diversas herramientas de aprendizaje en cada sección, y una muestra de ejercicios de aplicación de *CE en Acción* en cada capítulo. También he incluido al final del libro el primer *Cuadro de CE* para autocalificación.

PRIMER PILAR

Conocimiento emocional

Ser leal y honrado consigo mismo desarrolla poder personal,
inclusive conciencia de sí mismo, guía interior, pundonor,
responsabilidad y conexión

Empezamos nuestro recorrido por los cuatro pilares de la inteligencia emocional con el *conocimiento emocional*. Este no proviene de divagaciones del intelecto abstracto, sino del funcionamiento del corazón, del cual proviene la energía que nos hace reales y nos motiva para identificar y perseguir nuestro potencial único y propósito. Se concentra en aprender el alfabeto, la gramática y el vocabulario del CE, y reconocer, respetar y valorar la sabiduría inherente de las sensaciones.

Una de las más perjudiciales actitudes que ha perpetuado nuestra moderna cultura de trabajo es que no debemos, en ningún caso, confiar en nuestras voces o percepciones interiores. Nos han criado para dudar de nosotros mismos, para desechar la intuición y buscar validación externa para todo lo que hacemos. Nos han condicionado para dar por sentado que otros saben más que nosotros mismos y nos pueden decir la pura verdad más claramente de lo que nosotros podríamos verla. Sin embargo, como lo vamos a ver, las encuestas de millares de ejecutivos, directivos y empresarios que han triunfado indican que la mayor parte de ellos durante años han contado con las corazonadas y otras formas de inteligencia emocional en todas sus decisiones y actuaciones importantes.

1

Honestidad emocional

UNA VEZ CHARLIE CHAPLIN tomó parte en un concurso de personas parecidas, para adivinar cuál era Charlie Chaplin... y salió en tercer lugar.

Lo cual plantea una cuestión importante: ¿Se conoce usted bien y se hace conocer de los demás? ¿Escucha abierta y honradamente, y respeta lo que siente intuitivamente?

Deténgase un momento a anotar su respuesta, calificándose de 1 a 10 (desde poco sincero hasta muy sincero). Toda tentativa de falsificar la honestidad nos impide practicarla. Al contrario de la opinión popular, "ser honesto" no es un juego mental de poner buena cara a las cosas, de ser políticamente correcto. Es prestar atención a lo que su corazón le dice que es verdad.

> Cuando se forma en nuestro interior sinceridad pura, ella se percibe en el exterior en el corazón de otras personas.
>
> **Lao-tse**
> *Entendiendo los misterios*
> Siglo VI a. de J. C.

¿HONESTIDAD DE CAJA REGISTRADORA U HONESTIDAD EMOCIONAL?

Hay una honestidad de caja registradora, que es la que casi todos practican: No se pone mano en la registradora, se obedecen las reglas; si se descubre un error aritmético, se corrige; si se comete un error, se confiesa, a menos, por supuesto, que afecte a su posición o a su carrera, caso en el cual podría preferir la utilidad a la sinceridad o la armonía a la verdad y la honradez, y culpar de los problemas a otros o a las circunstancias. Si un colega o empleado está fingiendo e informa: "Estoy haciendo lo que puedo", uno lo acepta y lo pasa.

Pero en su fuero interno no le cree; sabe que podría hacerlo mucho mejor para servir a los clientes. En cambio, si valora la honestidad emocional, presta atención a lo que siente en el corazón. Se interesa. Ha comprometido parte de su vida en este empleo, en esta compañía. Siente un potencial no utilizado en sí mismo y en los demás. Tiene el valor de decirlo, de exponerse. Escucha su intuición. Aprende todo lo que pueda sobre los demás y su potencial único, quiénes son en el fondo. Les ofrece apoyo. Se responsabiliza por sus propios actos y también hace responsables a los demás por los suyos.

Ser honesto *emocionalmente* requiere escuchar los sentimientos de la "verdad interna", que provienen en su mayor parte de la inteligencia emocional, vinculada con la intuición y la conciencia, y reflexionar sobre ellos y actuar de conformidad. La verdad emocional que uno siente se comunica por sí sola, en la mirada y los gestos, en el tono de la voz, más allá de las palabras. Los sentimientos nos hacen reales. Aunque tratemos de reprimirlos no se están quietos cuando se están pasando por alto los potenciales, menospreciando las posibilidades o pisoteando los valores.

Para probar esto por sí mismo, lleve a cabo una evaluación de CE en los próximos días. Haga el seguimiento de sus pensamientos y sentimientos. ¿Es usted honesto consigo mismo? ¿Es profunda esa honestidad? ¿Es principalmente honestidad de caja registradora, de la cabeza? ¿O es honestidad emocional, del corazón? ¿Con qué cuidado pone atención a sus corazonadas?

Se necesita valor para reconocer lo que uno siente, sobre todo cuando está reñido con lo que el pensamiento trata de racionalizar. Pero en este campo es donde nace el conocimiento emocional: en aprender a permanecer consciente de sus pensamientos, reconociendo al mismo tiempo la voz interior de sus sentimientos. F. Scott Fitzgerald escribió: "La prueba de una inteligencia de primera es la capacidad de tener dos ideas opuestas en la mente al mismo tiempo y sin embargo retener la capacidad de funcionar". En realidad, puede ser más fácil. Una inteligencia de primera combina CE con CI y no sólo retiene la capacidad de funcionar sino que sobresale funcionando.

Esta es la llamada de la honestidad emocional: permanecer honesto consigo mismo y respetar la sabiduría, tanto del corazón como de la cabeza, lo cual nos lleva a una cuestión relacionada con ella que discutiremos en los capítulos 5 y 9; pero me parece que justifica una reflexión inicial aquí: ¿Con qué frecuencia prefiere usted la armonía a la verdad? ¿Con qué frecuencia en su vida ha podido expresar un sentido profundo de verdad o preocupación a expensas de la armonía del grupo? ¿Cuándo, específicamente, salió usted adelante para dar voz a tales sentimientos, especialmente si el hacerlo así era contradictorio, impopular o hasta ponía a riesgo su posición o su futuro? Pregúntese a sí mismo: ¿Tengo el hábito de disimular mis sentimientos o reprimirlos "por el bien del grupo" aunque la intuición me diga que no lo haga?

Muchos pensamos hoy que los empleos son tan escasos, que es suerte estar empleados; de manera que cuando se presentan problemas estamos acondicionados para dar por sentado que tenemos que resolverlos en silencio por nuestra cuenta, "ponerles buena cara" y seguir trabajando como de costumbre. Sin embargo, como lo vamos a ver, este clima de represión emocional y temor mata todas las ideas que llevan a la innovación. Y cuando esto ocurre, la compañía está perdida; lo cual es una razón por la cual necesitamos más inteligencia emocional en el trabajo para poder adelantarnos y hablar con la mayor probabilidad de ayudar a nuestra carrera y compañía, y la menor probabilidad de perder el empleo o perjudicar nuestras probabilidades de conseguir otro.

LOS SENTIMIENTOS SON INDISPENSABLES
PARA LA PERSPICACIA Y EL BUEN JUICIO

Gran parte de la sabiduría creativa de cada persona existe en el núcleo de la inteligencia emocional. Ahí está para aprovecharla. Este tipo de intuición práctica es un sentimiento interno y hay buenas pruebas de que lo que uno siente no está reñido con la perspicacia y el buen juicio, sino que es indispensable para ambas cosas. Las emociones complementan la razón pero no requieren su racionalización. Las emociones nos ofrecen una lógica intuitiva, pre-reflexiva y que puede sacarse a la luz y hacerse explícita. Las emociones son la fuerza motriz de una vida bien vivida.

Las emociones confieren significado a las circunstancias de nuestra vida. Lejos de ser perturbaciones o intromisiones, sirven de corazón a nuestra existencia, infundiéndole riqueza y proveyendo el sistema de significados y valores dentro de los cuales nuestra vida y nuestro trabajo crecen y prosperan o se estancan y mueren. La emoción, no la razón, es también lo que nos mueve a hacer frente a las profundas cuestiones centrales de la existencia.

En cuanto a la honestidad emocional y su vinculación con la intuición, consideremos a un pensador revolucionario, Pitirim A. Sorokin. Reducido a prisión por Lenin y condenado a muerte, fue al fin desterrado a los Estados Unidos donde se distinguió en los círculos académicos y llegó a ser uno de los grandes sociólogos filósofos de nuestro siglo. Dedicó la vida a un análisis comprensivo de la sociedad humana y afirmó que las crisis a que hacemos frente hoy requieren un enfoque distinto de adquirir conocimientos —más allá de la razón y los cinco sentidos tradicionales. Para Sorokin hay tres formas de verdad: sensorial, racional e intuitiva. La más fundamental y esencial y la más profunda es la intuitiva. Muchos líderes de negocios llaman a esto instinto o discernimiento.

La intuición, dice Sorokin, es el fundamento último de nuestra comprensión de la ética, del bien y de lo valioso en la vida. Está bien entendido en psicología y filosofía que los juicios estéticos y morales se basan en hondos sentimientos subjetivos, no en vagas especulaciones del intelecto. Cuando la intuición se desarrolla activamente, se expande y fortalece nuestra inteligencia emocional y es, como lo descubrió Sorokin, una fuente clave del conocimiento personal. Esto, obsérvese, está en contraste con la manera como emplean la palabra intuición los racionalistas, quienes la descartan como una simple adivinación afortunada o una vaga sugestión de colisiones fortuitas de pensamientos o ideas que ya estaban escondidos en algún lugar del cerebro. Como lo vamos a ver, este no es el caso. La intuición está íntimamente vinculada con la inteligencia emocional y puede ser de inmenso valor para el éxito profesional y personal. Fue Carl Jung el que nos recordó que el término *intuición* "no denota algo contrario a la razón, sino algo que está fuera del campo de la razón".

Utilizando los recursos de Harvard University para hacer un estudio exhaustivo de la cultura humana a lo largo de la historia, Sorokin encontró amplio acuerdo sobre la intuición. Entre los que apoyan el punto de vista de que ella es la base de la verdad figuran Platón, Aristóteles, Plotino, San Agustín, Thomas Hobbes, Henri Bergson, Baruch Spinoza, Carl Jung y Alfred North Whitehead. Hasta el vigoroso sostenedor del racionalismo John Stuart Mill afirmó: "Las verdades conocidas por la intuición son las premisas originales de las cuales se infieren todas las demás".

> La manera más corta y segura de vivir con honor en el mundo es ser en realidad lo que aparentamos.
> **Sócrates**

La intuición construye sobre este fundamento de honestidad emocional. Requiere que uno se diga a sí mismo la verdad sobre lo que está sintiendo. Sólo cuando pueda mantenerse en contacto con esa fuente interior puede desarrollar una fuente de conocimiento más allá de sus pensamientos. En el trabajo usted puede empezar cotejando su sentido intuitivo con su apreciación racional. En esta forma puede poner más directamente a prueba sus ideas e instintos. Observe los resultados. Descubrirá qué puede sobrevivir y qué no; quiénes son confiables y quiénes no; qué da buenos resultados y qué no; qué significa más para usted y qué no significa nada. A lo largo del camino empezará a desarrollar conocimiento intuitivo en formas que son únicas para usted.

La honestidad emocional lo hace a usted real y sincero con usted mismo

Si podemos ser emocionalmente honestos, encontramos nuestra voz, nos hacemos reales, aprendemos a hacer frente no sólo a los aspectos brillantes y expansivos de los sentimientos humanos sino también a los otros aspectos del corazón de donde provienen nuestras dudas e inconformidades. Sin experimentar poderosos sentimientos que pueden ser catalizadores del cambio, jamás nos veríamos obligados a examinar detenidamente quiénes somos, de qué somos capaces y adónde vamos.

Viene aquí al caso el ejemplo de una importante compañía de servicios cuyos ejecutivos recibieron una oferta inesperada para comprarles parte del negocio. El inversionista que hacía la oferta exigía respuesta en el término de 24 horas. Infortunadamente el vicepresidente encargado de la división que querían comprar estaba ausente y no era posible consultarle. El presidente y la gerente general comprendieron que era una oferta muy generosa y que a la compañía le convendría aceptarla.

La junta directiva se reunió para discutir el asunto pero nadie sabía qué hacer. Todos temían echar a perder la oportunidad. Al fin un vicepresidente ejecutivo dijo: "No hay más remedio que hablar claro y pedirle más plazo. Le podemos prometer que no aceptaremos ninguna otra oferta durante dos semanas, que es el tiempo que necesitamos para darle una respuesta".

La gerente general aceptó a regañadientes y a la mañana siguiente, muy temerosa, llamó al inversionista. Le dijo que necesitaban dos semanas de tiempo para tomar una decisión. Él lo pensó sólo un segundo y repuso: "Está bien. Mantengo mi oferta durante dos semanas".

Eso es lo que puede hacer la honestidad emocional.

En última instancia, a todos nos corresponde crear ambientes de trabajo en que se exija honestidad de caja registradora a la entrada pero donde lo verdaderamente importante sea la honestidad emocional. Piense en Jan Timmer, presidente de Philips, la gigantesca empresa electrónica holandesa, que inició un nivel más hondo de apertura y honradez publicando un periódico fechado en el futuro en que anunciaba que la compañía había quebrado.

O en Derek Wanless, jefe del NatWest Group, uno de los "cuatro grandes" de la banca británica, con activos totales de US$250 000 millones, quien dedica un 30 por ciento de su tiempo a conversar con los empleados cara a cara. Insiste en acercarse a ellos para oír su voz emocionalmente honesta. Sólo así, dice, puede uno ver y sentir lo que está pasando realmente.

Esto es algo a lo cual muchos ejecutivos están prestando mayor atención. Por ejemplo, Colin Marshall, presidente de British Airways, una de las compañías más grandes del mundo, con US$9 000 millones en ventas, cree que la apertura y la honradez emocional son elementos vitales para obtener el mejor rendimiento de su organización.

"No creemos que donde estamos hoy sea donde estaremos o esperamos estar mañana", dice. En los últimos cinco años British Airways ha realizado 110 seminarios, cada uno con 25 directivos, y en cada uno de ellos Marshall dice que ha pasado dos o tres horas conversando abierta y honradamente con los gerentes sobre varios aspectos del negocio. Dice que después de años de estricto control, los directivos al principio vacilaban en hablar con franqueza, pero ahora ya saben que no se les va a sancionar si critican a la compañía. Para probar este punto, Marshall ha despedido a directivos que no escucharon abiertamente las críticas o ideas y ha promovido a los que tienen honestidad emocional y se han enfrentado al sistema.

Marshall ha encontrado que se necesita valor para reconocer y expresar francamente nuestras opiniones y aprovechar la sabiduría que contengan para mejorar el negocio. Tiene razón. Doy otro ejemplo de una de las compañías con que he trabajado:

Jackson, socio mayoritario y gerente de operaciones de una firma grande, le anuncia al socio minoritario Allan que va a recomendar a la junta directiva el nombramiento de una persona de fuera para director de desarrollo profesional de la firma, posición que acaba de quedar vacante. El anuncio no le cae bien a Allan, lo cual nota Jackson, que se pregunta: ¿Por qué se mete Allan en esto? Es cuestión que no le concierne.

Pero Allan cree que Julia, quien durante siete años ha estado en desarrollo profesional, es la mejor candidata para el puesto. Además, durante el último mes ha actuado como directora interina. Jackson, muy molesto, replica que Julia no tiene suficiente experiencia. Allan no está de acuerdo y se entabla una acalorada discusión. Al fin, Jackson, con un hondo suspiro, dice: "Está bien. Lo voy a pensar".

En el curso de la semana, Julia es nombrada directora de desarrollo profesional.

Para mí uno de los puntos claves de este episodio es que cuando quiera que uno tiene un "pálpito" de que un socio o un jefe está equivocado, no lo debe reprimir. Reconózcalo y hable en voz alta. Puede tener razón o no tenerla. No se trata de eso. Está muy bien ceder cuando hay duda, pero no cuando la corazonada es clara y vigorosa. En tal caso vale la pena plantear la cuestión en lugar de ocultarla. ¿Cuántas veces se ha arrepentido usted por haber guardado silencio cuando tuvo ideas o sentimientos que pudo haber compartido, y que viendo las cosas en retrospectiva pudieron haber sido útiles o aun definitivas? ¿Qué le impidió hablar o seguir adelante? Si hubiera procedido así, ¿habría ganado mayor respeto propio y respeto de un socio o jefe?

UNA GRAN SIMPLIFICADORA

No hay duda de que una franqueza total e incondicional traspasaría los límites del absurdo, especialmente si uno le va a contar todo lo que siente a todo el mundo. El quid está en la oportunidad: expresar apropiadamente aquellos sentimientos que sean pertinentes a su propósito y consecuentes con sus valores éticos. A la larga la honestidad emocional sirve como una simplificadora significativa de su vida y su trabajo, comunicando claridad y energía a su camino y sus relaciones.

Ser emocionalmente honesto es ser más real y auténtico, respetarse a sí mismo, lo cual es requisito previo para considerar y respetar a los demás. Esto no tiene nada que ver con levantar la voz o señalar con el dedo; en efecto, a la honestidad emocional se sirve mejor con una simple palabra tranquila o una mirada firme.

Me recuerdan mis colegas que cuando dos sordos se comunican, cuanto más fuertes son sus sentimientos, menores y más lentos se hacen sus signos; por ejemplo, un sutil movimiento de la mano y giros sencillos y firmes de la muñeca. Esto vale la pena recordarlo a todos los que han sido condicionados para temer que las emociones fuertes los hagan rabiar y vociferar. Es más probable que con destrezas en conocimiento emocional, cuanto mayor sea la indignación o pasión que sentimos, la intensidad de estos sentimientos se comunique sin una sola palabra, mediante nuestra presencia fuertemente sentida y nuestras acciones intensamente enfocadas. Por otra parte, gritar demandas o sacudir el dedo o el puño en la cara de otro, puede resultar contraproducente para sus intenciones pues pone a la otra persona tensa, cerrada, a la defensiva y en actitud de adversario. Vale la pena pensarlo.

LAS PERSONAS EXCEPCIONALES QUE HA CONOCIDO USTED

Piense en este sencillo ejercicio usado por líderes y equipos para profundizar el contenido de la honestidad emocional. Tome una hoja de papel y escriba como encabezamiento: Las personas más excepcionales que he conocido en mi vida. Haga una lista de nombres de hombres y mujeres que hayan influido grandemente en su vida y su trabajo. Reflexione qué fue lo que los hizo excepcionales e inolvidables. ¿Fue su intelecto o sus ejecutorias académicas? Lo más probable es que no.

Lo que yo he encontrado en el curso de los años es que, en general, las personas excepcionales que recordamos son las que tienen más corazón. Las que tienen genio creativo intuitivo, tal vez, o compasión y valor. Estas son personas que fueron honestas emocionalmente y se negaron a vivir una mentira o simplemente a aparentar por seguir adelante o por ganarse un sueldo. Tuvieron el corazón para abrir nuevos caminos, cuestionar las reglas elitistas y extender una mano compasiva o decir una palabra cariñosa.

Al escribir estas líneas recuerdo a un amigo que sirvió conmigo en el Cuerpo de Infantería de Marina durante la guerra de Vietnam. Era un sargento de la fuerza de reconocimiento. Atrapado detrás de las líneas enemigas, no quiso abandonar a un camarada herido y, llevándolo a la espalda caminó con él cerca de 50 kilómetros evadiendo el fuego enemigo hasta dejarlo en lugar seguro. También recuerdo a una amiga que, como resultado de un accidente de automóvil, quedó paralizada de la cintura abajo y empezó a luchar por la vida, con una lucha mayor por impedir que su amor propio y su esperanza se paralizaran también. La sostuvo su corazón para reorganizar su vida y llegó a ganar cinco medallas de oro en los juegos olímpicos internacionales para minusválidos, y un premio del presidente de los Estados Unidos. Recuerdo asimismo a un mentor mío que llegó como refugiado a los Estados Unidos a la edad de 17 años, en 1965, con menos de cien dólares y sin saber más que unas pocas palabras de inglés. Sin embargo, llegó a obtener un grado de master en administración de negocios y fue miembro de la directiva y accionista mayoritario en un nuevo banco que hoy tiene US$22 000 millones de activos, e inició a la edad de 24 años un fondo de becas que ha repartido más de un millón de dólares entre estudiantes universitarios meritorios. Tal vez lo más sorprendente de todo es que aprendió a hablar inglés en forma tan elocuente que hoy es uno de los conferenciantes corporativos más estimados en el país.

¿Qué ejemplos recuerda usted de su propia vida y trabajo?

Recuerde la historia de Galileo, el astrónomo y físico italiano, citado a Roma en 1632 ante el Tribunal de la Inquisición, donde su trabajo fue examinado y declarado herejía. Fue amenazado con el tormento y la prisión vitalicia. De rodillas se retractó de sus principios, pero cuando volvió a incorporarse se le oyó decir entre dientes: *Eppur si muove!* ("Y sin embargo se mueve"). Así recalcaba que aunque se niegue o se desconozca, lo que sentimos ser la verdad *sin embargo* nos mueve desde adentro; no desaparece.

El lenguaje de las emociones

La idea común es que las emociones son algo que nos *sucede*. Esto no es cierto. Las emociones son una fuente interna de energía, influencia e información. En sí mismas no son ni buenas ni malas. Lo que vale es lo que hagamos con la información y la energía que ellas producen. Aprender a distinguir sus sentimientos más hondos de los otros estímulos e informes que lo bombardean todo el día es un requi-

> Es con el corazón como uno ve correctamente; lo que es esencial es invisible para los ojos.
> **Antoine de Saint-Exupéry**
> *El principito*

sito fundamental de su desarrollo personal como líder. Cuando uno tiene conciencia de sus estados emocionales, gana una valiosa *flexibilidad de respuesta*.

Una simple pregunta para guiarse es: *¿En qué lugar de su cuerpo siente usted las sensaciones de emoción?* Para muchas personas, una manera eficaz de reconocer con claridad las sensaciones y distinguirlas entre sí es empezar por identificar en qué parte del cuerpo están localizadas. Sentir las emociones como *sensaciones corporales* acaba con gran parte de la confusión o la resistencia a ponerse en contacto con ellas.

Cada emoción se localiza en alguna parte: por ejemplo, una pesadez en el pecho, un nudo en la garganta, una rigidez o temblor en el abdomen, un peso en los hombros, un nudo en la espalda o una tensión en la nuca o la mandíbula. Apenas localiza uno una sensación en el tiempo y en el espacio, se le hace menos amenazadora y más accesible. Cuando describe sus emociones como sensaciones corporales, queda libre de juicios o críticas de sí mismo o de otros. Simplemente está informando lo que *es*. Las emociones se

> **Conexiones con Cuadro de CE: Honradez emocional**
>
> Consultar las siguientes escalas del cuadro de CE como puntos de reflexión relacionados con este capítulo: conciencia emocional de sí mismo, expresión emocional, intención, descontento constructivo y poder personal.

sienten así en su cuerpo, y como puede localizarlas, puede trabajar más directamente con ellas y guiar su energía. La cólera que se experimenta en la garganta, por ejemplo, puede requerir una reacción distinta de la cólera que le entiesa los hombros y le hace cerrar los puños.

Con un poco de práctica puede aprender a distinguir entre las diversas emociones y sensaciones. Quizá le sorprenda la cantidad y energía de esas sensaciones, que nos mantienen sintiéndonos reales y vigorosos. Cierre los ojos y repase su cuerpo. Observe cómo se siente. Luego perciba sus sensaciones libre de todo pensamiento; sienta la energía pura o fuerza de la emoción. ¿Nota que la energía de sus sensaciones tiene una vibración? Siéntala resonar a través de su cuerpo. Observe la intensidad de esta sensación. A medida que practicamos sentir nuestras sensaciones tales como son, aumentamos no sólo nuestra conciencia de nosotros mismos sino también nuestra confianza en nosotros mismos. Reconocemos que toda sensación es real. Sentimos a través de nuestro corazón y cuerpo el vibrar y la fuerza de la vida misma, en nosotros y en los demás.

CE EN ACCIÓN
Comprobación

En todo este libro se encontrará una serie de herramientas para desarrollar CE, que he seleccionado entre las que comparto con ejecutivos, profesionales y equipos administrativos. Esta es la primera de dichas herramientas. Es una manera sencilla y práctica de hacer mejores relaciones, aumentar la claridad y empatía, ahorrar tiempo y ayudar a reducir falsos supuestos y la tendencia a adivinar lo que piensan los demás en las reuniones. Yo la llamo comprobación. Algunos ejecutivos la llaman "empatía numérica". Sólo requiere unos diez segundos por persona al comienzo de una discusión o reunión:

Preguntas: En una escala de 1 a 10, darse una calificación personal honrada de su energía, apertura y concentración. Si 10 es el más alto nivel de energía que haya sentido jamás en el trabajo y 1 significa que está a punto de desfallecer de fatiga, ¿cuál es su nivel de energía en este momento? ¿Cuál es su nivel de apertura mental y apertura del corazón hoy, en este instante? Y finalmente, ¿cómo calificaría su nivel de concentración —su capacidad de prestar toda su atención a las tareas que están en este momento sobre el tapete?

En este momento:	Nivel: 1 (mínimo) a 10 (máximo)
Energía	_____
Apertura	_____
Concentración	_____

Muchas personas se sorprenden de cuán útiles son estas calificaciones; el CE individual y de grupo se pueden aumentar, por ejemplo, elevando la conciencia y empatía de los participantes en una reunión. En una palabra, dejamos de ser una cara en una mesa en la sala de juntas y nos convertimos en reales, distintivos y presentes. Las *comprobaciones* pueden evitar muchos malentendidos comunes. Por ejemplo, ¿qué supone usted si nota que otro miembro del grupo está haciendo garabatos o mirando a otro lado mientras usted habla? ¿Le da el beneficio de la duda presumiendo que está cansado o tal vez bajo una tensión extraordinaria, o que tiene dolor de cabeza o problemas de familia? ¿Tal vez usted reacciona fuertemente porque esa persona usa sin mala intención alguna palabra que a usted lo irrita y le trae viejas memorias? ¿Pesa usted tales posibilidades antes de emitir juicio? La mayoría de nosotros no lo hacemos. Por el contrario, automáticamente damos por sentado que lo que estamos viendo en los demás es falta de interés o un deliberado menosprecio de nuestros comentarios o ideas. Las investigaciones muestran que sólo en raros casos son verdaderos tales supuestos negativos sobre los motivos de otras personas.

El valor de esta comprobación no depende de que se conozcan los detalles específicos de por qué la energía de la persona puede ser baja. Podría usted experimentar también usando una comprobación al final de una discusión. Pregúntese: ¿En una escala de 1 a 10, hasta qué punto se siente comprometido y preparado en cuanto a información, tiempo, confianza y recursos para seguir adelante con las prioridades de esta reunión? Una calificación baja estimula la siguiente pregunta honrada: ¿Cómo podemos ayudarnos a lograr estas cosas?

Si en la actualidad no puede llevar a cabo una comprobación durante las reuniones de grupo, puede aprender a alcanzar muchos de los mismos objetivos privada e intuitivamente. Lo que se necesita es crear uno sus propias escalas de 1 a 10 para niveles de energía, apertura y concentración. Esfuércese por prestar atención a cada una de las personas presentes en la reunión. No quiero decir con esto simplemente mirarlas, sino *verlas* y sentir lo que parecen estar sintiendo. Observe su mirada y postura, sus gestos y nivel de tensión. Escúchelas cuando hablan. ¿Es su voz tranquila y natural, o parece forzada y nerviosa? ¿Están hablando más rápida o más lentamente que de costumbre? ¿Se están concentrando en la tarea que se trae entre manos, o están distraídas y mirando al vacío?

Una vez que haya creado estos tres puntajes hipotéticos, puede tomar en cuenta estas percepciones en su trato con cada miembro del grupo. Yo conozco muchos ejecutivos que han aprendido a reconocer sus impresiones de ocho o diez personas distintas en los primeros cinco minutos de una reunión. Si un individuo está tensionado y a la defensiva, tenga paciencia con él en lugar de ponerse usted también a la defensiva. Si parece ensimismado y distraído, suavemente trate de llevarlo al diálogo y observe los resultados.

Momento por momento, ¿la interacción se va humanizando? Usted empieza a tratar a cada uno como un individuo más bien que simplemente una cara, un nombre, un título o un voto. Empieza a ver más claramente al grupo como una colectividad única de activos, talentos y vulnerabilidades, no simplemente cuerpos sentados alrededor de una mesa. Y no tenga miedo de hacer preguntas francas y directas para aclarar lo que percibe sobre las intenciones o pensamientos de los demás. Por ejemplo, si sospecha que alguien no le hace caso o lo rechaza, o lo engaña, o que se siente recargado, perdido o distraído, suave pero firmemente pregúntele si lo que usted cree es cierto. Algunas veces no lo es.

CE EN ACCIÓN

Apuntes matinales

¿Puede ser usted emocionalmente honrado consigo mismo en privado? Una de las mejores maneras de plantearse este aspecto de su CE es dedicar dos o tres minutos todas las mañanas a aclarar las minucias frustrantes que tiene en la cabeza y que siembran las semillas de confusión o duda en su corazón. ¿Cómo? Con *apuntes matinales de CE*. Se levanta usted cinco minutos más temprano que de costumbre, busca un lugar tranquilo y con buena luz, escucha hondamente, se sale de la cabeza y entra en el corazón, reflexiona sobre su vida y su trabajo y escribe unas pocas páginas al día, por desordenadas que sean. Con esta escritura emocionalmente honesta deja atrás lo que Michael Ray, de la Facultad de Posgrado en Negocios de Stanford, denomina la "voz del juicio", censor de la mente y crítico interior. La clave es escribir todo lo que sienta. Si está cansado, preocupado con una reunión o el trabajo que le espera ese día, entusiasmado con algo que usted o sus seres queridos están haciendo, o abriga grandes esperanzas sobre un nuevo proyecto, escríbalo... y a mano. Escribiendo con pluma o lápiz llegará más pronto a la verdad interna que si escribe a máquina o dicta. Es una cosa sorprendente: la mano que escribe parece que no puede mentir.

Estas notas son para usted solo. Son una buena manera de tomar conciencia de que sus pensamientos y sentimientos son profundos y valiosos, y que son *su* verdad y no simplemente *la* verdad. Yo de mí sé decir que estos apuntes matinales de CE me han permitido repasar completa y francamente cómo veo y siento una posibilidad o una situación dada en mi trabajo o en mi vida, reconociendo al mismo tiempo que otros pueden ver las cosas de una manera muy distinta y con igual convicción. Así tengo menos desilusiones, confío más fácilmente, e intuitivamente valoro las diferencias entre nosotros en lugar de resentirlas o sentirme obligado a cambiarlo a usted para que piense y sienta como yo.

Al escribir estas apuntaciones, no se juzgue a sí mismo ni se preocupe por lo que dirían los demás si las vieran. Además, estas páginas tienen por objeto estimular la honestidad emocional y destacar la sabiduría que de ella deriva a fin de aprovecharla en una forma más eficiente. Es probable que si empieza a escribir sin preocuparse por la forma o la gramática, mucho de lo que exprese serán pequeñeces que lo mortifican. No importa. Escríbalas. O puede que explore intuitivamente viejos resentimientos o nuevas oportunidades. Todo lo que salga a la luz será real y, según las investigaciones, puede ofrecer más significado para sus largos días y su vida en general. De tiempo en tiempo podrá hacer avances decisivos y creativos, o llegar a alguna profunda percepción de sí mismo o de los demás, o aclarar qué preguntas se debe hacer.

Yo le recomiendo ensayar esta técnica de desarrollar el CE durante un mínimo de 21 días, o sea tres semanas. Para fines de la primera semana empezará a sentirse más ligero y más lleno de energía cuando termine de escribir y reconocerá que está mejor preparado y más abierto, honesto y creativo durante todo el día.

También puede experimentar llevando consigo un *diario de CE*, de modo que pueda ir anotando sus observaciones sobre sus reacciones emocionales a varias situaciones y oportunidades. Esta es una técnica de conciencia que ha usado con éxito con muchos líderes y profesionales Deborah Kiley, Ph.D., directora de desarrollo ejecutivo en Arthur Andersen & Andersen Consulting. Al final del día uno repasa las notas para identificar los puntos críticos que debe tratar de manera diferente la próxima vez y para explorar maneras claves de aumentar su inteligencia emocional.

Que su honestidad emocional tenga el espacio para crecer y servirle de fuente de poder personal, depende de su nivel de energía. Esta energía es generadora, encendida y sostenida por sus pasiones. Esto suena muy sencillo a primera vista, pero hay escollos que se deben conocer. En el capítulo siguiente exploramos diversas maneras de dominar las continuas presiones de la vida y los incesantes ciclos de trabajo, y de aprender a formar un espacio sano de energía duradera en su corazón, suceda lo que suceda.

2

Energía emocional

ME ENCONTRABA yo en compañía de un grupo de directivos en la sala de juntas de la sede mundial de 3M, en St. Paul, Minnesota, cuando el director de beneficios globales se levantó de su puesto, me pidió prestado mi marcador y se puso a trazar un iceberg en una hoja del papelógrafo.

> Su primer deber como líder es encargarse de su propia energía y luego ayudar a orquestar la de los demás.
>
> **Peter F. Drucker**

En la cima, o sea la parte sobresaliente del agua, escribió: absentismo, gastos médicos, tecnología, instalaciones, entrenamiento técnico, control de calidad y referenciación. Debajo de la línea de flotación, en el 90 por ciento sumergido del iceberg, escribió: tensión, energía, bienestar personal y estilo de vida, destrezas interpersonales y creatividad. Debajo de todo dibujó una serie de signos de interrogación. Encima del dibujo puso un letrero que decía: *Días de trabajo incólumes.* En seguida se sentó.

Todos nos quedamos observando el dibujo. Era obvio que había tocado una fibra sensitiva. Tenía sentido. ¿Cuántos de nosotros en cualquier compañía estamos en nuestra mejor forma todas las horas del día, todos los días? ¿Qué nos detiene? ¿Por qué las encuestas revelan que más de la mitad de los trabajadores creen que ellos podrían duplicar su productividad? ¿Qué los detiene? Dos años de estudios en 3M habían revelado que muchos de los factores que restringen o menoscaban el rendimiento de directivos y empleados están sumergidos y no se han medido. Pero ahí están y ya es tiempo de conocerlos y encargarse de ellos.

Las dos primeras palabras debajo de la superficie, energía y tensión, son un buen punto de partida, porque a la verdad hay una situación en particular cuando no es conveniente fiarse de las corazonadas: cuando uno está tenso o cansado por largas horas de trabajo. Por ejemplo, a medida que la fatiga y la rigidez muscular aumentan, muchos se deprimen. Cualquier niñería les parece un obstáculo insalvable; una demora de un minuto se siente como una hora; un comentario indiferente lo interpretan como una repulsa. A menos que uno aprenda a entender y guiar eficazmente sus diarias pautas de energía y tensión, perderá capacidad de vigilancia, lo cual automáticamente entorpece su capacidad de prestar atención cuidadosa a cualquier cosa o persona. Esto produce una declinación de su inteligencia, tanto intelectual como emotiva, y puede sabotear relaciones estrechas, aun cuando desee todo lo contrario.

> En la llamada era de la informática una lista de los atributos individuales del poder y la influencia probablemente empezaría con gran ingenio o intelecto, más bien que con características como energía, fortaleza y resistencia. Pero ese énfasis estaría mal colocado... Las principales características para adquirir y conservar gran poder en las organizaciones son energía, resistencia y vigor.
>
> **Jeffrey Pfeffer**
> Stanford Graduate School
> of Business

RELACIONES ENERGÍA-ÉXITO

Piense en esto. Los días que está cansado o tensionado y sin embargo tiene que seguir trabajando, ¿se siente usted abierto y adaptable, curioso y lleno de empatía, franco y confiado? O por el contrario, ¿se inclina a desahogar su despecho atacando ferozmente a los demás, o se encierra en usted mismo alejándose de colegas, amigos, clientes y personas queridas? Si es así, ha experimentado pérdida de contacto con su inteligencia emocional y poder creativo. Evitar esto exige sistemática autoobservación y acción. Para cualquier empresa que quiera tener éxito esto es cada día más importante.

En la tradicional jerarquía organizacional un débil compromiso o aporte individual a menudo pasaba inadvertido, o en realidad no importaba, en medio del ineficaz rendimiento de toda la compañía o industria. Los tiempos han cambiado. En las empresas aligeradas o rediseñadas de hoy, todo líder y miembro de equipo es personalmente responsable por los resultados. No de vez en cuando sino todo el tiempo. Los aportes insuficientes o hechos a desgana por los individuos se reflejan en los resultados y todos los ven. No hay dónde esconderse, y esto somete a gran tensión el espíritu y el cuerpo. Trabajar casi sin parar en actividades importantes quema una gran cantidad de energía emocional y mental que hay que reponer para no consumirnos.

Empecemos nuestra discusión creando una sencilla imagen mental de estados de ánimo como sensaciones de fondo, influidas por energía y tensión, que persisten en el tiempo. Generalmente son sutiles pero a veces se intensifican y nos abruman. Ya sea que nos demos cuenta o no, los cambios de estado de ánimo pueden motivarnos y llevarnos a actuar para regularlos o cambiarlos. En un estado depresivo nos podemos sentir obligados a buscar un amigo, o buscar algo qué comer, o tomar una gaseosa o una taza de café, o salir a dar una vuelta. Cuando uno se siente cansado o deprimido, es difícil separar las sensaciones de su cuerpo (agotado, con hambre, exhausto físicamente, con necesidad de descanso) de la mente (nervioso, distraído) y las emociones (frustrado, impaciente, ansioso, recargado). Varios líderes excepcionales y pioneros creativos han encontrado maneras de captar y concentrar su energía emocional, como por ejemplo Albert Einstein, quien nos previno que "los problemas no se pueden resolver con la misma clase de inteligencia que los creó".

Einstein reconocía que algunas de sus mejores intuiciones de inteligencia creativa le venían cuando iba de paseo, o estaba conversando o soñando despierto, o aun dándose una ducha. Decía que había llegado a algunas de sus mejores percepciones mediante un "juego combinado" de sentimientos y sensaciones visuales, imaginando, por ejemplo, cómo se sentiría ir montado en un rayo de luz y mirar hacia atrás a un reloj, o cómo se sentiría si dejara caer una moneda en un ascensor que cae velozmente. Einstein, sin duda, poseía notable energía.

De acuerdo con un nuevo estudio, también la poseen los ejecutivos y líderes de las "campeonas ocultas", quinientas de las compañías más conocidas del mundo, cada una de las cuales es número uno o dos en participación de mercado mundial o número uno en el mercado europeo. Hermann Simon, presidente de Simon, Kucher & Asociados, consultores de estrategia y marketing de Bonn, Alemania, que dirigió el estudio, dice: "Si yo tuviera que escoger una característica sobresaliente común de las campeonas ocultas, sería sus líderes, o más específicamente la incesante energía y empuje de esos líderes. Ellos son tan distintos entre sí como es la gente en general, pero todos están imbuidos de una fuerza y entusiasmo que impulsa a sus compañías hacia adelante... y parecen poseer inagotable energía, vigor y perseverancia".

Esta vinculación entre energía básica y liderazgo es evidente en todos los campos de acción. Recuérdese el vigor y aguante inagotables de Robert Kennedy, que le permitieron sobreponerse a sus limitaciones como orador. Era evidente que no poseía las dotes oratorias naturales de su hermano John. Sin embargo, como observa el experto Bert Decker, que lo acompañó en la agotadora campaña política de 1968, "había algo en él que funcionaba. Cuando hablaba hacía contacto con la audiencia. Tenía energía y la usaba. Entiendo claramente por qué este hombre siempre llegaba al corazón de quienes le escuchaban. Había energía en su voz, y más aún en su rostro, en los ojos, en los gestos. La fuerza vocal y visual de este hombre llevaba a los millones que lo veían en persona y en la TV un convencimiento: *este es un hombre que cree lo que dice*".

A este tipo de apasionada energía que viene del corazón le están prestando también mucha atención los encargados de dirigir actividades altamente creativas y empresariales. El profesor Michael Ray y sus colegas en Stanford han venido investigando y enseñando esto como parte de su prestigioso curso de creatividad en los negocios desde hace casi veinte años. En la Facultad de Negocios de Harvard, John Kao describe su trabajo con un grupo de personas encargadas de diseñar una nueva campaña publicitaria para el subway de Hong Kong. Al principio, cuando él llega a la reunión, no despierta mucho interés. El grupo está dedicado a un trabajo metódico, presagio de racionalidad técnica y razonamiento lineal reduccionista.

Kao resuelve cambiar de velocidad y les dice que piensen en una escena favorita de alguna película, mencionando que la de él es la del salto a la velocidad de la luz en la *Guerra de las galaxias*, la cual a su vez le trae a la memoria un vuelo en avión. Esto le recuerda que voló a Hong Kong ayer, que siente la desorientación del jet y preferiría un bocado de cena al almuerzo que se preparan a servir. Empieza a diagramar animadamente sus asociaciones libres en el papelógrafo, y casi inmediatamente el resto del grupo empieza a imaginar escenas favoritas de películas y todo el mundo toma parte agregando recuerdos y sensaciones. Todos hacen conexiones sorprendentes con el tema de la reunión: el subway de Hong Kong. Ya para entonces el grupo está electrizado: todo el mundo habla animadamente y hay una interacción creativa. Este es un clásico ejemplo de cómo energía y tensión influyen en el estado de ánimo y crean colaboración.

CONEXIÓN ENERGÍA-EMOCIÓN

En el mundo de los negocios en que vivimos hoy, hay veces en que lo que más nos interesa (nuestras metas personales, sentido de propósito, humanidad) se pierde en el torbellino y ruido del trabajo organizacional. Según la investigación realizada por Robert E. Thayer, profesor de la Universidad del Estado de California, en Long Beach, hay cuatro estados primarios de energía humana, dos de los cuales corren un velo sobre nuestras capacidades y prioridades y pueden alterar nuestra inteligencia emocional. Estos son: *energía tensa y cansancio tenso*. Los otros dos son beneficiosos y sirven para aclarar y fortalecer la inteligencia emocional; son *energía tranquila y cansancio tranquilo*. Infortunadamente estos dos últimos son muy poco frecuentes. La mayor parte de las teorías sobre inteligencia emocional pasan por alto esta conexión energía-CE, lo cual es un costoso error. En resumen:

Energía tensa (alta tensión y alta energía) es un estado de ánimo caracterizado por una sensación casi agradable de excitación y poder. La energía física se siente alta, aun cuando uno pueda enfrentarse a altos niveles de tensión por largas horas de trabajo con un programa muy agitado. En el estado de energía tensa uno tiende a forzarse hacia un objetivo tras otro sin parar a reflexionar. Sus esfuerzos van acompañados de un nivel desde moderado hasta severo de tensión física que después de un tiempo puede pasarle inadvertido. Sin darse cuenta, al permitir que persista este estado de energía tensa, pierde uno su capacidad de prestar genuina atención a sus propias necesidades, a otras personas o proyectos, y de pronto puede encontrarse con que está al borde de un agotamiento total.

Energía tranquila (baja tensión y alta energía) es un estado de ánimo que pocos experimentamos con suficiente frecuencia. Se siente uno notablemente sereno y con dominio de sí mismo. La energía tensa se reemplaza con una presencia de ánimo alerta, más optimista, tranquilas y agradables sensaciones corporales y un profundo sentido de vigor físico y bienestar. Sus reservas mentales y físicas son altas. Tiene la mejor combinación de sana vitalidad y aumento de inteligencia creativa. Podría pensar en la energía tranquila como una especie de estado fluido de conciencia relajada, o una quinta velocidad extra que le permite hacer tanto o más que antes pero con menos esfuerzo y menos desgaste.

Cansancio tenso (alta tensión y baja energía) es un estado de ánimo caracterizado por cansancio general. Cuando uno se desploma en una silla o en el sofá después de comida, está genuinamente cansado. La TV puede aumentar su desazón, o la fatiga va mezclada con nerviosismo, tensión y ansiedad. No es nada agradable y con frecuencia trae un sentimiento de baja estimación personal y de que la vida es una carga, a veces con problemas que parecen insolubles. Durante el día un período de cansancio tenso puede ser manejable —con una interrupción del trabajo, un piscolabis, alguna actividad física, luz extra y otras cosas por el estilo; pero si usted da vueltas y vueltas en la cama por la noche, ya sabe lo difícil que es liberarse de ese cansancio tenso que también puede provocar o empeorar la depresión. "Hay muchos indicios —dice el Dr.

Thayer— de que el cansancio tenso contribuye a crear los estados más indeseables y probablemente está en el fondo de la depresión, la baja autoestima, los pensamientos negativos de toda clase y muchos tipos de conducta disfuncional, incluso el consumo de drogas y alcohol".

Cansancio tranquilo (baja tensión y baja energía) es un estado de ánimo generalmente agradable, caracterizado por la sensación de abandonarse y relajarse. Se siente uno cómodo, despierto y a gusto, tal vez leyendo un libro o escuchando buena música sin preocuparse por los problemas del trabajo y la vida. Después de un tiempo puede sentirse soñoliento, pero prevalece la calma y sigue sintiéndose bien. El cansancio tranquilo, dice Thayer, es el estado saludable para relajarse después de haber tenido que cumplir una exigente fecha límite en el trabajo, o al final de la jornada.

Cuando una persona está en un prolongado estado de energía tensa o cansancio tenso, su inteligencia emocional sufre y los obstáculos y dificultades de su vida y trabajo pueden parecerle insuperables, aun cuando esos mismos problemas le parezcan mucho más manejables cuando se siente tranquila y alerta. Bajos niveles crónicos de energía parecen aumentar nuestra vulnerabilidad a la tensión, la ansiedad y el temor.

Conviene observar, sin embargo, que la energía tensa y el cansancio tenso que afectan el cuerpo, el ánimo y la mente, no son lo mismo que la *tensión creativa*, la energía vital que uno siente cuando se entrega de lleno a una vehemente discusión, por ejemplo, o trabaja para alcanzar una meta clara y estimulante. El punto principal que hay que recordar es que cuando uno se siente lleno de energía y al mismo tiempo tranquilo, sus percepciones de sí mismo y del mundo son distintas de como las ve cuando está cansado y tenso.

$$(C \times E) - (T \times F) = M$$

(Tranquilidad x Energía) − (Tensión x Cansancio) = Motivación

Esta es la primera de una serie de simples ecuaciones simbólicas que mis clientes ejecutivos y equipos profesionales han encontrado útiles para explorar y desarrollar inteligencia emocional. Cada elemento se califica en una escala de 1 a 10. En la ecuación anterior, *C* representa su nivel actual de calma o tranquilidad y *E* su nivel de energía; *T* es su actual nivel de tensión emocional-física-mental (a diferencia de la constructiva tensión creativa que se asocia con la investigación y el diálogo) y *F* es un puntaje compuesto de fatiga o cansancio emocional-físico-mental. *M* representa su actual nivel de motivación, representación básica de su facultad de interactuar en este momento con ideas y personas en una forma abierta, alerta y vigorosa. No toda la motivación se basa en emociones, desde luego, pero éstas son una fuerza motriz central. El puntaje más alto, que tiende a ocurrir en las horas pico de sus mejores días, es 100; el más bajo, –100. Este puntaje es especialmente importante cuando uno se ve ante un nuevo problema, reto u oportunidad. Cuando *CM* es bajo, un grano de arena parece una montaña y se desperdician preciosa energía emocional luchando con obstáculos imaginarios.

Veamos un ejemplo. Digamos que es ya tarde y su nivel de energía (E) es 7 (usted se apresura para tratar de acabar lo que está haciendo antes que termine el día) y su nivel de tranquilidad (C) es 2 (está angustiado por terminar dos proyectos importantes). Al mismo tiempo, su nivel de tensión (T) está en 8 (son las 4 P.M. y usted siente ya la acostumbrada tirantez del cuello y los hombros). Su nivel de cansancio (F) es 3 (hace una hora se sentía más cansado pero se tomó dos tazas de café y la fatiga disminuyó). Sustituyendo estos valores en la ecuación anterior, resulta que su puntaje M en este momento es –10. Esto quiere decir que probablemente terminará bien el día pero no está en buena forma para hacer frente a ningún nuevo reto.

En este caso el bajo puntaje M = –10 debe inducirlo a hacer un esfuerzo deliberado para sobreponerse al sentido de angustia producido por la urgencia de terminar lo que estaba haciendo. También podría traer a la memoria la sensación e imagen de *fluir* con los retos en lugar de oponerles resistencia. Todo esto levanta su puntaje C y su nivel de motivación y participación. Igualmente podría reducir la tensión o la fatiga levantándose de su mesa de trabajo y yendo a la ventana para respirar aire libre y tomar un poco de sol, tomando un refrigerio o aflojando los hombros. Estos actos, como lo verá más adelante en este capítulo, pueden levantar rápidamente su empuje interno y su facultad de concentración.

Le aconsejo usar esta ecuación para calificarse a sí mismo inmediatamente antes de importantes conferencias telefónicas, presentaciones o interacciones con otras personas. Después observará qué bien salió todo. Con el tiempo tendrá mayor conciencia de que necesita un CM alto para obtener mejores resultados. Uno de los beneficios adicionales que mis clientes y yo hemos encontrado es que esta ecuación también nos da una clave interna o un recordatorio para manejar los niveles de energía y tensión durante todo el día y no sólo de vez en cuando.

Cuando usted se ve ante un reto o una crítica, su sistema nervioso lo percibe rápidamente por medio del "filtro" sensorial de sus niveles de energía y tensión. Miles de veces al día puede verse en situaciones de diálogo y tareas que requieren recursos mentales, emocionales y físicos, y en cada caso hay una evaluación momentánea, a menudo inconsciente, de la tarea en relación con sus recursos para hacerle frente, que se resume en el interrogante básico: ¿Poseo la energía y flexibilidad para tomar parte en este diálogo, o la fuerza emocional para completar esta tarea cualesquiera sean las dificultades que se presenten?

> **Conexiones con Cuadro de CE: Energía emocional**
> Véanse las siguientes escalas del *Cuadro de CE* como puntos de reflexión relacionados con este capítulo: presiones y satisfacciones, intención y poder personal.

CE EN ACCIÓN

Manejo de la conexión CE-energía

A principios del decenio de los 90 diseñé unos programas de desarrollo profesional para una compañía importante, los cuales fueron implementados por varias divisiones y equipos. El énfasis era en la eficiencia personal e interpersonal bajo presión. En algunas de las sesiones realicé una encuesta de análisis de necesidades a fin de identificar las prioridades específicas del grupo. Recuerdo en particular una a la que asistieron todos los miembros de un departamento. En un período de tres días exploramos muchos conceptos y aplicaciones prácticas para aumentar la creatividad, energía, intuición, colaboración e inteligencia emocional. Lo que resultó de nuestros diálogos fue una lista de actividades para el departamento y sus miembros, al tope de la cual estaba manejar la energía y las tensiones. Poco después de terminado el programa, me llamó uno de los directores para informarme que habían resuelto renovar una área del edificio y convertirla en un espacio para descansos destinados a fortalecer la productividad, la comunicación abierta y la creatividad. Pronto esa área se convirtió en lugar favorito de reunión de empleados y directivos.

Hay pruebas de que cómo se sienta uno en su trabajo y cuán abierto sea a tomar parte en el diálogo, a valorar a los demás, compartir ideas y aprovechar al máximo la colaboración informal creativa, depende de cuán eficazmente maneje la energía y la tensión. Sobre esto influye el espacio de trabajo, el ambiente en que uno se encuentre. Si es una zona de cubículos cuadrados y oscuros y corredores estrechos, está uno en gran desventaja en cuanto al acceso a CI, CE y otras formas de inteligencia, y lo mismo su empresa. La mala iluminación, el ruido y un ambiente de cárcel deprimen el espíritu de todos y promueven el aislamiento, la fatiga, la tensión y la desconfianza.

Pero todo lo nuevo y costoso no es necesariamente mejor. Tomemos el ejemplo de Lloyds, de Londres. Su nuevo edificio de oficinas fue uno de los más costosos de Europa y sin embargo a la vuelta de un año el administrador calculó que necesitaba renovaciones por valor de US$50 millones, desde más capacidad de ascensores hasta nuevos acabados de techos y paredes. Estas deficiencias del diseño original estaban afectando gravemente a los negocios puesto que en la industria de seguros mucho depende de las interacciones cara a cara. Ascensores lentos y áreas de reunión poco acogedoras o incómodas minaban en mil formas el frágil proceso social que determina el éxito del negocio.

Por el contrario, realizamos más "trabajo real" y gozamos haciéndolo cuando hemos tomado parte en llevar variedad y flexibilidad al ambiente de trabajo. Aumentamos la probabilidad de que surjan nuevas ideas y conexiones y de que tengamos la oportunidad de hacer con ellas cosas productivas. Más allá de los vínculos tecnológicos —redes computarizadas, teleconferencias y cosas por el estilo— no debemos olvidar que los diálogos cara a cara son indispensables. Leon Royer, jefe de aprendizaje organizacional en 3M, resume así la opinión de muchos ejecutivos de esa empresa: "Manejamos un ambiente en forma de dar libertad a la imaginación —esa es la idea básica".

Igual criterio anima a Yhtyneet Kuvalehdet Oy, editores de revistas de Finlandia, que han creado una sala central en cada piso donde pueden reunirse los editores, escritores y otros miembros del personal a ver las noticias y tomar parte en discusiones creativas que muchas veces se prolongan hasta el patio central del edificio donde hay áreas para tomar refrescos, y por el cual todos pasan para llegar a los ascensores y las escaleras. Esto fomenta la interacción.

Entre las muchas características que según los investigadores mejoran el ambiente de la energía en el lugar de trabajo y fomentan la colaboración creativa, se cuentan:

- Pocas reglas arbitrarias sobre lo que debe ser "trabajo real" (por ejemplo, sentarse tieso frente a un computador o un escritorio, o movimiento constante para dar la impresión de que uno está muy ocupado, aun cuando su mente y su corazón estén en otra parte).
- Un ambiente que estimule a ensayar cosas nuevas, crear relaciones de colaboración y fomentar nuevas ideas.
- Un sentido de control personal sobre las distracciones e interrupciones.
- Fácil acceso a "puntos magnéticos" centrales diseñados para reunir a la gente, tales como centros de café o refrescos con artículos de alta calidad; espléndida iluminación y vistas naturales; una exuberante variedad de cosas interesantes, creadoras de ideas que mirar, y espacios cómodos para estar de pie o con asientos para fomentar interacciones informales en lugar de la interacción forzada de una sala de conferencias.
- Liderazgo que se manifieste no sólo estimulando a los demás a utilizar los "puntos magnéticos" sino dando personalmente el ejemplo usándolos uno mismo, de modo que los directivos y empleados no crean que se les va a sancionar por hablar con sus compañeros durante horas de trabajo. El líder debe hacerles sentir que esto es parte de su trabajo.

Ideas adicionales para mejorar el ambiente y fomentar las comunicaciones y la colaboración creativa sólo están limitadas por nuestra ingeniosidad y grado de compromiso. Esto no quiere decir que la interacción interminable en el lugar de trabajo sea deseable. Para la mayoría no lo es. También necesitamos espacios privados y tranquilos propios para la concentración, la reflexión y la contemplación.

Una variante interesante de esta idea la ha puesto a prueba la agencia de publicidad Chiat/Day, de Venice, California. Allí los ejecutivos declararon que su sede central se convertiría en una oficina virtual en que casi ninguno de los profesionales creativos y gerentes de cuenta tendría un espacio asignado en las oficinas centrales. Se esperaba que cada uno eligiera dónde pasaría las horas de trabajo, con un fuerte estímulo de los altos ejecutivos para dedicar la mayor parte de su tiempo al territorio de los clientes o a pasarlo en su casa. Explica Laurie Coots, vicepresidenta de desarrollo de negocios y directora de proyectos para la implementación de la nueva "arquitectura de equipo": "Queremos asegurarnos de que el valor que un empleado puede llevar al cliente no esté limitado por la necesidad de permanecer en una oficina. Por consiguiente, hemos invertido fuertemente en tecnología a fin de llevar las herramientas y la inteligencia colectiva de la oficina al empleado en cualquier parte donde se encuentre. A la inversa, la contribución que el empleado puede hacer a la compañía no depende de 'mantener un asiento caliente' en la oficina central". No es una transformación sencilla ni fácil, ciertamente, pero piénsese en las posibilidades que ofrece de ventaja competitiva y colaborativa.

Lo que sigue es una breve documentación ejecutiva de lo que yo considero algunas de las maneras más prácticas y científicas de fortalecer su CE reduciendo la energía tensa y el cansancio tenso y promoviendo la energía tranquila que crea y sostiene su inteligencia emocional en general y fomenta una amplia gama de competencias relacionadas con CE, como creatividad y colaboración.

> La fatiga nos hace a todos cobardes.
>
> **Vincent Lombardi**

Según el Dr. Martin Moore-Ede, Ph.D., profesor de fisiología en la Facultad de Medicina de Harvard, "las personas fatigadas cometen errores que tienen enormes efectos perjudiciales; trabajan más lentamente y con menos eficiencia; hacen las cosas por las vías más largas y rutinarias; y no ven los atajos eficientes... Sin vigilancia no puede haber atención y sin atención no hay rendimiento. Toda la selección, entrenamiento y motivación del mundo no sirven de nada a menos que el cerebro humano esté alerta y atento. El estado de alerta de una persona es provocado por factores internos y externos que se pueden considerar como interruptores en el tablero de instrumentos de la inteligencia. Entender cómo manipularlos es el secreto de ganar poder sobre uno de los atributos más importantes del cerebro humano".

Las siguientes estrategias para mejorar el rendimiento individual y colectivo están bien documentadas y yo le recomiendo que las ponga a prueba creando su propio plan de acción a base de los resultados que obtenga:

Sentido de genuino interés, participación y oportunidad

Los estudios indican que un fuerte sentido de participación creativa en un oficio estimulante, proyecto o discusión, o una nueva oportunidad, aumenta la vigilancia, la energía emocional y el rendimiento. Por el contrario, un oficio demasiado familiar o aburrido reduce la vigilancia y lo expone a uno a cometer más equivocaciones, a merma de creatividad y deficiente rendimiento.

Pausas estratégicas de 10 a 60 segundos

Experimentos de laboratorio muestran que si uno trabaja largo tiempo en tareas mentales, su tiempo de resolver problemas puede aumentar hasta en 500 por ciento. Una pausa estratégica es una desconexión breve y consciente del trabajo cada 20 ó 30 minutos para cambiar de foco mental, dirigir a otra parte la mirada (mirar afuera, por ejemplo, si ha estado trabajando muy de cerca), aflojar el cuello y los hombros y gozar de unos momentos de despreocupación creativa. Si no se hacen pausas planeadas, el cerebro se desconecta por sí solo; hace lo que los fisiólogos llaman pausas espontáneas. Por pura fatiga nos descuidamos, nos dormimos o dejamos de poner atención a la tarea, o escuchamos a otros. En suma, cometemos errores, perjudicamos las relaciones y nos atrasamos.

Descansos de 2 minutos a mañana y tarde

Muchos experimentos sobre productividad en el trabajo han demostrado que las pausas para descansar deben ser por lo menos 15 por ciento del tiempo de trabajo, lo cual en realidad agiliza el trabajo y compensa con creces el tiempo del descanso. En estos descansos lo importante es cambiar de posición, moverse unos minutos o hacer ejercicio, tomar agua fría u otra bebida sana, comer alguna cosa baja en contenido de grasa, salir al aire libre o a la luz o encender las luces del salón, mirar una escena natural y relajar los ojos, y apartar la mente del trabajo que estaba haciendo y fijarla en otra cosa que sea emocionante.

Frecuente actividad física durante el día

Ligera actividad física es una de las mejores maneras de levantar la energía y reducir la tensión, aumentar la creatividad y promover la resistencia —la capacidad de permanecer sano al mismo tiempo que se cumplen programas muy exigentes en lugar de maldecirlos. Aquí una de las nuevas prioridades es no seguir un plan regular de ejercicio sino destinar unos minutos a permanecer activos después de las comidas y en las pausas y descansos en el curso del día. Levántese y muévase, dé un corto paseo, suba unas escaleras, salga, haga unos pocos ejercicios de tonificar los músculos, o movimientos fáciles y agradables de flexibilidad. El fundamento del bienestar mental y emocional es físico.

Comidas nutritivas

Tomar cinco comidas al día —tres moderadas y un bocadillo a media mañana y a media tarde —es muy recomendable para la salud lo mismo que para la eficiencia en el trabajo. La investigación sugiere que este régimen puede ayudar a mantener bajos niveles de colesterol en la sangre y aumentar su energía y metabolismo.

Despreocupación y buen humor

Esta es una fuente universal para levantar la energía y suprimir la tensión. Según los científicos, el humorismo puede ser la conducta más significativa de la mente humana. La investigación sugiere que puede aumentar la productividad en el trabajo. Por ejemplo, cuando uno se siente despreocupado y de buen humor, tiende a ser más abierto emocionalmente, más energizado y dispuesto a ayudar a los demás y a ser generoso, y mejoran sus procesos de trabajo tales como buen juicio, solución de problemas y toma de decisiones. Por encima de todo, el humorismo espontáneo es algo que *se deja* que ocurra naturalmente con un sentido de relajamiento y diversión. Busque los hechos ridículos o incongruentes que ocurren a su alrededor todo el tiempo. Señálelos a los demás. Recuerde las anécdotas más chistosas que haya oído y utilícelas para sazonar las conversaciones en el trabajo y en la familia.

Ajustes en el lugar de trabajo

Se pueden obtener resultados sorprendentes mejorando diversos aspectos de su ambiente de trabajo. Son ejemplos: encender las luces (que según las investigaciones aumentan inmediatamente la vigilancia y atención), prestar atención a la postura y ergonomía, elegir una música de fondo emocionalmente expansiva, acentuar los colores y olores positivos y hacer cualquier otra cosa que promueva su creatividad y sentido de salud y seguridad y haga su ambiente personal de trabajo más relajado y energizante.

Sueño profundo

Cualquier día de la semana 25 por ciento de las personas que no tienen ningún problema clínico no durmieron suficiente la noche anterior y no están alerta. La investigación muestra que estados de ánimo negativos son consecuencia inevitable de la falta de sueño. Estas son algunas opciones importantes: mantenga las cuestiones del trabajo fuera del dormitorio; haga algún ejercicio ligero por las noches o tome un baño caliente o ducha (según el director del Centro de Investigación sobre el Sueño en la Clínica Mayo, estas medidas inducen sueño profundo); forme en el dormitorio un ambiente relajado de descanso (oscuro, con buena ventilación, cama y temperatura agradables) y despierte todos los días a la misma hora. Dormir más de una hora extra desconcierta los "relojes" del organismo y aumenta la tensión y el cansancio, algo parecido a la fatiga del jet.

Estudios hechos en la Facultad de Medicina de Harvard y otras instituciones indican que cuando aumentamos nuestros niveles de energía y vigilancia, capacitamos al cerebro y los sentidos para prestar cuidadosa atención al ambiente y a las personas que están en él, lo mismo que a nuestras propias sensaciones y pensamientos. Igualmente importante es que cuando estamos completamente atentos, las percepciones y la información que recibimos tienden a ser más precisas, creativas y constructivas que cuando estamos tensos y cansados. Los científicos han descubierto que las emociones son una fuente vital de información exacta sobre nuestro carácter, relaciones, crecimiento y éxito. Esto nos lleva al tema del capítulo siguiente: atender a la retroinformación emocional.

3

Retroinformación emocional

TODA SENSACIÓN ES UNA SEÑAL. Significa que algo que uno valora es cuestionado o que hay una oportunidad que se debe aprovechar —para fortalecer una relación, por ejemplo, o para efectuar un cambio y crear algo nuevo. Toda emoción es una llamada de atención. Se supone que lo *mueve* a uno para hacer una pregunta, aclarar las cosas, aprender y ampliar sus capacidades, actuar o adoptar una posición.

El enojo, por ejemplo, es en su esencia un combustible. Cuando lo sentimos, queremos hacer algo, hablar, interceder, correr, afrontar o resolver algo. Pero lo que muchos hacemos con el enojo es amordazarlo, ahogarlo, enterrarlo, negarlo o no hacer caso de él. Hacemos de todo menos *valorarlo* y *escucharlo*. El enojo es una voz interior que grita, suplica, obliga y demanda. Es un mapa que nos muestra nuestros límites y aspiraciones. Se debe respetar y actuar de conformidad, no permitir que se convierta en cólera y hostilidad.

Si reaccionamos excesivamente al enfado o a cualquier otro sentimiento, nos estamos dejando llevar por el impulso. Cuando esto ocurre,

hacemos y decimos cosas, ya sean mezquinas, atemorizantes o peligrosas, que son inapropiadas y a veces totalmente equivocadas. O si a fuerza
de querer prescindir de las emociones en el trabajo nos hemos habituado
a hacer caso omiso de nuestros sentimientos, la energía de estos no
desaparece. Sigue bullente; aumenta y al fin nos domina en el momento
más inoportuno. Entonces "estallamos", a menudo por cualquier cosa
baladí. Y luego perdemos un tiempo precioso tratando de enmendar la
plana, dando excusas y luchando con el sentimiento de culpa y los
remordimientos. Es una pérdida de energía. Nos distrae. Todos perdemos.

MANEJO DE LA IMPULSIVIDAD EMOCIONAL

Todos sentimos impulsos emocionales, inclusive irritación y frustración.
En muchas situaciones estos son valiosos aguijonazos. Otras veces,
especialmente cuando estamos tensos o cansados, es preciso manejar
bien la energía emocional y el impulso de hablar o actuar en forma
inapropiada, detectando sus primeros brotes para encauzar nuestra
reacción en una dirección constructiva.

Yo prefiero la palabra manejar a dominar. Para mí no es simple
cuestión semántica puesto que tratar de reprimir los sentimientos por
pura fuerza de voluntad no sirve para nada y aun puede ser contraproducente y reforzar aún más el impulso. Cuando manejamos los impulsos, logramos una conexión más clara con las verdaderas razones de
nuestro enfado y vigilamos más de cerca nuestros niveles de energía y
tensión para poder hacer frente a los retos y las dificultades.

Hace casi treinta años, cuando yo estaba en la Infantería de Marina
en la guerra de Vietnam, recuerdo a un camarada que constantemente
trataba de dominar sus accesos de cólera. Estos eran cada vez más
frecuentes. Rechazaba la ayuda que los demás le ofrecíamos y estaba
expuesto a acción disciplinaria. Una noche, en su litera, se empapó en
líquido combustible y se prendió fuego. Nunca olvidaré sus gritos y su
mirada de desesperación, con toda la cara y el torso en llamas que
nosotros tratábamos de apagar. Fue hospitalizado y poco después le
dieron de baja.

Después de este incidente yo aprendí a tener más conciencia de manejar mis propias pautas de impulsividad, y he llegado a la conclusión de que manejarlas es una de las claves del conocimiento emocional.

Veamos un ejemplo:

Hacia el final de una conferencia de planeación a que yo asistía, el presidente de una compañía manufacturera y de servicios perdió los estribos y se lanzó a una violenta diatriba profiriendo a voz en cuello injurias e improperios contra todo el mundo. Cuatro vicepresidentes, siete miembros de la junta directiva y catorce gerentes se quedaron estupefactos. La cosa se veía venir, y sin embargo ninguno de nosotros supo cómo evitarla.

Piense usted en sus propias experiencias de trabajo. Todos tenemos nuestras limitaciones y resentimientos. Y casi todos detestamos la burocracia y detestamos perder tiempo. Piense en una situación difícil de trabajo, cuando las cosas empezaron a ir mal. Recuerde cuán rápidamente sintió el primer impulso de la emoción y por qué tal retroinformación intuitiva es importante. ¿Qué pudo haber hecho usted de una manera distinta para manejar mejor esa situación específica?

Es evidente que la impulsividad habitual dificulta las relaciones de confianza y socava el rendimiento. Una señal de conocimiento emocional es, en efecto, la capacidad de superar la impulsividad y guiar apropiadamente su reacción a las emociones. Sin embargo, paradójicamente, también es inaceptable reprimirlas en una discusión o una reunión que se ha empantanado. Por el solo hecho de estar presente y oír la conversación usted está tomando parte y tiene influencia en los resultados. Reflexione por un momento: ¿Cómo termina usted una discusión cuando ya no aguanta más? Todos tenemos nuestras maneras. Enfadarse es una; enfurruñarse y sabotearla es otra. Una cuestión pertinente y no menos importante es qué pueden hacer los demás por ayudarnos a volver al diálogo o a la reunión cuando nos hemos sentido bloqueados o excluidos.

En varias de las compañías con que he trabajado, miembros de los equipos ejecutivos y administrativos han empezado a aclarar abiertamente los patrones de *recargo personal* y de *interrupción del diálogo* de cada miembro. Estos hábitos y tendencias que todos tenemos pueden ahora hacerse explícitos. Así los individuos y equipos están forjando conexiones más estrechas, conociéndose unos a otros como seres humanos más reales, lo cual cambia la manera como se comportan y se apoyan mutuamente. Considere- mos el caso anterior: el gerente general no toleraba, según dijo, lo que veía como planes secretos de parte de la alta gerencia. Trataba de no hacer caso de

> La mayoría de los ejecutivos tienen una capacidad notoriamente subdesarrollada para entender y tratar las emociones.
>
> **Manfred F.R. Kets de Vries**
> INSEAD, Francia

ello, pero más tarde o más temprano no podía resistir y venía la explo- sión. Su problema, según nos dijo, era que no podía poner en palabras qué podían ser esos planes y por qué ocurrían. Esto lo mortificaba porque como jefe ejecutivo se sentía obligado a saber qué estaba ocu- rriendo. Convino en captar temprano las señales emocionales y hablar de sus preocupaciones, aun cuando no pudiera puntualizar qué era lo que le molestaba. Esto lo aceptaron los demás, quienes reconocieron que las impresiones del alto ejecutivo eran a menudo correctas. El estallido era lo que les molestaba.

El paso siguiente interesaba a todo el grupo.

— La próxima vez que usted no pueda dominarse, ¿qué podemos hacer para ayudarle?, le pregunté al presidente. Él reflexionó un momento y contestó:
— No se enfaden conmigo ni me digan "¿Qué le pasa a usted?" Eso no lo aguanto. Más bien pregúntenme algo así como "¿Qué es lo que siente usted tan intensamente?" Así podemos hablar sobre lo que mi intuición me dice, aun cuando yo no lo pueda expresar con palabras.

En la próxima discusión acalorada en que usted tome parte, pre- gunte: ¿Qué necesidades no se están satisfaciendo aquí? ¿Qué valores se están violando? ¿Qué suposiciones me están haciendo reaccionar en esta forma? ¿Qué sentimientos o memorias se están activando, y por qué?

RESPONSABILIZARSE POR SUS EMOCIONES

Mire a su alrededor: muchas personas utilizan su índole como una cortina de humo para racionalizar y explicar repetidos ataques de frialdad, una crítica mordaz o una racha de mal humor. Como lo dice el investigador Joshua Halberstam, a menudo nos amparamos en excusas como estas:

1. Sí, no debí decir eso, pero ya saben lo celoso que soy.
2. Sí, no debí decir eso, pero ya saben el genio que me gasto.
3. Sí, debí contestar, pero soy un cobarde.

Nosotros mismos nos ponemos etiquetas emocionales y luego las usamos para justificar nuestra conducta. Nos defendemos diciendo: ¿Qué otra cosa se podía esperar de mí? Las emociones, sin embargo, no son excusa. El que está de mal humor es porque quiere; si muestra celos es porque quiere. Aun cuando no hay duda de que para unas personas es más difícil dominarse que para otras, todas pueden ejercer control. Esto plantea la cuestión de la autoguía emocional que depende en parte de la capacidad de ir más allá de la impulsividad en servicio de una meta valedera basada en principios personales. Tales metas podrían incluir formar una sociedad con otra persona o firma y resistir a un súbito impulso de retener una nueva información que pondría a la otra persona en una situación injusta de desventaja. O después de perder una cuenta grande o de experimentar algún otro percance, podría sentir deseos de venganza contra sus competidores; pero con responsabilidad emocional puede elegir dejar pasar esos impulsos y responder en cambio con empatía y credibilidad. O podría verse ante la meta de formar una relación de alta integridad con una persona por quien siente atracción sexual o un grupo de personas competentes que despiertan su envidia; sin embargo, con responsabilidad emocional usted no convierte esos impulsos en una conducta nociva o inapropiada.

Una triple estrategia para aprender a manejar la energía emocional puede ser como sigue:

1. *Reconocer* y *sentir* las emociones en lugar de negarlas o minimizarlas.

2. *Escuchar* la información o retroinformación que la emoción le da. Pregúntese, por ejemplo, ¿cuáles de mis principios, valores o metas están aquí en juego?
3. *Guiar* o canalizar la energía emocional hacia una respuesta constructiva apropiada.

Cuando empecé a usar este enfoque recordé que una de las características notables de George Washington, que le permitieron realizar lo que realizó, fue su capacidad de manejar la energía emocional, en particular su propensión a la cólera. Este defecto lo acompañó toda la vida, en la guerra y en la paz. Thomas Jefferson y Alexander Hamilton, que sirvieron cuatro años en su gabinete, escribieron sobre el particular y observaron que Washington se dominaba muy bien y que sus estallidos ocasionales pasaban pronto. Casi inmediatamente se perdonaba a sí mismo y a los demás, daba excusas y tomaba medidas para sanar cualquier herida que se hubiera causado.

Es cierto que una tormenta emocional puede a veces aclarar la atmósfera y que la cólera puede servir como piedra angular del valor; pero si un espíritu tan vivo ha de manifestarse como tal, y no desperdiciarse en inútiles gestos y erupciones, tiene que reconocerse y guiarse, que es lo que hacía Washington. Conocido por su valor en el combate, no tenía miedo de hablar claro. Desde temprana edad comprendió que sus frustraciones y su mal humor podían llegar a tal intensidad que produjeran miedo más bien que valor en los demás. Y por eso se propuso aprender a controlarlos.

Obsérvese que todo lo que produce miedo tiende a matar las ideas. Esto incluye miedo de la crítica, del ridículo, del fracaso, de jefes que gritan, de ser despedido. Este miedo acaba con la confianza y la lealtad y crea un clima de incertidumbre, suspicacia y sabotaje.

A la edad de 16 años Washington copió a mano una serie de preceptos titulados "Reglas de urbanidad y conducta decente en compañía y en la conversación". Son 110 reglas que definen lo que es el carácter y se basan en una serie compuesta originalmente por un jesuita francés en 1595. A lo largo de toda su vida, estos preceptos llevaron a Washington a valorarse a sí mismo y a ser cortés y franco, siempre alerta a las necesidades y sentimientos de los demás. El espíritu de todas las reglas se resume en la primera: "Todo acto que se haga en compañía debe hacerse con muestras de respeto para los que están presentes". Este compromiso le sirvió bien durante toda su vida.

LAS EMOCIONES COMO "SISTEMA DE SEÑALES"

Un punto que hay que observar en la historia de Washington es que el enfado, como cualquier otra emoción, es energía. No es ni bueno ni malo; cómo responda uno a su mensaje determina el efecto que tenga. Las emociones son un "sistema de señales" que nos dan la información que necesitamos en un momento dado para ordenar nuestra conducta. El temperamento de Washington era únicamente suyo; el de usted y el mío son únicamente nuestros. Si perdiéramos nuestro sistema de señales nos haríamos propensos a la agresión, el retraimiento y otras conductas desadaptadas. El "sistema de señales" emocionales tiene por objeto liberarnos para que seamos las mejores personas posibles.

El punto es que todos vivimos en una corriente de información emocional e impulsos, algunos de los cuales son brillantes y apropiados y otros no. Para triunfar tenemos que canalizar esa energía hacia fines constructivos. Todas las emociones tienen su utilidad. Por ejemplo, hay veces en que debemos enfadarnos o entristecernos porque esa es la verdad interior que experimentamos en ese momento. Y hay veces en que tenemos razón de sentirnos ansiosos, preocupados, alegres o celosos. A diferencia de la mente, al corazón le cuesta trabajo mentir.

El enojo, por ejemplo, es apropiado cuando los valores o los derechos humanos parecen haberse violado, cuando se ataca la integridad o cuando se amenaza al espíritu. El enfado también puede ser fuente de compromiso o motivación apasionada, como lo expresa William Sloane Coffin:

> "La capacidad de enfadarse es muy importante porque el que no se enfada se acostumbra a tolerar lo intolerable... El que no se enfada probablemente es un cínico. Y si uno baja su cociente de enfado ante la opresión, baja también su cociente de compasión por los oprimidos".

En el espectro de los sentimientos humanos, cada emoción está imbuida de su propia "señal" de inteligencia. No simplemente nos *ocurre*; nuestro ser interno la *genera*, siempre con un fin, siempre para comunicar algo. La intensidad de las emociones tiene su tramo de variación. Así, la capacidad de experimentar gran entusiasmo y pasión es paralela a la de experimentar sentimientos de despecho y furia. Para aumentar su conciencia de este efecto, tome una hoja de papel y esboce lo siguiente:

Primero, imagínese un continuo de emociones afines. A la derecha del centro está el sentimiento de estar comprometido en un problema o actividad significativa. Ese sentimiento puede crecer y convertirse en entusiasmo y hasta apasionamiento por su trabajo. Al otro extremo del continuo emocional, empezando justo a la izquierda del centro, está el sentimiento de despecho que puede presentarse con un problema irritante o cuando uno se siente frustrado haciendo tareas que no tienen sentido. Cuando es crónico o no se reconoce, este sentimiento puede convertirse en rebeldía, que a su vez puede degenerar en resentimiento y hasta furia. Recórtese un extremo de este continuo de sentimientos y el tramo se contrae paralelamente al otro extremo, dejándolo a uno en un término medio impreciso.

Considérese otro ejemplo. Por el lado expansivo la curiosidad puede llevar a apertura, aceptación de responsabilidad, confianza, fe y creatividad. Por el lado restrictivo el espectro emocional empieza con un sentimiento de culpa, envidia o celos, que luego puede conducir a desconfianza y otros sentimientos debilitantes como compasión de sí mismo y martirio.

Un ejemplo más: la capacidad de interesarse se puede extender a sentimientos de empatía, compasión y respeto. Moviéndose en la dirección contraria del continuo emocional, un crónico sentimiento de temor puede degenerar en ansiedad, miedo o pánico.

Una de las cosas que mis clientes y yo hemos aprendido con este ejercicio es que una clave de la inteligencia emocional es captar temprano la intensificación de las emociones limitantes. Si no prestamos atención a las primeras señales y somos luego presa del resentimiento, por ejemplo, o del temor, tendremos que gastar un tiempo precioso y energía para tratar de recuperarnos de la caída.

Así pues, una idea fundamental del conocimiento emocional es que las emociones limitantes son una llamada de alerta. Con un poco de práctica se pueden transformar en energía expansiva o capacitante como se verá en el capítulo 7. Podemos aprender a no dejar que tales sentimientos nos apabullen y nos impidan realizar lo que queremos hacer.

La voz de las emociones —no sólo del pensamiento— es lo que nos incita a:

- Escuchar
- Aclarar
- Valorar
- Pararnos y avanzar
- Aprender e innovar

- Considerar
- Recordar
- Simpatizar
- Cambiar y motivar

Estos son algunos aspectos de la inteligencia emocional que han adoptado la American Quality Foundation y varias compañías importantes de todo el mundo. Hasta la gigantesca compañía de computadores EDS, con ventas de cerca de 13 000 millones de dólares, está dedicada a crear una identidad radicalmente nueva, siguiendo la iniciativa de su presidente, Les Alberthal, quien dice: "Los líderes que progresen en EDS serán los que hayan visto la luz. Nuestro negocio consiste en hacer que el cliente tenga éxito, no en que yo controle todos los activos, así que los líderes van a tener que hacer otras cosas distintas de dar órdenes. La vieja mentalidad de mando y control no es lo que nos va a llevar al éxito". Esto ilustra un dramático cambio de cultura de la empresa. Alberthal empezó por someter a todos los directivos de EDS, incluso él mismo, a una serie de sesiones de entrenamiento transformador que penetra hondamente en el campo de los sentimientos, para estimular nuevas ideas y mayor sensibilidad en sus colegas, empleados y clientes.

Conexiones con Cuadro de CE: Retroinformación emocional

Consultar las siguientes escalas del cuadro de CE como puntos de referencia relacionados con este capítulo: sucesos de la vida, descontento constructivo y compasión.

CE EN ACCIÓN

"Si yo me responsabilizara por..."

Para empezar, en los casos en que sentimos un brote de emoción que nos obliga a comportarnos de determinada manera, es sensato hacer una pausa. No es ésta necesariamente un escape del conflicto sino una proveedora de contexto y posibilidades emocionales y mentales. Recientes informes confirman el valor de tales pausas. Cuando nos vemos en un ambiente tensionante, el cerebro tiene la tendencia natural de hacer más de lo mismo, sólo que con mayor esfuerzo, reaccionando ciegamente. Podemos sobreponernos conscientemente a esta tendencia deteniéndonos un momento. Tales pausas son productivas y nos permiten escuchar mejor los impulsos interiores del corazón y del espíritu.

Además de estas pausas, hay un ejercicio de aplicación que yo he encontrado muy revelador. Pregúntese: "Si yo me responsabilizara por todos los sentimientos que experimento y por todas las palabras que pronuncio..."

¿Cómo completa usted esta oración? Cuando he usado este ejercicio con clientes corporativos, algunas de las respuestas han sido:

Tendría que estar más alerta y consciente.

Probablemente me tomarían más en serio.

Sería más responsable.

Tendría que poner en práctica todos mis valores.

Haría menos juicios intempestivos que resultan equivocados.

Sería más honesto emocionalmente.

Tendría que prestar más atención.

No diría cosas hirientes o mal pensadas.

En un caso un ejecutivo afirmó: "Yo tendría que prestar más atención y concentrarme". Exactamente. Esto subraya el hecho de que la responsabilidad no es un simple estado mental sino que, como nos lo recordaba Ghandi, es la voluntad de prestar cuidadosa atención, por ocupados que estemos, y dar la cara y asumir la responsabilidad cuando se necesite.

Aun cuando nos asignen responsabilidades en el trabajo y en la vida, nada sucede a menos que nosotros las *sintamos* y las aceptemos voluntariamente. Mediante el conocimiento emocional asumimos personalmente la responsabilidad por el respeto o irrespeto que llevamos a una discusión, la bondad o falta de bondad, la generosidad o crueldad, la equidad o injusticia. Sin conocimiento emocional quizá tratemos de eludir las responsabilidades diciendo: "Me obligaron a hacerlo", "Es que ella me saca de paciencia", "Me están volviendo loco", "Él tiene la culpa". ¿Quién es responsable? Si usted oye tales disculpas y no se opone abiertamente a ellas, entonces usted es el responsable.

Nordstrom, cadena de tiendas de departamentos, conocida por su ejemplar servicio a los clientes y constante rentabilidad, ha condensado su manual de los empleados en una sola oración:

Siga su buen criterio.

Un *profesional* es una persona capaz de hacer lo que se debe hacer, aun cuando tal vez no tenga ganas. Esto es una mezcla de autodisciplina, guía interior y empuje emocional. El conocimiento emocional nos exige reconocer y respetar nuestros sentimientos conservando al mismo tiempo la conciencia y disciplina para no dejarnos llevar por los vientos emotivos del momento; por el contrario, dirigimos activamente nuestra energía emocional para hacer más de las cosas que se deben hacer.

Esto nos lleva al capítulo siguiente, que en su esencia trata de *sentir* qué son esas cosas que se deben hacer. A la verdad, esto lo hacemos no sólo con lo que nos dicen los cinco sentidos tradicionales sino también nuestro "sexto sentido" intuitivo y el más entrañable, y quizá también otros que no se han explorado aún. Una vez que uno ha aprendido a reconocer sus corazonadas, a ser emocionalmente honesto consigo mismo, a manejar su energía, a trascender la impulsividad y valorar la retroinformación emocional, está preparado para echar mano de la intuición y fiarse de ella como guía en su trabajo y su vida. Este es el tema de las páginas siguientes, con las cuales terminamos nuestra exploración del primer pilar del CE.

4

Intuición práctica

VER CON EL CORAZÓN. Así decía mi abuelo, Wendell Downing, médico cirujano entrenado en la Clínica Mayo. Así decía también su padre, William Downing, cuando se graduó en la Escuela Rush de Medicina, en Chicago, poco después de la guerra civil, y se dedicó a ejercer la profesión, a pesar de que tenía una mano inutilizada de resultas de un accidente. Lo que les permitió a ambos sobresalir en su profesión fue, más que la competencia académica o técnica, la inteligencia emocional. En particular, desarrollaron la capacidad de intuición y empatía para compenetrarse de corazón, lo mismo que racionalmente, con cada paciente, familia y necesidad comunitaria. Ese fue el signo distintivo de su vida.

Los neurólogos han identificado un sistema nervioso entérico, una red de neuronas, neurotransmisores y proteínas en el intestino, y confirman que la inteligencia no tiene su asiento únicamente en el cerebro. En efecto, hay toda una clase de neurotransmisores, mensajeros químicos cerebrales conocidos como péptidos, descubiertos primero en el intestino. Están apareados con las células receptoras cerebrales, las cuales nos dicen que lo que está ocurriendo en el cerebro también está activo en el intestino, y el sistema nervioso central conecta las dos cosas. Así, la emoción activa el proceso de razonamiento. Mi abuelo y mi bisabuelo sabían esto intuitivamente por años de experiencia. Escuchaban la razón y al mismo tiempo también sus voces interiores.

Este es un reto a que nos enfrentamos hoy: hacer ambas cosas simultáneamente.

Shoshana Zuboff, profesora de la Facultad de Negocios de Harvard, dice que las organizaciones que no confían en la intuición cometen un error: "Muchas personas se desorientan porque sólo hacen uso de estériles herramientas analíticas". El Institute of HeartMath, de Boulder Creek, California, ha dedicado más de diez años a la investigación de cómo el corazón, pulsando energía eléctrica, es de 40 a 60 veces más fuerte en amplitud que el cerebro. Sus experimentos muestran que las señales electromagnéticas del corazón son transmitidas a todas las células del cuerpo y luego emanan al exterior. Estas señales se han detectado desde un metro y medio de distancia. Algunas de las investigaciones del instituto, publicadas en el *American Journal of Cardiology*, indican que las sensaciones de cuidado y aprecio son buenas para el corazón. (Ya sabíamos desde hace tiempo que eran buenas para el alma.) El concepto de inteligencia del corazón se está implementando en compañías como Motorola para mejorar la productividad, las relaciones, el trabajo en equipo y la eficiencia.

EL LADO INTERIOR DE LOS NEGOCIOS

Razonar tiene sentido para ejecutivos y directivos, desde luego. ¿Pero dar valor a nuestras corazonadas e intuiciones? ¿Puede esto ser también útil en los negocios? La respuesta, apoyada en estudios científicos y pruebas empíricas, es sí. La intuición es percepción más allá de las sensaciones físicas. Está íntimamente vinculada con la inteligencia emocional. Sirve a la creatividad: es la percepción de que una idea que nunca se había ensayado puede funcionar. Descubre posibilidades escondidas. Sirve de inspiración; es la respuesta súbita a un interrogante.

Nos acerca a otros y nos ayuda a aclarar la confusión acerca de lo que más importa y de qué podemos llegar a ser.

Muchas compañías han convertido la intuición en innovación, una y otra vez. En un caso clásico, los investigadores pusieron a prueba la precognición de la gente de negocios, su capacidad de presentir el futuro. Estas personas fueron divididas en dos grupos; las de las firmas que estaban perdiendo dinero y las de las compañías que mostraban utilidades. Las de estas últimas eran, por término medio, capaces de utilizar la intuición para prever el futuro, a una tasa que excedía significativamente la expectativa aleatoria. Las de las compañías que perdían dinero mostraron puntajes por debajo del promedio y que se separaban significativamente de los niveles aleatorios. Hay varias explicaciones posibles, incluso que las destrezas intuitivas de los buenos ejecutivos fueron lo que permitió a sus firmas ponerse a la cabeza en el mercado y permanecer allí, mientras que los ejecutivos que menospreciaron la intuición tal vez contribuyeron al mal rendimiento de sus compañías.

Ralph Waldo Emerson distinguía dos modos de conocer. Para él, "intuición" era la voz del ego que viene de fuera de uno mismo, mientras que la fuente de la intuición era la sabiduría del ser íntimo que se guía y se expresa a sí mismo. Hay que hacer callar la voz del ego para oír la intuición. Es ésta la que entra en juego para presentir cómo va a resultar un problema o un proyecto o proceso, y confiar en nuestras corazonadas.

En un estudio reciente, 82 de los 93 ganadores del premio Nobel en un período de 16 años convinieron en que la intuición desempeña un papel importante en los descubrimientos creativos y científicos. Resulta que en vez de evitar la intuición y formas afines de inteligencia emocional, más y más compañías que sobresalen las están buscando. Prestar atención a sus sensaciones entrañables puede ser valioso, especialmente cuando se trata de decisiones importantes.

Considérese el experimento siguiente: en su próxima reunión o propuesta para un nuevo producto, proceso, proyecto o servicio, insista en determinar los sentimientos más intensos que hay en el fondo de las palabras o gestos de los participantes. Podría preguntar: "¿Cómo *sienten* ustedes este plan o proceso?" Si le contestan "Muy bueno", ahonde más, preguntando: "¿Abrigan algún temor de que sigamos adelante? ¿O presienten que nos podamos estar perdiendo algo?" Para seguir apren-diendo sobre la inteligencia emocional no expresada en una reunión, continúe preguntando por qué y profundice hasta que entienda qué se necesita para llevar adelante o suspender la idea o el plan. A lo largo de este libro usaré la expresión "sentir" para ir más allá de los tradicio-nales cinco sentidos e incluir lo que uno siente en sus entrañas y lo que le dice su sexto sentido, la intuición.

Un ejecutivo de FedEx, próspera compañía de correo expreso, me dijo una vez que en su empresa prevalece la convicción de que la intuición es más importante para los directivos que el análisis riguroso. Desde el presidente Fred Smith para abajo, todos son partidarios de las corazonadas intuitivas para manejar el negocio y consideran que toda oportunidad que se perciba es una responsabilidad. Claro está que algunas corazonadas resultan equivocadas, pero FedEx está resuelta a dejar que la intuición práctica prevalezca sobre el criterio de los expertos en finanzas.

3M es otra institución partidaria de la intuición. Siempre que he trabajado con ejecutivos de 3M, equipos administrativos o divisiones, he oído nuevas historias de soluciones no tradicionales para resolver problemas "insolubles" y ejemplos de grandes éxitos de mercado con ideas que empezaron como corazonadas. En 3M el respeto por la in-tuición individual y las iniciativas creativas es tan grande que se ha convertido en parte de su manera de negociar y todos los empleados técnicos pueden destinar 15 por ciento de su tiempo a cualquier proyecto de su propia elección.

Este empuje hacia el progreso es lo que ha imbuido a 3M con el espíritu de percibir continuamente oportunidades y resolver problemas que otras compañías no han reconocido como tales, dando por resultado innovaciones tan felices como el papel de lija a prueba de agua, la cinta pegante y las notas autoadhesivas, para citar sólo tres ejemplos. Cada uno de estos empezó no con un plan completo y un análisis riguroso, sino con una corazonada, con inteligencia emocional. En 3M a todos los directivos y empleados se les enseña a seguir sus intuiciones y, si es necesario, oponerse a sus jefes.

La intuición, especialmente cuando es seguida de completo análisis y planeación, ha dado origen a muchos cambios favorables en los negocios en todo el mundo. Considérese el ejemplo siguiente: en 1988 la firma farmacéutica Eisai Company, sexta en su ramo en el Japón, se veía en un punto crítico. Haruo Naito, recién nombrado presidente, reunió a sus consejeros de confianza y les pidió que le dijeran con franqueza su opinión sobre el estado de la compañía. Hubo acuerdo general en que el desastre era inminente si las cosas seguían como iban, pues directivos y empleados trabajaban intensamente pero sin tener idea de quiénes eran los usuarios finales de Eisai. La compañía no tenía productos de venta extraordinaria.

Viendo esto y sintiendo la intensidad de la preocupación de sus consejeros, Naito prometió cambiar la compañía, de ser impulsada por sus clientes existentes (médicos y farmacéuticos) a ser impulsada por toda la base de clientela, incluyendo pacientes y sus familias. Decidió que los directivos de la empresa tenían que volverse expertos en las emociones y conductas de sus clientes, en sus deseos, ansiedades y perspectivas, y luego difundir tales conocimientos por toda la empresa. Fue un concepto revolucionario; pero Naito creía que le daría a su compañía una ventaja competitiva y suministraría a sus 4 500 empleados una razón para interesarse más profundamente en su trabajo y progresar creativamente.

"No basta con decirles a los empleados que si hacen ciertas cosas la compañía crecerá tanto, o que su salario aumentará tanto. Eso no es suficiente incentivo, dice Naito. Hay que mostrarles cómo lo que ellos están haciendo se relaciona con la sociedad o exactamente cómo ayudará a un paciente". Naito tomó la decisión de empezar con unos cien directivos a quienes matriculó en lo que llamó un "programa educativo". "Desde el punto de vista de fabricar medicamentos ciertamente sabíamos mucho acerca de las enfermedades y cómo se desarrollan y se propagan; pero no sabíamos nada sobre el paciente como individuo, con una personalidad y una historia. No sabíamos nada sobre sus relaciones de familia o si necesitaba cuidado especial además de la acostumbrada terapia farmacéutica. Mi pregunta era: ¿Cómo podemos estar produciendo medicamentos que salvan la vida si no encontramos nunca a la muerte fuera de nuestra propia familia?"

Su respuesta fue: Que los directivos de Eisai hagan exactamente eso. Formuló un programa que comprendía un seminario de siete días, tres días de entrenamiento en una casa de recuperación y tres días de observación de cuidado médico en hospitales urbanos en remotas poblaciones de la montaña y en islas lejanas. "Estos ejecutivos experimentaron las dificultades de los cuidados diarios a personas de edad... y tuvieron que ver morir gente durante su cuidado —dice Naito—. También cuidaron de personas que estaban en un estado muy grave o crítico, tanto emocional como físicamente". Después del lanzamiento del programa, se establecieron programas de campo en casi todas las divisiones de Eisai y en ellos tomaron parte más de mil empleados. Correspondía a estos programas la responsabilidad de comunicar la nueva meta de la compañía, de ampliar el enfoque de la clientela. Al mismo tiempo, muchos miembros del personal de Eisai, en particular secretarias y personal de apoyo de laboratorio, empezaron a salir de detrás de sus escritorios y reunirse con regularidad con farmacéuticos tanto en las droguerías como en los hospitales.

"Sacarlos de las oficinas fue una manera de activar las relaciones humanas", dice Naito. Se han implementado varios sistemas complementarios, inclusive una línea telefónica directa para los clientes siete días a la semana, la cual ha generado ya muchas ideas nuevas. Un resultado tangible es que muchos nuevos medicamentos de Eisai saldrán al mercado global en los próximos años. Actualmente Eisai está desarrollando una de las medicinas más prometedoras para el tratamiento de la enfermedad de Alzheimer y otras dolencias de los ancianos, tomando en consideración costo y calidad. Hoy Eisai es una compañía con US$2 700 millones de rentas y US$190 millones de utilidades.

Todo esto porque un ejecutivo se guió no solamente por su inteligencia comercial sino también por su intuición, hizo preguntas emocionalmente francas y compitió con éxito por el futuro.

La intuición *alimenta* el racionamiento

Fuera de las muchas otras ventajas que tiene para los negocios, la intuición economiza tiempo en muchas situaciones. Por ejemplo, imagínese que usted es dueño de una próspera empresa multinacional. Le piden una entrevista con un cliente potencial que le puede aportar valiosos contactos y negocios nuevos, pero a quien detesta el mejor amigo de usted. La reacción de un adulto inteligente y buen conocedor de las técnicas racionales será probablemente imaginar muchas posibles respuestas y resultados.

Algunas de esas posibilidades serían: hablar con el presunto cliente; dejarse ver de su mejor amigo en compañía del cliente, exponiéndose así a perder la amistad de aquel; no hablar con el cliente; encargar a otra persona de la entrevista; rechazar toda entrevista y perder un buen negocio pero conservar al viejo amigo; etc. En este ejemplo se observa la esencia de los dilemas que se nos presentan todos los días en los negocios. ¿Cómo elegir los más acertados resultados y respuestas?

> Uno de los mayores impedimentos para una eficiente toma de decisiones es que toda la literatura y todos los consultores recomiendan excluir la emoción y la pasión de la administración. Creen que la estrategia es una cuestión puramente analítica.
>
> **C.K. Prahalad**
> Profesor de administración,
> Universidad de Michigan

Hay varias posibilidades. Una se basa en la visión técnica y racionalista de la toma de decisiones; otra se centra en el CE respaldado por el CI. El racionalismo técnico, que es la práctica generalmente aceptada en administración y en la mayoría de las profesiones, supone que la lógica formal nos suministra la mejor solución posible para cualquier problema. Hay que mantener las emociones fuera del proceso. Se plantean y se analizan varias situaciones simuladas, usando análisis de costo-beneficio y otras técnicas de comparación. Se estudian las consecuencias probables de cada alternativa y se comparan las ganancias y pérdidas resultantes.

Aun con sólo dos alternativas (o se entrevista con el cliente o no), el análisis no es fácil. Conseguir un buen cliente puede traerle ganancia inmediata y aun mayor provecho futuro, pero la utilidad exacta no se conoce. Se puede calcular en relación con el tiempo y los cambios del mercado, la demanda, márgenes de costos, y demás, pesando todo esto contra las pérdidas potenciales. Incluso la de amistades. Y como tales daños o pérdidas varían con el tiempo, otro factor que hay que tener en cuenta es la tasa de depreciación de la amistad perdida o enfriada.

En seguida hay que llevar el proceso de inferencia lógica a través de un laberinto de factores, simulaciones extrapoladas, operaciones numéricas y continua generación de mil líneas de pensamiento lineal y comparaciones reduccionistas. Si esta estrategia es la única que uno tiene, no va a funcionar: en el mejor de los casos demandará un tiempo excesivo; o termina uno sin poder tomar ninguna decisión.

> Tal vez el supuesto más irracional que podemos hacer es suponer que la gente se debe comportar en forma racional y no emotiva.
>
> **Dean Tvosjold**
> Facultad de Negocios,
> Universidad Simon Fraser

Pero imaginemos ahora que algo ocurre, instantáneo y vital: cuando viene a la mente un resultado particularmente inaceptable o malo, se experimenta en las entrañas una sensación de desagrado; pero si el resultado es aceptable o promisorio, la sensación es de entusiasmo en el pecho y el abdomen. Todas las experiencias que uno ha adquirido en la vida y el trabajo no son hechos estériles arrumados en anaqueles sino memorias emocionalmente cargadas que están guardadas en el cerebro. La suma total de tales experiencias, la sabiduría de su vida, no se le presenta como una lista limpia, corregida, de "cosas importantes" sino como súbitas corazonadas.

Este sentido intuitivo aumenta dramáticamente la precisión y eficiencia del proceso decisorio: primero pasa por la totalidad de los detalles y opera por debajo del nivel de conciencia utilizando lo que podría llamarse el circuito de simulación vinculado al CE, señala los resultados a que pueden llevar determinadas acciones y funciona como un sistema automático de alarma (que lo lleva a uno a rechazar inmediatamente o a elegir entre varias alternativas); o como un fanal de incentivo que lo conduce a uno a resultados beneficiosos. La señal lo protege de pérdidas futuras y le permite elegir entre menos alternativas, agilizando y aclarando así el proceso decisorio. Después es cuando el análisis costo-beneficio y otros aspectos del razonamiento deductivo resultan valiosos.

De esta intuición práctica se puede echar mano en toda clase de interacciones. Recuerdo una anécdota de James Thurber, el finado caricaturista y autor norteamericano, que se quedó ciego en su edad madura. Algún tiempo después asistía a una fiesta en casa de un amigo.

Cuando se retiraba cierta pareja, dijo a su amigo:

—Esos dos se van a separar.

—¡No es posible! —exclamó el dueño de casa—. Nunca se ha visto tanta cordialidad y sonrisas.

—Sí —dijo Thurber—, tú los *viste*, pero yo los *oí*. Yo *siento* lo que hay en el fondo de sus palabras.

Pocos meses después la pareja se separó.

Liderazgo con empatía

La voz secreta de la intuición es la que primero nos llama a interesarnos por los demás, a tener empatía. Tratar al prójimo con empatía es la raíz de la compasión, que literalmente es "sentir con" y está ligada con dominar los impulsos y asumir personalmente la responsabilidad. En ello se fundan la mayoría de las religiones. Empatía y compasión nos conectan con otros por medio del lenguaje de los sentimientos y la experiencia, de corazón a corazón, más allá de las palabras, las apariencias y los gestos.

> Mi padre observó a las mujeres de una línea de montaje y se dijo: "Todas son como mi propia madre, todas tienen hijos, hogares de que cuidar, personas que necesitan de ellas". Esto lo motivó a esforzarse para darles una vida mejor, pues en cada una veía a su propia madre. Así se empieza: con respeto fundamental y empatía.
>
> **Bob Galvin**
> Presidente, hablando de su padre, fundador de Motorola

Nelson Mandela escribe sobre los 27 años que pasó como preso político: "Fue durante aquellos largos y solitarios años cuando mi sed de libertad para mi pueblo se convirtió en sed de libertad para todos los pueblos, blancos y negros. Yo sabía muy bien que el opresor tiene que ser libertado, tanto como el oprimido. A uno y otro, por igual, les han robado su libertad".

Piénsese también en esta anécdota que narra Irving Cramer, director ejecutivo de MAZON, entidad que recoge y distribuye donativos para alimentar a los que tienen hambre:

En una clase de jardín infantil en el norte de Minnesota, la maestra les preguntó a los niños:

—¿Cuántos se desayunaron esta mañana?

Más o menos la mitad de los alumnos alzaron la mano. A los que no la levantaron, la maestra les preguntó por qué no se habían desayunado. Unos contestaron que se habían levantado muy tarde y no habían tenido tiempo. Otros dijeron que no tenían hambre. Unos pocos contestaron que no les había gustado lo que les sirvieron de desayuno.

Todos los niños dieron alguna respuesta, menos un pequeñín. A éste le preguntó la maestra:

—¿Y tú por qué no te desayunaste esta mañana?

—Porque hoy no me tocaba.

—¿Cómo así que no te tocaba?

—Sí, señorita. En mi casa somos cinco, pero no tenemos con qué comprar suficiente comida para que todos nos podamos desayunar todos los días. Entonces nos turnamos, y hoy no me tocaba a mí el turno.

¿Qué sintió usted al leer esta historia?

En la vida, lo mismo que en los negocios, los hilos de emoción que nos conectan con una experiencia como la que se acaba de contar tienen el poder de movernos. Estas dos emociones en particular, empatía y compasión, son indispensables para apretar los lazos que mantienen unidas las relaciones, las comunidades y finalmente la humanidad entera. Estas emociones requieren un agudo sentido de responsabilidad. Hay veces en que el mayor acto de bondad para con otra persona es exigirle responsabilidad, no aceptar disculpas, animarla para que haga frente a situaciones difíciles.

Cuando nos separamos de la empatía pasamos por alto los sentimientos humanos, y entonces inevitablemente hacemos también caso omiso del ser humano que los experimenta. Esa estrategia da por resultado que un amigo, un compañero de trabajo o un empleado deje de ser auténtico, deje de aportar talento y energía a la empresa. Lo que uno hace no tiene que ser correcto desde la primera vez pero sí tiene que ser real. Cuando se abandonan simulaciones, pretensiones y falsas comunicaciones, las personas quedan libres para sentir, para actuar como son en realidad, y para conectarse a nivel emocional unas con otras y con el propósito central de su organización.

RESPONSABILIDAD POR LAS CONEXIONES EMOCIONALES

De la empatía, especialmente cuando existe un ambiente de confianza, proviene la conexión de persona a persona. En términos de realización corporativa y profesional puede decirse que todo empieza y termina con las emociones. Encuestas nacionales indican que las personas sienten que se les aprecia y se les valora cuando tienen contacto con superiores a quienes admiran y respetan. Por desgracia, los investigadores informan que el 90 por ciento de los comentarios de los empleados son negativos: "Pónganme atención —parece que nos gritan—. Yo también soy un ser humano. Valórenme e inclúyanme. Crean en mí".

> Un 46 por ciento de los que dejan un empleo lo hacen porque sienten que no se les aprecia.
>
> **Secretaría del Trabajo de los EE.UU.**

Compañías como Hewlett-Pac–kard (HP) son prueba de que las empresas pueden mantener un alto nivel de conexión emocional a medida que están creciendo. La clave, según Lewis E. Platt, su presidente y director ejecutivo, es usar todas las formas posibles de mantener vivo el sentido de conexión.

En una entrevista dijo:

Yo viajo mucho, cerca de dos terceras partes de mi tiempo, y paso mucho tiempo frente al personal de HP. Esto lo hago de una manera informal, por ejemplo andando de un lugar a otro para hablar con la gente. Otras veces tenemos lo que aquí llamamos charlas de café. Estas son famosas en HP. Reunimos a todo el personal de una dependencia y durante media hora hablamos de lo que está ocurriendo en la compañía, qué es importante, qué nos espera, y luego contestamos preguntas. Yo por lo general agrego media hora o una hora más para mezclarme con la gente. Estas cosas son muy importantes.

Las charlas de café de Platt están saturadas de franqueza, intuición y empatía y crean un sentido de conexión que se extiende por toda la compañía. Cada una es un diálogo basado en escuchar cuidadosamente a la gente y luego tratar de incorporar sus ideas en la continua innovación y operaciones de HP.

De cualquier manera que las veamos, las relaciones emocionales son la savia de cualquier negocio. Robert Peterson, profesor de marketing en la Universidad de Texas, descubrió que la conexión determinante entre satisfacción del cliente y negocio de repetición es un *vínculo emocional* que tiene que desarrollarse entre el consumidor y el producto o servicio. Esa clave íntima no es calidad, precio competitivo y un departamento de servicio (todos estos son requisitos elementales para sólo permanecer en el mercado), sino el vínculo emocional, el sentido de conexión.

Más o menos lo mismo sucede cuando se trata de las relaciones de un gerente con sus trabajadores. Dice Phil Quigley, director ejecutivo de Pacific Bell: "Yo no pienso en el liderazgo como una posición ni como una destreza, sino como una relación".

"Uno no se interesa en una persona por lo que ella sea sino por lo que le haga sentir a uno —observa Irwin Federman, antiguo presidente de Monolithic Memories—. Sostengo que en igualdad de circunstancias, trabajamos más y más eficientemente para una persona que nos gusta. Y nos gusta en proporción directa a cómo nos haga sentir". Al contrario, Will Schultz, profesor de Harvard, dice: "Mis relaciones con otros dependen en gran parte de cómo me sienta yo acerca de mí mismo".

Investigadores del Centro de Liderazgo Creativo han descubierto que "insensibilidad hacia los demás" es la razón que más se cita para explicar el fracaso de ejecutivos y líderes. Los estudios mostraron que la capacidad de extender empatía —de entender el punto de vista ajeno— era la diferencia más pronunciada entre los que triunfan y los que fracasan.

Veamos un ejemplo de los beneficios de responsabilizarse por las conexiones emocionales. Probablemente escuchar y respetar los sentimientos no es una cualidad de liderazgo que acuda a la mente del lector cuando piensa en los Tres Grandes fabricantes de automóviles de Detroit. Durante muchos años, Chrysler y su antiguo presidente Lee Iacocca (quien superficialmente parecía tener alto CE pero en realidad tenía un estilo administrativo autocrático) ciertamente no se veían como ejemplos de lo que pudiera llamarse una cultura corporativa de alto CE. Pero los tiempos han cambiado. Iacocca ya no está y Chrysler se ha transformado en lo que muchos consideran la empresa de automóviles más activa de los Estados Unidos y ha llegado recientemente a ganar más aún que General Motors y Ford.

Para reemplazar a Iacocca, Chrysler contrató a Robert Eaton, un hombre que apenas pasa de los 50 años y había manejado GM Europa desde 1988 hasta 1992. En enero de 1993 se encargó de Chrysler e inmediatamente los empleados comprendieron que tenían un líder muy distinto. Eaton está considerado como continuamente accesible, intuitivo, un entrenador que sabe escuchar con empatía. A menudo él mismo contesta al teléfono y periódicamente entra a visitar a los gerentes y empleados para charlar con ellos.

"Yo no creo —dice— que yo tenga menos impacto sobre Chrysler que Lee Iacocca. Sólo que será muy distinto porque mi punto de vista es interno, de trabajo en equipo, distinto del que él tenía". Las primeras veces que un líder pide a su gente que le hable con honradez sobre cómo se siente, los empleados pueden vacilar. Pero si el líder sigue preguntando y demostrando su propia voluntad de expresión emocional franca, al fin llegan a creer que el líder realmente quiere entender sus sentimientos, no sólo sus pensamientos, y se franquearán.

Una de las primeras iniciativas de Eaton fue establecer un "equipo para el comportamiento de la alta administración", destinado a enseñarles a los altos funcionarios a ser más accesibles, a estimular a los subalternos para que hablen, escucharlos y hacer contacto visual. Todo esto ocurrió a tiempo que se formaban "equipos de plataforma" interfuncionales, que reunían en un mismo lugar a todos los que toman parte en la producción de un vehículo, desde el concepto hasta el mercado. Esta medida inmediatamente facilitó la comunicación y el desarrollo, redujo costos y aceleró la producción.

Esto llevó, entre otras cosas, al Neon de Chrysler. En sus primeras etapas de desarrollo, los líderes obtuvieron la ayuda y consejo de aliados y proveedores no tradicionales, como el Sindicato de Trabajadores del Automóvil. Los trabajadores de línea contribuyeron con más de 4 000 inquietudes y propuestas para modificar el proyecto. Los resultados sacudieron la industria automovilística y Neon se enfrentó con éxito a los fabricantes japoneses en el mercado norteamericano de autos pequeños. Toyota recientemente anunció uno de los más rigurosos exámenes que haya hecho jamás sobre el automóvil de un competidor. En su informe observa que el Neon Chrysler lleva "incorporadas en su diseño economías de costos sin precedentes en un automóvil americano".

Chrysler aspira, naturalmente, a mantener este impulso y ampliarlo para que tomen parte activa todos sus trabajadores, directivos, proveedores y demás interesados, creando uno de los esfuerzos de equipo más inteligentes y más intuitiva y emocionalmente genuinos de la industria. Que los empleados de una compañía en cualquier nivel puedan preguntarse unos a otros: "¿Qué le preocupa a usted realmente sobre tal cosa?", o bien, "¿Que le dice su intuición sobre la solución de este problema?", y que puedan hacer tales preguntas sin temor al ridículo o las represalias, ha venido a ser una señal distintiva de las empresas prósperas como Chrysler, que fue elegida como la compañía del año en enero de 1997 por la revista *Forbes* por ser "inteligente, disciplinada e intuitiva".

$(A + P) \times C = IP$
(Atención + Preguntas) x Curiosidad = Intuición práctica

Esta es una de las ecuaciones sencillas que he usado con grupos de administración para profundizar en la intuición y maneras de usarla. Cada elemento de la izquierda de la ecuación se califica en una escala de 1 a 10. *A* representa *atención*. Sin estar atentos a nuestra voz interior, tenemos poca conexión genuina con una persona, problema o posibilidad, y nuestra intuición es menos clara y confiable. *P* representa *preguntas*, por medio de las cuales tratamos de aclarar lo que nosotros pensamos y lo que los demás realmente piensan, sienten y se proponen hacer. *C* significa *curiosidad*, incluso el grado de su actual percepción y capacidad de sentir bajo las palabras y sentimientos —en usted mismo y en los demás— para llegar al fondo de lo que está ocurriendo en una situación dada, a lo que realmente importa. La suma de A + P se multiplica por C y el resultado es una estimación aproximada de IP, su capacidad de intuición práctica. El puntaje más alto es 200; el más bajo es 1.

Consideremos ahora la aplicación práctica de esta ecuación. Digamos que entra usted en una discusión con un nuevo compañero de trabajo a quien todavía no conoce bien y con quien se siente un poco en competencia. Al comienzo de la conversación, su atención, A, es 4 y su inclinación a hacer preguntas, P, es bajísima, un 2 (usted se siente rechazado por los comentarios de su interlocutor). Su curiosidad, C, incluyendo la extensión de sus sentidos para indagar más allá de las palabras, es actualmente alrededor de 4. Su actual nivel de intuición práctica (IP) es 24. Esto indica que usted puede guardar las apariencias y salir de esta interacción sin problemas, pero es dudoso que esté preparado para un avance creativo o que obtenga muchas percepciones sobre la motivación o carácter de su compañero de trabajo.

En cambio, digamos que al empezar a conversar usted percibe un brote de resistencia o actitud defensiva en la otra persona. Su curiosidad le lleva a una percepción de que algo que a usted le interesa —puede ser su antigüedad o algún proyecto o iniciativa favoritos— va a ser atacado. Algunos dirían que esas corazonadas son la intuición, pero en muchos casos yo no estaría de acuerdo. Su reacción inicial puede ser ponerse también a la defensiva o suspender la conversación o, en caso extremo, atacar a la otra persona primero. Pero digamos que domina tales reacciones y que en cambio levanta el nivel de diversos factores de la ecuación. Veamos lo que podría ocurrir.

Supongamos que al primer brote de resistencia usted adopta una actitud de prestar mayor atención aún a lo que se dice y cómo se dice, lo cual levanta su puntaje A de 4 a 8. Al mismo tiempo usted se propone profundizar su curiosidad, C, inclusive su percepción de los sentimientos que transmite la otra persona. A los pocos momentos su percepción se agudiza y este puntaje sube de 4 a 8. Una de las cosas que observa es que la otra persona parece desenfocada en sus críticas o está de mal humor. Entonces usted eleva su nivel de preguntas P de 2 a 5 ó 6, lo cual levanta su IP de 24 a más de 100. Podría preguntar, por ejemplo: "¿Qué lo está haciendo a usted sentirse así?" Una respuesta posible sería: "Todas esas demoras innecesarias. Y la montaña de papeleo. ¡Qué desperdicio!" O bien: "Casi no he dormido las últimas noches. Mis chiquillos se están enfermando en la escuela y ya no sé qué hacer". Lo que usted saca en limpio es que ese ánimo hostil no tenía nada que ver con usted. Si no hubiera aclarado este punto valiéndose de inteligencia emocional e intuición, y si hubiera reaccionado ciegamente, sin duda habría surgido una disputa y esto habría perjudicado sus relaciones de trabajo con esa persona, para no hablar de la pérdida de tiempo y de energía.

Pero supongamos ahora que el colega cuando usted le pregunta qué es lo que lo ha hecho sentirse mal le contesta con una pregunta evasiva: "¿Por qué? ¿Qué le han contado?" O la respuesta puede ser algo superficial e insincero, como por ejemplo: "No, nada, nada que valga la pena. Todo está bien como de costumbre". O tal vez le da una respuesta airada: "¿Que qué me hace sentir mal? Pues usted. Y ahora me veo obligado a hacer el trabajo de diez personas en lugar de una".

Es natural sentirse contrariado con tales respuestas, pero si recuerda la simple ecuación IP se abstiene de irritarse o contestar furioso y más bien actúa para levantar sus niveles de atención, percepción y apertura a las preguntas. Esto significa que está preparado para profundizar; en realidad es más fácil cambiar sus sentimientos a algo creativo que tratar de refrenarse, de ponerse a la defensiva o de enfadarse.

En otras palabras, uno puede *guiar deliberadamente* sus sentimientos intuitivos hacia la busca de soluciones. Podría cambiar, prestar más atención, ser más perceptivo, tomando en cuenta el contexto ambiental de la interacción y no sólo las personas que toman parte. O sea que para reducir las reacciones emotivas exageradas uno puede canalizar el primer brote de emoción —cólera, impaciencia, rechazo o resistencia, para nombrar sólo unas pocas— hacia escuchar con más atención. Esta es una de las cosas que hace Robert Eaton en Chrysler. Pregúntese: "¿Qué puedo yo descubrir en esta conversación?" Y luego busque lo que es único en esa situación, en lugar de ponerse a la defensiva, hacer juicios apresurados o salirse de sus casillas.

Una de las maneras en que he visto responder eficazmente a los ejecutivos es con comentarios tales como: "Veo que esto le mortifica a usted. ¿Qué podríamos hacer específicamente para cambiar las cosas y ver que eso no vuelva a ocurrir?" o "Comprendo que esto lo afecta a usted profundamente. Por favor, explíquemelo mejor". Un líder con alto

CE sabe que dos de los obstáculos más persistentes para un eficiente trabajo en equipo son la reactividad interpersonal, en un extremo, y la indiferencia emocional, en el otro. El poder está en medio, donde una persona elige activamente romper la espiral de la reactividad y en cambio ser real para los demás —ver con el corazón, no sólo con la cabeza. Como lo han descubierto Chrysler, Hewlett-Packard y otras organizaciones que van a la vanguardia, tanto grandes como pequeñas, esa es la manera responsable de proceder, además de ser remunerativa.

Conexiones con Cuadro de CE: Intuición Práctica

Véanse las siguientes escalas del Cuadro de CE como puntos de reflexión relacionados con este capítulo: conciencia emocional de sí mismo, conciencia emocional de otros, compasión e intuición.

CE EN ACCIÓN

Valuación del conocimiento emocional e intuición

A continuación van algunas consideraciones prácticas para ayudarle a aumentar su poder intuitivo y contribuir a más claras conexiones emocionales:

• **"Momentos de silencio"**. Es difícil oír la voz interior cuando uno está hablando, y también los que le rodean. En muchos casos el ruidoso ambiente de alta tecnología nos bombardea con estímulos y nos perdemos la sabiduría intuitiva creadora que, como lo han demostrado los neurólogos, puede comunicarse en un instante en virtud de emociones que activan la intuición y las facultades de razonamiento. Constantemente me sorprende encontrar que a tantos ejecutivos y directivos se les dificulta tranquilizarse, aun cuando sea por un solo minuto o dos. Todos queremos tener calma, pero la verdad es que no sabemos hacer uso de ella. Nos llenamos de ansiedad, planeamos, nos ponemos nerviosos.

Esto es lo que no se debe hacer. Uno puede escuchar conscientemente sus instintos entrañables y hacer preguntas internas para agudizar su intuición, por ejemplo, cuando hace una pausa más larga que de costumbre en el diálogo, o durante un trayecto relativamente silencioso del camino al trabajo. Experimente con una pausa en la conversación, unos pocos momentos extra de silencio después de hablar. Es una herramienta notable de comunicación. Proyecta un fuerte sentido de confianza y sirve para lograr más información y franqueza de los demás. Una buena manera de saborear algo de quietud es observar algunos minutos de silencio cada día, tal vez mientras se prepara para escribir sus apuntes matinales de CE (véase el capítulo 1) que están destinados a eliminar los molestos "ruidos atmosféricos" de su crítico mental que estorban su capacidad de valorar e interpretar señales intuitivas. Al aplicar esto en su trabajo diario, la meta no es tener conciencia de todo sino tener conciencia más honda. Con la práctica, uno puede trabajar en medio de los constantes y diversos estímulos, y ese "ruido" se alejará un poco del plano de la conciencia de manera que uno pueda allegar más fácilmente la información intuitiva esencial.

• **Desarrollar percepciones.** Como la intuición se ve a veces como lo contrario del pensamiento analítico, muchas personas suponen erróneamente que usarla significa rechazar el sentido común y la lógica. En momentos de calma se puede observar que estas dimensiones de la inteligencia se relacionan entre sí. Primero tenemos una iluminación intuitiva y después razonamos, allegamos hechos, analizamos y finalmente volvemos a escuchar la intuición, y así sucesivamente. Otras consideraciones incluyen la necesidad de:

Respetar el lenguaje de la intuición. Muchos descartan la intuición porque rara vez nos habla en oraciones completas. Nos presenta la información como imágenes, símbolos, impresiones y sensaciones que "no tienen sentido", por lo menos al principio, sobre todo si señalan al futuro, de modo que no les hacemos caso. Es cierto que la intuición puede ser nebulosa, pero habitúese usted a reconocerlo y preste mayor atención a la información de fondo que puede darle.

Suspender la voz del juicio. La intuición agrega al buen juicio, no lo reemplaza. Pero como dice el profesor Michael Ray, de Stanford, si permitimos que "la voz del juicio intervenga demasiado temprano, borra casi toda percepción intuitiva". El punto es que la mente analítica, lógica, insiste en decirle que es una tontería prestar atención a impresiones de cosas que los "hechos" no pueden revelar. Su crítico mental susurra acaso: "Esto no tiene sentido" o "Es sólo su imaginación", o "Eso no puede ser cierto". No cierre los oídos a estos mensajes. Reconózcalos y anote todas las impresiones para futura consideración. Luego siga adelante. Para juzgar espere hasta que haya sentido todo el peso de sus corazonadas. Si su primera impresión se refiere a las intenciones, sentimientos o pensamientos de otra persona, busque aclaración para estar seguro de que no se ha equivocado.

Hacer preguntas claras. Hay un viejo dicho de que pregunta bien planteada es pregunta medio contestada. Por tanto, sea lo más preciso posible. Digamos que usted acaba de hacer una visita de inspección de instalaciones y entrevistas con una compañía llamada Galactic Telecom. De regreso a su casa podría preguntarse: "¿Sería Galactic Telecom una buena socia estratégica?" O quizá hacerse una pregunta más personal, como: "¿Sería ese un buen lugar para trabajar?" En el primer caso lo que le interesaría saber realmente es si Galactic Telecom sería una buena inversión para los próximos cinco años, o si su reputación mejoraría el valor y la posición de mercado de su propia compañía, o si el estilo innovador de aquella revitalizaría al equipo de investigación y desarrollo de usted en el término de un año. Ahondando un poco más, lo que usted quiere saber es probablemente si Galactic Telecom va a seguir creciendo con suficiente rapidez para darle a usted muchas oportunidades de ingresos, tales como la de compartir utilidades o acciones, o si el empleo allí agregaría valor a su hoja de vida cuando usted esté listo para mudarse o para lanzar su propia compañía.

 • **Sentir los inevitables momentos de miedo —y seguir adelante.** En muchas compañías donde la política es la norma y el statu quo se defiende vigorosamente, la única manera de progresar es tener el valor de discutir en forma constructiva las cuestiones difíciles, y eso puede infundirle temor. Recuerde que la voz del juicio es la crítica y que puede hacerle temer los obstáculos levantados por su propia mente. A diferencia del miedo crónico, que es debilitante, estos temores pasajeros (que también pueden ser motivados por las amenazas del mercado o por la preocupación de traspasar los límites e innovar más que la competencia) suelen resultar activadores y valiosos. Tales sentimientos se pueden ver como lo contrario de la satisfacción de sí mismo y usarlos constructivamente. Si usted es un alto administrador, no olvide que su deber es demostrar que para el futuro de la organización es vital que haya debate abierto y franco en que todos puedan expresar sus corazonadas, preocupaciones e ideas sin temor de represalias. (Esto se tratará en el capítulo 7.) Si no es un alto administrador, el mejor consejo es que proceda poco a poco, planteando un solo punto a la vez, no cuatro o cinco. Observe quiénes más en su equipo son partidarios de la intuición; por lo general hay por lo menos uno. Ármese de datos concretos en apoyo de sus corazonadas antes de presentarlas a sus superiores o al grupo. Obtenga apoyo.

- **Ampliar su empatía.** Pregúntese: "¿En la semana pasada qué movió mi alma?" Si la respuesta es: "Nada", entonces, ¿qué movería su alma? Cuando no pueda sentir qué lo mueve a usted, tampoco puede sentir qué mueve a los demás. Una de las razones de que este pilar del CE empiece con honestidad emocional (capítulo 1) y retroinformación emocional (capítulo 3) es que cuando uno no está en contacto con sus propios sentimientos tampoco podrá entender los ajenos porque no domina el lenguaje emocional. Pero mejorando la conciencia de uno mismo sí los entenderá, aun cuando la otra persona no le diga qué está sintiendo.

Mahatma Gandhi sabía qué era lo que había que hacer para ayudar a los aldeanos de la India a mejorar sus condiciones. Sin embargo, le parecía que no se había compenetrado lo suficiente con sus dificultades de vivir en la aldea. Había venido "hablando y dando consejos sobre el trabajo en la aldea sin entenderse personalmente con las dificultades de ese trabajo". Por consiguiente, en 1936, a la edad de 36 años y siendo ya el más famoso líder de la India, se fue a vivir en una aldea típica, sin agua corriente, electricidad ni caminos pavimentados. Esto fue más que un gesto; fue una búsqueda para profundizar su empatía y compromiso.

En muchas situaciones otras personas no le dicen a uno cómo se sienten en el fondo, pero por lo general lo dejan traslucir por el tono de voz, la mirada, la expresión del rostro y la postura. Por tanto, especialmente en situaciones de negocios, hay que hacer un esfuerzo por entender esos sentimientos. Haga preguntas directas para aclarar lo que su intuición le dice. "Francamente no entiendo lo que está pasando y me parece que usted está muy molesto. ¿Es así?" Discutiremos esto más en detalle en el capítulo 12.

• **Hacer claras conexiones emocionales**. Es alarmante ver cómo un solo individuo —líder, directivo o profesional— puede socavar toda una empresa por la sola falta de intuición y empatía. Yo he encontrado que una de las razones más comunes del fracaso es que la persona no expresa claramente lo que *siente* ni lo que *piensa*. Los investigadores llaman esto "conducta ambigua no intencional". Aparte las conductas agresivas, las ambiguas son las que causan mayor tensión para los directivos y los empleados por igual.

Esto es lo que ocurre cuando una persona de su compañía se comporta en forma ambigua. Nuestro cerebro ha sido adiestrado por la evolución para ampliar las suposiciones negativas y minimizar las positivas. En casos de duda, parece que lo natural es asumir lo peor. Careciendo de otra información, si uno ve al jefe o a un compañero de trabajo o a un empleado que se comportan en lo que parece una forma ambigua o disimulada, le atribuye las peores intenciones, se pone nervioso, se pierde en cavilaciones sobre lo que aquello pueda significar o qué será lo que esperan de uno, o qué va a pasar. En tales casos, la gente no sabe qué hacer y esto perjudica las buenas relaciones y socava la productividad y la creatividad.

Reacciones típicas a las conductas ambiguas son:

Toma de decisiones en secreto. Los jefes que parecen estar ocultando sus decisiones a los demás o no explican por qué las han tomado, provocan incontables conjeturas que dan lugar a nuevos problemas. Las decisiones tomadas a puerta cerrada se interpretan como desaires. No ser incluido transmite el mensaje emocional, no hablado, de que a uno no lo consideran suficientemente capaz o que sus sentimientos e ideas no son valoradas. Además, puesto que uno no tomó parte en la decisión, no sabe qué esperar. Se siente inseguro o nervioso.

Falta de respuesta a sus sentimientos o sugerencias. Cuando una persona ha expresado sus sentimientos o sugerencias y no recibe ninguna respuesta, supone lo peor: que sus ideas y aportes se han echado a un lado, y esto da lugar a una combinación destructiva de desconfianza y sentido de impotencia y resentimiento.

Mensajes mixtos. Cuando los jefes transmiten señales contradictorias, diciendo o escribiendo una cosa, por ejemplo, pero expresando lo contrario con el gesto y el tono de la voz, la gente se preocupa, se puede volver paranoica preguntándose: "¿Qué me estarán ocultando?" o "¿Aquí hay favoritismo?"

Falta de comunicación. Esto se refiere a la retroinformación e información constructiva que uno necesita para formar parte de la organización y hacer bien su trabajo. Puede ser una cosa sencilla, como no determinar a una persona cuando se cruzan en un corredor. Reflexione cómo se siente cuando alguien que usted conoce pasa sin conocerlo, sin una palabra amable o un saludo o una mirada siguiera. ¿Supone usted: "Seguramente está muy ocupado y distraído en este momento y no me vio"? Probablemente no. Probablemente usted empieza a conjeturar qué habrá sucedido. ¿Ha hecho usted algún disparate, o se olvidó de algo, o deliberadamente lo están haciendo a un lado, o saben algo sobre uno de sus proyectos o cuentas, lo van a sancionar o a despedir?

Estas preocupaciones son comunes y por lo general infundadas, pero de todas maneras, las creemos. No es culpa nuestra: el sistema reticular de activación del cerebro nos ha acondicionado para actuar en esa forma y por consiguiente uno tiene que aprender a sobreponerse a esa tendencia yendo más a fondo y superando la inclinación a suponer lo peor. En la mayoría de los casos el jefe tal vez sí estaba distraído; pero ahí está el problema: los ejecutivos no pueden dejar que los demás saquen conclusiones equivocadas, se molesten sin razón valedera y se preocupen por cosas que no son ciertas.

Una de las cosas que yo he encontrado es que muchos suponen que si otras personas realmente se interesaran por ellos, no tendrían que pedir lo que desean o necesitan, pues esas personas debían saberlo automáticamente. Esto rara vez es cierto. He encontrado que dos afirmaciones emocionalmente francas pueden ser muy útiles:

1. Esto es lo que yo *experimenté* y *sentí.*
2. Esto es lo que yo *quiero* o *necesito.*

Fuera de esto, empiece con una acción sencilla: insista en mirar a la cara a las personas con quienes se cruza en el lugar de trabajo. Esto es sencilla cortesía, por supuesto, pero todos tienen necesidad de ver en los ojos de los demás que se les aprecia. Ruthellen Josselson, profesora de psicología en Towson State University, en Maryland, explica: "Estas miradas van mucho más allá de las palabras. Los ojos expresan más profundamente que el idioma el sentido de las relaciones. Dicen segura y absolutamente cuánto y en qué forma somos importantes para quien nos mira. Las palabras pueden mentir; los ojos no".

He aquí un sencillo ejercicio sobre este tema: Tome una hoja de papel y escriba varias de las maneras específicas en que usted se siente más estimado por otros. Puede ser por la mirada, las palabras de apoyo o interés, o tal vez se siente más estimado cuando otros lo escuchan o lo estimulan a hablar, o lo responsabilizan por dar lo mejor de sí, o le preguntan qué siente, más bien que sólo que piensa, o reconocen y recompensan sus esfuerzos en alguna forma especial. En seguida, escriba los nombres de las cuatro personas que son más importantes para el éxito de su trabajo. Al lado de cada nombre escriba dos maneras específicas en que usted estima más a cada uno de estos individuos. ¿Los trata de conformidad día tras día? ¿Sabe seguramente cuáles son esas dos maneras? Casi todos tenemos que preguntar. Sólo con este tipo de genuina retroalimentación y claridad nos podemos compenetrar con cada persona como individuo y forjar relaciones de confianza a base de inteligencia emocional, en lugar de suposiciones ocultas que suelen resultar degradantes y falsas.

DISCIPLINA: PUENTE AL SEGUNDO PILAR DEL CE

En este primer pilar de CE cada una de las cuatro competencias —honestidad emocional, energía, retroalimentación y conexión /intuición— contribuye al conocimiento emocional y crea un espacio interior de confianza. Esto genera un mayor sentido de autoeficacia, de poder personal, que incluye nueva conciencia, guía y respeto de sí mismo, responsabilidad y conexión. Estas son algunas de las cualidades claves que aumentan su capacidad de acometer difíciles tareas como retos que se deben superar, más bien que como amenazas que se deban evitar. Para llevar eficazmente a la práctica el conocimiento emocional, se requiere disciplina, la cual puede verse como la característica de conexión, o el "puente" entre los dos primeros pilares del CE.

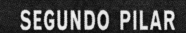

SEGUNDO PILAR

Aptitud emocional

Ser claros y llevarse bien crea inspiración
para uno mismo y para los demás, inclusive autenticidad,
elasticidad y relaciones de confianza

Así como la aptitud física crea fuerza, resistencia y flexibilidad en el cuerpo, la aptitud emocional crea las correspondientes cualidades en el corazón y le permite a uno poner en práctica las destrezas del conocimiento emocional, desarrollando mayor autenticidad y credibilidad. Éstas a su vez lo capacitan para ampliar su círculo de confianza o "radio de confianza", que ha sido positivamente correlacionado con rentabilidad y éxito. También es por medio de la aptitud emocional como uno se inspira para ampliar sus capacidades, y cuando se cometen errores, para perdonarse más fácilmente a sí mismo y a los demás. La aptitud emocional fomenta entusiasmo, elasticidad y una "dureza" altamente constructiva para hacer frente a los retos y cambios y esto contribuye a lo que se conoce como "fortaleza", su adaptabilidad emocional y mental en el manejo de presiones y problemas en una forma más abierta y honesta.

Por medio de la aptitud emocional empezamos a iluminar nuestros valores básicos y carácter personal y los sentimientos que les dan vida y los impulsan. Vivimos y trabajamos en el clima moral siempre cambiante del amanecer del siglo veintiuno, y la tentación de darnos por vencidos y aceptar lo que otros esperan o quieren puede parecernos abrumadora. En este segundo pilar de *La inteligencia emocional aplicada al liderazgo y a las organizaciones* empieza usted a aclarar y forjar su presencia única, su lugar auténtico en el campo más amplio de su vida y trabajo. Pocas cosas son más importantes para un profesional o un líder de éxito.

5

Presencia auténtica

ÚLTIMAMENTE, LA AUTENTICIDAD se ha convertido en una característica admirada y buscada entre los líderes de negocios y los directivos. A mi modo de ver y según mi experiencia, es una extensión natural de la característica de autoeficacia del primer pilar de CE, o sea el poder personal, y nos exige desarrollar lo que se podría considerar un *campo de poder*. En esencia es una esfera silenciosa de energía que emana no sólo de la mente sino también del corazón, que transmite momento por momento la verdad emocional de quién es usted en el fondo, y qué representa, qué le interesa, qué cree.

Entender y desarrollar este campo de poder —su presencia auténtica— es un vital primer paso hacia el segundo pilar de CE, aptitud emocional, por la cual lleva uno más de lo mejor de sí mismo a escuchar y al diálogo y prepara el escenario para crear confianza y apertura al cambio y al riesgo creativo.

SER REAL Y CONECTARSE POR INDAGACIÓN Y DIÁLOGO

De todas las palabras que he leído de la obra del novelista irlandés James Joyce, recuerdo más vivamente la frase: "El Sr. Duffy vivía a corta distancia de su cuerpo". Hay veces en que, entumidos por la fatiga del trabajo, nos sentimos un poco separados de nosotros mismos, sin contacto con la inteligencia básica de nuestro corazón. ¿Por qué nos reímos tanto cuando el caricaturista Gary Trudeau dice "Estoy tratando de cultivar un estilo de vida que no requiera mi presencia"? Gran humorismo, pero da mucho en que pensar.

El diálogo genuino, no la vacía charla social, empieza por estimarnos mutuamente. Diálogo es una palabra derivada del antiguo griego *dialogos* que significa libre flujo de indagación y creación de significados entre personas. Es algo que está haciendo muchísima falta hoy en los negocios. La verdad es que aun cuando uno pueda hablar, sostener una discusión, una charla o una agradable conversación, el diálogo genuino no es posible sin ser conocedor de las emociones. A menos que yo conozca lo que es real en usted —algo de la historia de su vida, lo que le interesa, lo que defiende, lo que siente y lo que sabe— usted no existe realmente para mí, fuera de su nombre, el título de su empleo y su apariencia.

> Porque la vida se caracteriza por interacciones abiertas, recíprocas, el diálogo es lo más cerca que el ser humano puede llegar a la fuerza vital.
>
> **Robert Grudin**
> Del *Diálogo*

Es revelador observar que cuando se le pregunta a una persona sobre el impacto de situaciones en que quería hablar pero no habló, habla más de lo que sentía que de lo que pensaba. Los estudios sugieren que los líderes de alto CE no disimulan sus sentimientos, aun cuando dolorosos o de temor, cólera o penas. Son capaces de reconocerlos abiertamente con la misma ecuanimidad con que hablan del tiempo o de la hora del día. "Los líderes que obtengan el mayor apoyo en el futuro aumentarán su capacidad de expresión emocional, ingrediente clave del propósito, persuasión e inspiración", dice Jay Conger, profesor de la Facultad de Negocios de Harvard.

Generalmente pensamos en el lenguaje como palabras proyectadas hacia afuera, dirigidas a otros; pero el lenguaje real, el diálogo genuino es lo contrario. En estas interacciones lo que uno hace es invitar a la otra persona a entrar en su mundo, en su mente y su corazón. Encuestas nacionales nos dicen que 70 por ciento de los empleados tienen miedo de hablar en el trabajo.

Un alto ejecutivo a quien conozco se quejaba diciendo: "Yo no tengo tiempo para saludar a cuantos veo ni para un diálogo real. Bien quisiera, pero no me queda un minuto libre". Sin duda eso era lo que a él le parecía; pero lo que yo observé bajo la superficie era que el hombre se estaba ahogando entre papeles y luchando con las consecuencias de constantes malentendidos provenientes de evitar el diálogo. Era un círculo vicioso, y últimamente, pese a sus esfuerzos de mando y control, las utilidades del negocio caían en picada mientras que los clientes se quejaban de que sus relaciones se estaban desintegrando. En medio de todo esto, él se sentía impotente.

Cuandoquiera que desoímos nuestros instintos, intuiciones y corazonadas y perdemos la oportunidad de hacer preguntas, expresar una inquietud o buscar aclaración, lo pagamos, si no inmediatamente, más tarde. Nos vemos obligados a dedicar tiempo, energías y otros recursos preciosos a rectificar equivocaciones, corregir malas interpretaciones y resentimientos y vivir con problemas no expresados y no resueltos.

(A x I) - (M x B) = PA

(Atención x Interés) - (Motivo Ulterior x Provecho) = Presencia auténtica

Esta es una breve ecuación simbólica que he usado con ejecutivos y gerentes para iniciar la discusión y reflexión sobre presencia auténtica. Cada elemento de la izquierda se califica en una escala de 1 a 10. *A* es la medida de la atención emocional y mental que usted está dispuesto a prestar a una determinada persona, problema, situación u oportunidad. *I* es el nivel de genuino interés que tiene en aprender algo nuevo de esta experiencia o interacción y ser receptivo a las necesidades ajenas lo mismo que a las propias (la presencia auténtica requiere participación personal total en cada nueva circunstancia, no sólo "hacer acto de presencia"). Cuando actuamos así evitamos el laberinto de chismes y críticas solapadas que envenenan muchas relaciones y negocios, y tratamos a los demás en forma directa cuando tenemos algún punto que aclarar. *M* es motivo ulterior, medida del grado en que usted está dispuesto a imponer su voluntad, por ejemplo fingiendo una cosa y actuando en perjuicio del otro por rencor, en vez de ajustar su conducta a principios de honestidad emocional. *B* representa la medida del beneficio que usted cree que merece sacar de esta interacción a cambio de un esfuerzo mínimo de su parte. *PA* es su actual nivel de presencia auténtica. La calificación más alta es 100; la más baja, –100.

Supongamos que llega usted una mañana a su oficina y encuentra que un miembro de uno de sus equipos está aparentemente enfadado (o podría ser su jefe, un proveedor o un empleado nuevo), lo cual usted nota por el tono de voz y la expresión. Su nivel de atención, A, está en 7 pero el de genuino interés, I, es a lo mucho 3. Tiene mucho que hacer y esto altera sus planes. Su motivo ulterior, M, es acabar pronto el asunto y darle al otro una lección para que no vuelva a suceder; este nivel está subiendo rápidamente; ya está en 7 y usted está preparado para sonreír mientras en su interior maniobra para imponer su punto de vista y fortalecer su posición. Su sentido de beneficio, B, es 3 ó 4, modesto por ahora, pero tiene la corazonada de que cuanto más dure el problema, más alto subirá. Sustituya estos valores en la ecuación y encontrará que en este caso al empezar la conversación su PA es –7, y su intuición le dice que seguirá bajando. Esto significa que usted está fingiendo una sonrisa mientras que su mente ya está tramando.

Detengamos la escena. Supongamos que el miembro descontento, que tiene un rango inferior al suyo, critica la dirección que usted le ha dado a un proyecto y afirma que él ha trasnochado pensándolo y tiene una solución mucho mejor. ¿Descarta usted inmediatamente la crítica y la posibilidad de cambiar de dirección y la consiguiente pérdida de tiempo? Si su respuesta es afirmativa, no está solo. Pero no en organizaciones como 3M, porque allí los directores y gerentes con quienes yo he trabajado han aprendido que acaloradas interacciones como ésta han llevado a ideas de productos lucrativos y llevaron a la compañía desde el borde de la quiebra al final del siglo a su actual posición de liderazgo con ingresos de casi US$14 000 millones. Yo creo que la presencia auténtica es vital para la inteligencia emocional, entre otras cosas porque exige atención sincera, interés genuino y curiosidad creativa en lugar de proceder con evasivas, rencores, manipulación, dominación o aprovechamiento. Con presencia auténtica, cuando alguien lo critica a uno por puro interés, uno debe admitir la crítica en su corazón lo mismo que en su cabeza y tratar de aprender de ella. (Trataremos más de esto en el capítulo 7.)

Ahora veamos el caso contrario. Supongamos que usted trabaja por afrontar las dificultades y las oportunidades directamente y da por sentado que buenas ideas lucrativas pueden surgir en cualquier momento, en cualquier parte, y cuando oye la queja y la sugerencia contraria del miembro del equipo, en lugar de cerrar los oídos y hacer valer su posición y su ego lo que hace es todo lo contrario. Pone atención, muestra curiosidad e interés, participa con espíritu creativo. Las cifras para A e I suben a 8 y 9 mientras que M y B bajan a 2 y 1. Súbitamente su puntaje de PA sube de –7 a 70. En cinco minutos aprende algo que había pasado por alto sobre el proyecto, lo cual lo induce a sugerir variaciones a la idea del miembro del equipo y se da cuenta de que algo bueno —una mejor relación, si no un rentable producto o servicio— resultará de esta interacción inesperada e inicialmente hostil.

Le recomiendo usar esta sencilla ecuación para aumentar su presencia auténtica en las próximas semanas, dándose a sí mismo una calificación de PA antes de un diálogo cara a cara, conversaciones telefónicas y presentaciones. Después, observe cómo le fue, si bien o mal. Con el tiempo aprenderá a juzgar qué puntaje de PA necesita para alcanzar el nivel de interacciones significativas que para usted tienen importancia y prometen éxito.

Una de las mejores maneras de iniciar el proceso es que "los ejecutivos sigan pautas de comunicación que empiezan con el corazón y siguen con la cabeza —aconseja David M. Noer, del Centro de Liderazgo Creativo—. El cambio de cabeza a corazón es un cambio de bajo riesgo y alto poder ampliador; un esfuerzo pequeño lleva a grandes ganancias en autenticidad y empatía. La comunicación corazón-cabeza libera al transmisor y al receptor. Los líderes organizacionales que comparten sus sentimientos antes de retirarse al análisis experimentan el efecto catártico de la autenticidad".

Recuerden al ejecutivo de Coca-Cola que inició una reunión pidiendo a los asistentes que se imaginaran que los acababan de despedir y cómo se sentirían. Mejor aún, imagínese por qué lo despidieron. Esto induce una discusión seria de la cual surgen ideas nuevas. Sea real, receptivo y sincero. Vigile los resultados. Eso es aptitud emocional en acción.

Gracias a la presencia auténtica podemos hacer frente a tales retos con mayor apertura y curiosidad, lo que nos estimula para preguntar y aplicar lo que aprendemos. A Malcolm Forbes, dueño se la revista que lleva su nombre, le preguntaban muchas veces cómo decidía invertir su fortuna, calculada en 250 millones de dólares. Su respuesta era siempre la misma: "No necesito saber en qué industria está la compañía ni cuál es su posición financiera. Me basta saber, a fondo, qué tipo de persona es su director. Yo apuesto al jinete, no al caballo". Forbes entendía un elemento fundamental de la presencia auténtica y la aptitud emocional: que el carácter y el valor de una organización los fijan, los demuestran y los *llevan continuamente a la práctica* sus líderes y la manera como estos escuchen, dialoguen y reflexionen.

Muchas veces he tenido la oportunidad de ver este principio en acción. Recuerdo a mi amigo Norman Carlson, socio administrador de Arthur Andersen LLP. Cuenta que una vez fue con un joven gerente en entrenamiento a la oficina de un cliente en perspectiva, y oyó hablar al jefe ejecutivo sobre las necesidades de la compañía durante una hora en una reunión programada para tres horas. Desde hace años Norman valora la intuición y la inteligencia emocional en los negocios, sabiendo que ellas, en combinación con conocimientos técnicos y experiencia, le han ayudado a su firma a ganar muchos clientes nuevos.

En esta ocasión, su instinto le decía durante la discusión que algo andaba mal en la compañía que visitaba. Al final de la hora tomó la palabra y dijo: "Debo hacer dos preguntas antes de seguir adelante. Primera, presiento que ustedes están al borde de una caída o un problema fundamental del cual no nos han hablado. Segunda, tengo la impresión de que nos han citado aquí por razones distintas de contratarnos para hacerles auditoría financiera. Me gustaría que nos dijeran cómo puede nuestra firma ayudarles a pasar por las dificultades en que se encuentren, y a alcanzar en los próximos años su propósito, cualquiera que sea éste".

Norman se sentó y esperó. El jefe ejecutivo se quedó de una pieza. Al cabo dijo:

—¿Cómo podía saber usted que esta mañana hemos sabido que la compañía sufrirá el año entrante dos graves golpes financieros, y que nuestro equipo administrativo está en guerra consigo mismo?

—No lo sabía con seguridad —contestó Norman— pero lo intuía. Me dio la corazonada de que algo así debía estar sucediendo.

—En cuanto a nuestro propósito o visión —dijo el jefe ejecutivo— todavía estoy tratando de definirlo. Necesitamos ayuda. Una auditoría tradicional sí fue la razón inicial para llamarlos a ustedes, pero, para serle franco, hoy es lo que menos me preocupa. Los buenos amigos me dicen que confíe en ustedes. Necesito la mejor asesoría posible. Tengo que hacer frente a las dificultades y salir adelante.

Norman fue oficial del ejército durante la guerra de Vietnam. Tiene una mente ágil y un corazón muy fuerte. A lo largo de los años ha aprendido a ir más allá del intelecto y la técnica y combinar la inteligencia emocional con la experiencia en los negocios para sentir lo que hay bajo la superficie de las cosas, hacer preguntas directas, llevar a la gente al diálogo y escuchar. Una y otra vez ha encontrado que esto ahorra tiempo y da buen resultado. En este caso, gracias a su iniciativa, la firma Arthur Andersen ganó no sólo la auditoría sino además una serie de lucrativas consultorías.

Esto nos lleva a un punto clave. Me parece que en los negocios todos tenemos la responsabilidad ética de respetar el poder del lenguaje.

TOMAR EN SERIO LA INDAGACIÓN Y EL DIÁLOGO

Ya sea para dirigir o para triunfar, la vida exige que nos esforcemos por *aprender* y llegar a entender lo que otros sienten y perciben, bajo la superficie, en el fondo de las palabras. En muchos programas se enseña que la "escucha activa" es la clave para ganar amigos e influir sobre las personas. Eso está bien, pero yo sostengo que muchos programas de escucha activa no son otra cosa que un vacío ejercicio treatral para aparentar que uno está prestando atención con ademanes como inclinar el cuerpo hacia adelante, hacer contacto visual, hacer inclinaciones de cabeza o murmurar algo de vez en cuando. Un ejecutivo a quien yo conozco observa que muchos habitantes de un zoológico podrían amaestrarse para hacer tales ademanes.

Lo que falta en todo esto es el hecho de que escuchar es una cuestión de prestar genuina atención, con los ojos abiertos para *ver*, la mente abierta para *aprender*, el corazón abierto para *sentir*. Así es como mostramos fundamental respeto por nuestro interlocutor y por el diálogo mismo. Puede ser el paso más eficaz que un directivo puede dar para aumentar la productividad y la innovación. Según una encuesta de *Management Review*, ejecutivos y profesionales emplean el 94 por ciento de su tiempo cada día en comunicarse, principalmente escuchando y hablando, además de escribir algo. Si usted destina siquiera la cuarta parte de su tiempo a comunicarse, es indispensable que sea competente para el diálogo abierto y franco.

El valor de hablar es, en efecto, señal distintiva del líder y siempre ha inspirado un temor reverente. Algunos políticos y empresarios pueden fingirlo, y aun salirse con la suya para ganar elecciones o conservar su puesto; pero los hombres y mujeres que poseen presencia auténtica no fingen. Están tan cómodos guardando silencio como hablando, y cuando hablan tienen algo que valga la pena decir y lo dicen con una voz que les sale desde adentro. En su tono y presencia discernimos su resonancia emocional distintiva que representa su mundo interior y sus convicciones. Sin explicación pero en una fracción de segundo, por el sonido, la voz humana nos dice quién está hablando, y en los negocios quién está hondamente dedicado al trabajo de la organización y quién sólo está fingiendo.

> Yo no estoy obligado a ganar siempre, pero sí estoy obligado a ser honrado. No estoy obligado a tener siempre éxito, pero sí estoy obligado a vivir de acuerdo con las luces que tenga.
>
> **Abraham Lincoln**

¿Quién entre nosotros no desea expresar las ideas que le son caras y ser escuchado? Mirar a un líder a la cara y dar una opinión muy distinta requiere un fuerte sentido interno de la igualdad del valor humano —y aptitud emocional.

A veces lo que nos detiene de entrar en un diálogo auténtico es el temor de revelar nuestros verdaderos sentimientos, o de exponer nuestras vulnerabilidades, o de correr un riesgo. A veces ese temor se debe a tensión o cansancio. En ese caso, corrija la causa y el temor disminuirá. Si se debe a inexperiencia en diálogos emocionalmente francos, resuélvase a practicar. Es una buena idea empezar con personas a quienes conoce y de quienes se puede fiar, para ir adquiriendo confianza con la experiencia.

EL VALOR DE PERDONARSE A UNO MISMO Y A LOS DEMÁS

Muchos se aferran tercamente a sus resentimientos, no porque sean malos o indiferentes sino porque no saben perdonar. Cuanto más nos interesemos por otros, tanto más penoso y debilitante es no perdonar. Una causa común del temor y la resultante renuencia a entrar en franco diálogo es persistir uno en rencor y resentimiento por ofensas pasadas.

Aunque el enojo pueda ser una respuesta inmediata apropiada a una ofensa, guardar ese sentimiento nos produce una segunda herida, la del enojo mismo. Por medio del perdón convertimos el sufrimiento causado por nuestros propios errores y por las ofensas recibidas en nueva energía para seguir adelante. Perdonar depende en parte de la voluntad y en parte de la compasión. En el acto de compasión podemos al fin salir del papel de víctimas y ver más allá del temor, el rencor, la culpa, los celos o la envidia. Las viejas heridas emocionales no se pueden deshacer pero pueden convertirse en las semillas de la transformación. Es importante entender que perdonar es una cosa que uno hace para liberarse del resentimiento, del enfado, hasta del odio. Perdonar es liberar la energía atrapada que puede destinarse a mejor uso.

En muchos casos es un error dejar ocultas las ofensas porque se infectan y crecen. Es mejor hacerles frente. Uno podría decir, por ejemplo: "Cuando usted dijo eso yo me sentí ofendido o

> Si pudiéramos asomarnos al secreto del corazón y la historia de nuestros "enemigos", en la vida de cada uno encontraríamos penas y sufrimientos bastantes para desarmar toda hostilidad.
>
> **Henry Wadsworth Longfellow**
> 1807-1882, poeta de EE.UU.

desairado y me iba a vengar. ¿Cómo podemos arreglar el asunto?" O tal vez prefiera hacer una pausa, diciendo algo así como: "Ambos estamos tan acalorados que yo creo que será mejor que nos tomemos una tregua a ver si podemos hacer las paces y seguir adelante". En otros casos es útil decirle francamente al otro que aun cuando usted se sintió ofendido, ha resuelto perdonarle.

Otra manera de ayudarse a sí mismo y a otros a ir más allá de la resistencia y el miedo es mediante sentimientos de gratitud. Esto es más que todo una cuestión de elección y hábito. ¿Le sobra un minuto de espera antes de una reunión o de la partida de un avión? Lleve consigo tarjetas para escribir una nota de agradecimiento a una persona que lo merezca. ¿Con qué frecuencia le ha dicho usted a un compañero de trabajo o a un empleado: "Aquí las cosas se han puesto difíciles, pero *gracias* por su amistad en esta situación"?

Lo que yo he encontrado es que los líderes excepcionales dirigen con agradecimiento, se detienen a sentirlo y expresarlo porque han descubierto que esto es una manera esencial de mejorar la vida organizacional, y saben que el agradecimiento se les devolverá con creces.

El sentimiento de animación es indispensable para el diálogo auténtico. Tenemos que interesarnos, compartir significado. Esto es muy valioso en muchos empeños de empresa. Heath Herber, presidente de Herber Company, da un ejemplo de cómo esto le ha ayudado:

Yo diría que lo más importante que he aprendido en veinte años que llevo en los negocios es prestar oídos a las emociones de los demás. Lo que yo hago es sintonizarme con lo que hay en el fondo de las palabras del otro. Puede ser duda; puede ser irritación o nerviosismo. Luego menciono el hecho como una cosa natural. Por ejemplo, le podría decir: "Parece que usted tiene alguna duda y entiendo perfectamente por qué". Nunca trato de hacerlos cambiar de opinión. Si menciono el asunto, ellos mismos hablan y cambian de opinión. Esto lo aprendí una vez que estaba tratando de obtener un contrato muy valioso con un distribuidor de automóviles. Las cosas estaban estancadas y yo no sabía por qué. Sabía que las cifras que le había dado se ajustaban a lo que a él le convenía; pero el hombre le daba largas al asunto y me pareció que estaba preocupado con algo, así que se lo mencioné: "Pareces preocupado, Charlie". Parpadeó y cambió de posición. "Sí, dijo, es cierto; mi hija se casa el sábado y tengo mil cosas en la cabeza". Resultó que nuestras hijas eran más o menos de la misma edad, pero hasta ese momento ni él ni yo sabíamos que tuviéramos hijas. Cinco minutos después tenía un contrato firmado y un nuevo amigo.

CE EN ACCIÓN

Ir al fondo de la cuestión

Desarrollar presencia auténtica empieza donde uno esté. Uno trabaja en ello en la casa, en todas las interacciones de negocios, en todo proyecto y reunión de trabajo. Al poco tiempo observa que fingir ya no aprovecha. Es más fácil ser sincero, lo cual le ahorra tiempo y le ayuda a progresar. He aquí algunas consideraciones:

• **Cuando se inicie una discusión o reunión, escuche atentamente y aclare el propósito.** En los capítulos 1 y 3 exploramos la honestidad emocional y el valor de llegar pronto al fondo de las cosas. Esto forja relaciones fuertes y ahorra tiempo. En un grupo es crucial extender su intuición y captar lo que los demás sienten y se proponen hacer, y luego hacer preguntas para verificar si ha acertado. ¿Se trata de chismes o hay algún propósito serio? ¿Es la reunión pura politiquería o un diálogo real? Permanezca abierto, lleno de empatía, alerta. No le quite los ojos de encima al que está hablando. Usted ya sabe escuchar bien; ahora póngale corazón.

Todos nos podemos adormecer en un falso sentido de seguridad por la tendencia a negar lo que no queremos

> **Conexiones con Cuadro de CE: Presencia auténtica**
>
> Véanse las siguientes escalas del Cuadro de CE como puntos de reflexión relacionados con este capítulo: conciencia emocional de sí mismo, expresión emocional, conciencia emocional de otros, intención, intuición y poder personal.

oír. Caemos en el optimismo de los gerentes: "Es cierto que tenemos problemas, pero vean lo que hemos realizado". En los años 60 los que servíamos en el ejército de los Estados Unidos tuvimos un ejemplo aterrador de esto: la corriente continua de despachos que nos decían que junto con nuestros aliados estábamos ganando la guerra de Vietnam, cuando la verdad era que no había al más alto nivel voluntad de ganar y estábamos perdiendo millares de vidas.

Piense ahora: ¿Qué sucede si usted no puede estar presente desde el principio en una reunión y cuando entra parece que ya se ha entablado una pugna de intereses encontrados? La investigación indica que los primeros minutos de escuchar con empatía son los más cruciales. Cuando se inicia un diálogo y usted empieza a hablar, a los pocos minutos los circunstantes ya se han formado una opinión firme sobre usted y sobre la cuestión que se discute. Estas son varias estrategias que yo he encontrado útiles:

Si usted oye expresar juicios muy terminantes pero sin razones que los apoyen, podría empezar preguntando: "Puede que usted tenga razón, pero quisiera saber algo más sobre el asunto. ¿Qué es, concretamente, lo que lo lleva a usted a pensar así?"

Si alguien se va por la tangente, usted le puede preguntar: "¿Tendría usted la bondad de ayudarme a entender de qué manera la nueva dirección que usted ha tomado se relaciona con el problema original o el propósito de esta reunión?" Cuando perciba en otros resistencia o enemistad, puede ser conveniente preguntar: "Siento que se ha creado cierta tensión alrededor de este asunto. Yo tenía la impresión de que usted estaba muy tranquilo. ¿Podría decirme qué le molestó, o si se ha tocado algo que tenga que ver con usted?" ¿Qué pasa si en una reunión se expresan vigorosamente opiniones que usted comprende que no se van a modificar? Podría tratar de aclarar las cosas para no perder tiempo: "Ahora que he oído esas declaraciones terminantes, sólo me resta hacer una pregunta: ¿Hay algo que yo pueda hacer para convencerlos de estudiar otras opciones?" Si la respuesta es que no, puede ser el momento de excusarse y dedicarse a otra cosa en que su influencia pueda ser importante. Un punto que hay que recordar es que los fracasos de los equipos y las pugnas de intereses encontrados —que son una calamidad en tantas compañías y causan pérdidas monumentales de tiempo, energía, dinero y espíritu creativo— por lo general se pueden prever en sus comienzos y prevenirlos con cinco o diez minutos de escucha con empatía y diálogo auténtico.

Piense cómo se siente uno cuando otras personas, sobre todo si uno las aprecia o tienen importancia para su carrera, no prestan atención a lo que usted tiene que decir. Es descorazonador. Por eso un oído atento y un corazón abierto son una fuerza tan poderosa en las relaciones de negocios.

Considérense varias frases que los ejecutivos con quienes yo trabajo han encontrado útiles en la escucha y el diálogo:

"Por favor, ayúdeme a entender. Cuénteme más".

"¿Cómo ve usted y qué piensa de esto?"

"¿Qué es lo que más le interesa en este asunto?"

"¿Cómo manejaría usted este asunto?"

• **Valorar la congruencia y hablar cuando no la haya**. Al empezar una conversación con un empleado, con un cliente o con su jefe, pregúntese: "¿Está de acuerdo la expresión con las palabras que estoy oyendo?" Si no es así, piense: "¿Por qué esta persona me dice eso, ahora y aquí?" "¿Cómo me lo dice?" Si las cosas parecen más oscuras después de esta indagación estratégica, sea honrado con usted mismo y dígase: "¿Puedo reconocer que no lo entiendo?" Si contesta que sí, plánteese interrogantes aclaratorios, como:

"¿Qué *siento* yo acerca de...?"

"¿Qué me revela mi decepción o encono? ¿Qué está en peligro?"

"¿Hay una *verdad* que no se está revelando aquí?"

• **Adoptar señales abreviadas para compartir sentimientos y claridad**. Una de las maneras más fáciles y útiles que he encontrado para que los miembros de un equipo, departamento o empresa reconozcan sentimientos compartidos en una discusión abierta es con una señal o palabra clave. En mi empresa hacemos una inclinación de cabeza o decimos "Ditto" para significar: "Yo comparto sentimientos análogos sobre este asunto; estoy de acuerdo". Esto lo aprendí de Kenneth Grant, de la Escuela Hyde. Por ejemplo: cuando usted está en un grupo grande y oye expresar un sentimiento o se plantea un punto que está de acuerdo

con sus propios sentimientos, usted simplemente habla y dice: "Ditto".
Una vez que se sobreponga a cierta torpeza inicial y algunas risitas, esta
puede ser una manera extraordinariamente eficaz para capacitar a todo
un grupo numeroso para sentir mejor la inteligencia colectiva, tanto
emocional como cognoscitiva, y utilizarla para dar dirección al diálogo,
aclarar las cosas y ahorrar tiempo.

Usamos también la expresión abreviada "Otra vez, por favor" cuando
un participante no oye bien lo que se dijo y quiere que se lo repitan.
Nadie finge haber entendido por salvar las apariencias. Hemos aprendido que eso sólo crea nuevos problemas. Recuerde que a menos que
uno padezca de algún defecto del oído, no oír a otro no es una excusa
aceptable para interpretarlo mal.

• **Responder con interés a nuevas ideas.** Si hay en su compañía
una veta de oro, se puede explorar y encontrar con nuevas ideas. En 3M
y otras organizaciones famosas por su espíritu innovador, yo he trabajado con grupos administrativos discutiendo la manera como se generan
las ideas. ¿Qué ocurre si su reacción inicial a la idea de otra persona
es: "Eso es un gran disparate. Aquí no funcionará"? Puede que usted
tenga razón o no. Eso no importa. Pero si dice una cosa así, probablemente jamás volverá a oír ideas de los demás.

Por el contrario, lo que hay que hacer es prescindir de formar juicio
inmediatamente y permanecer abiertos con interés y curiosidad, recordando que muchos productos de 3M han tenido un éxito increíble a
pesar de la resistencia inicial de la administración. Podría usted preguntar: "¿En qué forma le parece que su idea sería ventajosa para la compañía?", y luego ayudar a la persona a determinar la respuesta. Podría
ofrecerle recursos o contactos con alguien en investigación y desarrollo,
en marketing o producción. Sin crear antagonismos se vale usted de su
CE para ofrecerle a la persona una manera de evaluar la idea, identificar
sus ventajas y debilidades y hacer un juicio desapasionado. Con este
método, se conserva el sentimiento de orgullo y entusiasmo que es tan
vital para lograr que se sigan aportando nuevas ideas. ¿Y qué profesional
o empresa no desea esto?

• **Escribir una carta de su yo privado a su yo público.** Un ejercicio que he encontrado útil para explorar la presencia auténtica consiste en entablar un diálogo entre su yo interior y su yo exterior. Esto lo aprendí hace treinta años en una clase de arte militar en que me preguntaron: "¿Qué parte de su ser decidirá cuánta fuerza emplear en una confrontación, y cuándo?" La verdad es que a menos que esa elección se haga claramente por anticipado, el sistema nervioso puede reaccionar ciegamente o la mente nos puede engañar para que hagamos lo que otros quieren en lugar de lo que es correcto para nosotros, para nuestro sentido íntimo de la verdad. La presencia auténtica depende de tomar contacto con la parte más honda de sí mismo y luego dejar que esta voz lo guíe. Es muy fácil dejarse sorprender reaccionando a las circunstancias, dirigir nuestra vida desde el intelecto en vez del corazón, y realizar el trabajo haciendo los ademanes con nuestro "yo público". Sin embargo, sentimos que algo falta o anda mal. Tome una hoja de papel y escriba una carta emocionalmente franca de su yo interior, o "privado", a su yo exterior o "público". Cuando termine, vuélvala a leer. ¿Qué descubrió? ¿Qué cuestiones o percepciones merecen más reflexión? ¿Y en qué forma podría ajustarse mejor a la guía de su verdad interior y auténtica presencia?

Cuando hacemos buenas preguntas y somos auténticos, ganamos tiempo y claridad. Debido a esto, es menos probable que pasemos por alto la intuición y generalmente nos llevamos mejor con los demás, lo cual dispone la escena para extender nuestro "radio de confianza", que es una característica clave del CE para forjar y sostener relaciones significativas, productivas en los negocios, en todo el mundo. Tal es el tema de nuestro capítulo siguiente.

6

Radio de confianza

HABÍA EMPEZADO A NEVAR. Nubes espesas cubrían el valle entre las altas cumbres. Mi guía y yo llegamos a un elevadísimo risco entre paredes de la montaña cortadas a pico, sin que hubiera otra manera de pasar adelante que andar por una angosta cornisa, a modo de antiguo puente tallado en la escarpa casi vertical. Observé que una sección de la cornisa estaba resquebrajada y algunas partes se habían caído. El guía dio unos pasos tentativamente en ella pero retrocedió al instante.

No había otra manera de cruzar el abismo y nos veríamos obligados a desandar el camino hecho durante parte de aquel día. Me sentí profundamente contrariado.

Mientras esperábamos indecisos, vi llegar por el sendero a una joven tibetana que llevaba a su lado una niña no mayor de tres o cuatro años. Se acercó a nosotros y nos saludó con el tradicional *"Tashi deley"*, juntando al mismo tiempo las manos sobre el corazón. Me miró a los ojos; luego echó un vistazo al traicionero paso y sonrió. Buscando entre los pliegues de su manto, sacó algo que me puso en la mano. Era un trocito de la turquesa tibetana, azul puro. "Kailas", dijo, significando que la piedra se había encontrado en el famoso pico de ese nombre en los Himalayas. Como muchos otros peregrinos de su país, llevaba buena provisión de aquellos amuletos.

La niña se acaballó en las espaldas de la mamá, y las dos sin vacilar avanzaron por la frágil cornisa, inclinándose hacia la pared de roca y manteniendo el equilibrio, y desaparecieron al otro lado por los senderos cubiertos de sombra. Entonces nosotros, sin dudarlo más, las seguimos.

Todavía conservo aquel pedazo de turquesa, que me recuerda el poder de la confianza emocional. ¿Qué puentes de confianza ha cruzado usted de tiempo en tiempo en su propia vida y trabajo? Tómese unos momentos para recordar alguna de tales experiencias. Yo creo que todos nosotros llegamos a abismos de duda y cambio en que el paso depende de un puente roto o no probado. En el oficio esto puede ocurrir cuando estamos preparados para dar un paso adelante, para hablar, crear alguna cosa inesperada, hacer frente a una dificultad o iniciar un diálogo crucial.

Cuandoquiera que nos preparamos para entrar en territorio desconocido, nuestros temores escondidos y debilidades de confianza nos salen al encuentro, la mente toma el timón y empezamos a pensar, a analizar los riesgos, lo cual es una cosa lógica, salvo que con demasiada frecuencia nos parece que el abismo ya no es solamente difícil de cruzar sino imposible, el riesgo demasiado grande y que no debemos aventurarnos sino dar paso atrás y abandonar la esperanza.

MÁS ALLÁ DE LOS PUENTES DE CONFIANZA

La confianza se puede ver metafóricamente, no sólo como un puente sino también como una copa. Oí una anécdota de Santana, el compositor, a quien en una entrevista le preguntaron: "Usted escribe su propia música y sin embargo cuando da un concierto toca también música de otros compositores. ¿Significa eso falta de confianza en su propia obra?"

Santana contestó: "Hay muchas hermosas canciones que me emocionan, no sólo mis propias composiciones. Una canción es como una copa; lo que vale es lo que uno vierte en ella".

Si ve usted su vida como una copa, ¿cuánta confianza emocional vierte en ella? ¿Qué decir de sus relaciones de negocios, de su familia?

En seguida pregúntese si cada una de esas copas es fuerte o está agrietada. ¿Cuánta confianza se necesitará para reparar las grietas, dejar los viejos hábitos y volver a llenar cada copa con nuevas ideas y relaciones más fuertes? Cuando confiamos lo suficiente para verter el corazón en las copas de la vida, nos inspiramos e inspiramos a los demás. Llegamos hasta los extraños y reconocemos su valor, sin esperar nada a cambio. Esta extensión de confianza trae muchas recompensas; por lo menos nuestros esfuerzos diarios nos hacen sentir más conectados con la humanidad y por tanto más valiosos.

A lo largo de la historia, hombres y mujeres notables han sabido esto y lo han aplicado en empeños valiosos. Tuve ocasión de recordar la importancia de esto durante un reciente vuelo en el cual iba sentada a mi lado una ejecutiva de negocios, que me dijo: "¿Cómo se convierte uno en una de las personas más ricas del mundo?" Una manera es confiar tanto en uno mismo y en los que le rodean, que cede 70 por ciento de lo que tiene y de paso hace millonarios a millares de sus directivos y empleados. Eso fue lo que hicieron Bill Gates en Microsoft y Sam Walton en Wal-Mart.

"¿Y cómo podría su negocio convertirse en la más rentable compañía de servicios, con cerca de US$10 000 millones en ingresos en sólo diez años desde su fundación?", me preguntó. Una manera es confiar en uno mismo y en los demás tanto que ayuda a muchos de sus directivos y empleados a acumular acciones por valor de más de un millón de dólares, en algunos casos antes de llegar a los 30 años de edad y habiendo empezado como dependientes de almacén. La compañía de que le hablo es Home Depot.

Observó que hay centenares de ejemplos en negocios de todo tamaño y descripción. Tenía razón. Recordé las palabras de Minoru Makihara, presidente de Mitsubishi Corporation, la compañía comercial japonesa con ingresos anuales de US$176 000 millones, recalcando el inmenso valor de "redes de confianza". La confianza es una fortaleza emocional que empieza con el sentimiento del propio valor y propósito, que extendemos a otros como el radio de un círculo que llega a todos los integrantes de nuestro equipo, departamento, división o toda la compañía. El íntimo sentimiento entrañable que uno obtiene de la confianza en uno mismo y de sentir que los demás confían en uno, es uno de los grandes capacitadores en la vida. Con él, tenemos espacio interior para crecer, para hacernos emocionalmente aptos y ejercer y expandir nuestro círculo de confianza para construir puentes de un problema al otro, de una idea a otra, de una persona a otra. Esto nos permite, entre otras cosas, manejar las críticas con ecuanimidad y hasta con una sonrisa.

Esto me recuerda un episodio de la vida de Albert Einstein. Después de que se exilió durante la Segunda Guerra Mundial, cien profesores nazis publicaron un libro para condenar su teoría de la relatividad. Él comentó: "Si yo estuviera equivocado, con un solo profesor bastaría". Eso es confianza en sí mismo, con una pizca de humorismo para hacer frente a la adversidad.

Uno de los puntos esenciales de este capítulo es que la confianza es algo más que una buena idea o actitud. Es una característica emocional, algo que debemos sentir, y actuar de acuerdo. Cuando confiamos en nosotros mismos y podemos extender esa confianza a los demás y recibirla de regreso, se convierte en el aglutinante que mantiene unidas las relaciones y libera el diálogo franco. La falta de confianza, por el contrario, nos hace gastar tanto tiempo en protección, dudas, verificaciones e inspecciones como en hacer trabajo real, esto es, trabajo creativo, de colaboración y que agregue valor.

Como observa el estratega de negocios Michael Hammer, los costos indirectos de la desconfianza o de relaciones cautelosas son enormes. En la firma Arthur Andersen los socios tratan de obtener la más alta calificación por su trabajo como "confiables asesores de negocios". Es una frase corta pero una responsabilidad inmensa de cumplir, puesto que la *confianza* es de importancia suprema para sus muchos clientes en todo el mundo.

> Técnica y tecnología son importantes, pero agregar confianza es la cuestión de estos tiempos.
> **Tom Peters**

En una reciente encuesta de corporaciones multinacionales, *Economist* llegó a la conclusión de que las firmas empiezan a parecerse a redes de extensas alianzas y la confianza se está convirtiendo en cuestión primordial. Charles Handy pregunta: "¿Cómo se dirige a individuos a quienes uno no ve?" Y a quienes no se puede controlar o despedir porque a lo mejor ni siquiera son sus empleados. Handy contesta: "Confiando en ellos".

ENCUESTA DE CONFIANZA

Pero, ¿por dónde se empieza? Una buena manera es con un cuestionario de confianza, que usted y un colega de su equipo completan y comparan. Empiecen por allí, y así se aclararán las maneras de crear confianza. De todos los cuestionarios que yo he visto y usado en el curso de los años, el siguiente es mi favorito. Fue desarrollado por Charlotte M. Roberts, consultora ejecutiva y coautora de *The Fifth Discipline Fieldbook,* cuando trabajaba con sus clientes para crear aprendizaje organizacional como una competencia básica. La encuesta se reproduce aquí con autorización.

Lista de 21 aspectos de la confianza.

Coloque un signo de más (+) si la persona se ajusta al criterio y de menos (-) en caso contrario.

1.___ Tengo una buena idea de cómo actuará mi colega; es consecuente.

2.___ Creo que mi colega es digno de confianza; cumple los convenios, los compromisos y las promesas.

3.___ Creo que mi colega no me causaría intencionalmente daño alguno; ha demostrado que se interesa por los demás.

4.___ Tengo fe en que mi colega actuará para proteger mis mejores intereses aun cuando yo no esté presente; compartimos valores y metas comunes.

5.___ Sé que mi colega puede hacer el trabajo que hemos identificado; realiza trabajo de alta calidad.

6.___ Creo en las palabras de mi colega; siempre dice la verdad.

7.___ Oigo las palabras de mi colega como auténticas; dice lo que siente.

8.___ Sé que mi colega reconocerá sus errores y temores; es abierto.

9.___ Puedo compartir mis locas ideas y hondos sentimientos con mi colega; no juzga.

10.____ Estoy satisfecho con la inversión (social, emocional, psicológica, etc.) que he hecho en esta relación; mi colega respeta la relación.

11.____ No tengo temor de incertidumbre en el futuro; mi colega y yo somos capaces de resolver casi cualquier cosa.

12.____ No me molesta pedirle ayuda a mi colega para entender un nuevo proceso, una nueva ecuación, etc.; es un buen entrenador.

13.____ Recibo abiertamente retroinformación de mi colega; su información es directa, específica y no castiga.

14.____ Estoy dispuesto a suspender mi propia opinión para entender el punto de vista de mi colega; él puede hacer un aporte valioso.

15.____ Sé que mi colega suspende su propia posición para entenderme a mí; cree que yo puedo hacer un aporte valioso.

16.____ Puedo estar libremente en desacuerdo con mi colega; él está igualmente comprometido a descubrir la verdad y la mejor solución.

17.____ Escucho críticas de mi colega; él me acepta tal como yo soy y no espera que represente un determinado papel.

18.____ Me siento confirmado con mi colega; él me acepta a mí tal como soy y no espera que yo desempeñe un determinado papel.

19.____ Gozo del diálogo libre con mi colega; combinamos muy bien nuestros pensamientos para comprender mejor.

20.____ Me divierto con mi colega; él comparte un espíritu común.

21.____ Mi colega me ha dicho que yo puedo confiar en él.

22.____ Otras (describa sus criterios, por favor).

¿Qué aprendió usted de usar este cuestionario? Una de las cosas que he aprendido es que hay muchas dimensiones para crear y sostener la confianza. Y todas son importantes.

Cuanto más confíe en mí mismo y en otros y en mi ambiente, más creativo y eficaz seré y mayores probabilidades tendré de triunfar. Los estudios sugieren que la desconfianza crónica y los acompañantes sentimientos de hostilidad pueden hasta causar daño al corazón y llevar a un fatal ataque cardíaco. Redford Williams, director de investigación comportamental en el Centro Médico de Duke University, es uno de los expertos que estudian la relación entre hostilidad, falta de confianza y riesgo para el corazón. Cuanto más limitado sea el círculo de confianza de una persona, dice Williams, tanto más tenderá a permanecer enfadada, molesta, irritada o cínica, y a echarles la culpa a los demás. Para un segmento de la población, esto es "como tomar pequeñas dosis de un veneno de acción lenta (arsénico, por ejemplo) todos los días de la vida. El resultado es a menudo el mismo: tal vez no mañana ni pasado mañana, pero más pronto de lo que muchos quisieran, esa hostilidad probablemente perjudicará su salud". Una de las estrategias preventivas de Williams es crear más confianza en su vida y relaciones de trabajo.

Otras investigaciones indican que la confianza tiene una influencia significativa en la eficiencia del grupo, capacitando a los miembros para expresar abiertamente sus sentimientos y diferencias y evitar el sabotaje y las posturas defensivas. Si las personas no confían unas en otras, no hacen caso de los sentimientos y alteran los hechos e ideas que prevén puedan aumentar su vulnerabilidad; en estas condiciones aumenta dramáticamente la probabilidad de malos entendidos y suposiciones equivocadas. La confianza se ha demostrado también que es un medio más útil para predecir la satisfacción individual del profesional con la compañía para la cual trabaja.

Su confiabilidad se crea y se sostiene sobre la base de franca apertura y credibilidad. Hay pruebas de que en los negocios la confianza depende, más que todo, de hacer contacto emocional con el que escucha. Trátese de un producto, servicio o relación, casi todos los aceptan a base de emociones y después se justifican con hechos. Pero no hay que suponer que estas cualidades de CE para el éxito requieran una notable personalidad carismática o estilo de liderazgo. No es así.

> Si no hay sentido de confianza en la organización, si las personas viven preocupadas con cubrirse las espaldas... la creatividad será una de las primeras víctimas.
>
> **Manfred F.R. Kets de Vries**
> INSEAD, Francia

Los *costos internos de la desconfianza* producen enredos ineficientes de jerarquía, comunicaciones, malas percepciones, enfado, culpa y recelo, que hacen perder tiempo, energía, buena voluntad y dinero. Nos sentimos obligados a redactar los procedimientos con grandes detalles, a menudo en centenares de páginas, aun para sencillos convenios. Esto es muy distinto de lo que hacen algunas compañías en el Japón, que usan la confianza para reducir los convenios a una o dos páginas, con frases como "los detalles se aclararán más tarde, si es necesario", sabiendo que arreglar tales cosas es ventajoso para todos los interesados. Sin tener confianza perdemos tiempo y nos rodeamos de abogados, y esto lleva a la gerencia a suponer erróneamente que los empleados necesitan todavía más rígida supervisión y más controles.

Los *costos externos de la desconfianza* pueden ser igualmente perjudiciales, imponiendo una especie de fuerte impuesto a todas las formas de actividad económica. Cuando los clientes pierden la fe en una organización, rápidamente se pasan a una firma de la competencia de la cual no desconfíen.

En este momento, este mes, este trimestre, ¿cuál sería su cálculo de los costos de desconfianza en su carrera o negocio? Y ¿cómo podría esto afectar a sus futuras posibilidades de empleo y las oportunidades de crecimiento, alianzas, avances y rentabilidad?

Considérense los siguientes ejemplos de confianza en acción. La cadena de hoteles Ritz-Carlton, una de las pocas ganadoras del premio de calidad Malcolm Baldrige en el sector de servicios, promueve activamente la confianza como base de su cultura organizacional. Todo empleado, incluso los botones, está facultado para gastar sin consultar hasta 2 000 dólares para corregir cualquier problema con los clientes del hotel. No se hacen preguntas.

En Southwest Airlines la confianza ha sido definitiva para hacer esta aerolínea la más rentable de todas y constante ganadora de los más altos puntajes de la Secretaría de Transportes de los Estados Unidos por puntualidad en los vuelos, buen manejo del equipaje y el menor número de quejas. Southwest, donde los empleados son lo primero (los clientes lo segundo) el director ejecutivo Herb Kelleher recalca continuamente la confianza como fuerza impulsora, extendiéndola a todos. "Hemos tratado de crear un ambiente en que la gente esté facultada en la práctica para saltarse la aligerada estructura que tenemos, de modo que no haya que convocar una reunión de sabios a fin de lograr hacer algo —explica—. En muchos casos pueden seguir adelante por su propia cuenta. Pueden asumir personalmente la responsabilidad y saben que no serán crucificados si las cosas no les salen bien".

Un día Gary Barron, vicepresidente ejecutivo de Southwest, alcanzó a Kelleher en un pasillo después de un Foro de Primera Línea, la reunión regular en que Kelleher discute con los altos empleados cómo mejorar la compañía. Barron le dijo que quería hablarle sobre una reorganización completa del departamento de mantenimiento. Le dio un memorando de tres páginas sobre el plan. El director ejecutivo lo leyó allí mismo y sólo tuvo una observación que hacer. Barron contestó que eso ya lo había previsto y que él se encargaba de arreglarlo. "Entonces acepto todo lo demás —dijo Kelleher—. Sigan adelante". Toda la conversación duró unos cuatro minutos. Todos confían en Kelleher. Tiene credibilidad entre sus empleados. Lo mismo muchos otros líderes excepcionales, empresarios y ejecutivos, que es lo que se necesita para engendrar y fomentar confianza y luego aumentarla y sostenerla.

SIN CREDIBILIDAD NO PUEDE HABER CONFIANZA

Para tener confianza hay que estar absolutamente seguros de que la otra persona es digna de ella. En nuestro trato con los demás, confianza y credibilidad son casi sinónimos. Necesitamos ambas cosas; ninguna de las dos basta por sí sola. Lo que pocos gerentes entienden es que la intuición, el contacto emocional, la influencia, la confianza y credibilidad son todos procesados en las áreas preconscientes del cerebro, en particular en el sistema límbico que sirve no sólo como puerta de entrada a los sitios donde tiene lugar la cognición o el pensamiento sino también como centro emocional del cerebro. Mientras que los centros cognoscitivos dedican su tiempo a tamizar palabras, conceptos y análisis, el cerebro emocional explora continuamente en busca de significados y juicios en millares de sutiles matices del tono de la voz, los ademanes, la mirada y muchos otras conductas que los centros cognoscitivos escasamente registran o entienden. El sistema límbico trabaja aproximadamente 80 000 veces más rápidamente que la corteza cerebral consciente. La mente conciente puede procesar sólo 126 bits de información por segundo y sólo 40 bits del habla humana, mientras que nuestros sentidos pueden recibir hasta 10 millones de bits de insumo por segundo. El sistema límbico nos da una "lectura" instantánea de la credibilidad y confiabilidad durante cada interacción con otros. En suma, sin credibilidad ni somos escuchados ni se confía en nosotros.

El profesor Albert Mehrabian, de la Universidad de California en Los Ángeles, ha llevado a cabo estudios que indican que a menos que el que habla sea altamante creíble —entusiasta, confiado y congruente en voz, palabras y gestos— los que le escuchan o lo ven hacen un rápido y permanente juicio en cuanto a su confiabilidad. En este caso sólo el 7 por ciento de las decisiones de creer o confiar en alguien depende de las palabras o contenido y el 93 por ciento depende del tono de la voz, los ademanes (la mirada, el gesto, la postura y factores análogos). Por el contrario, cuando el líder goza de credibilidad y confianza, no hay desacuerdo en palabras, voz y ademanes: mensaje y comunicador son uno. La investigación de Mehrabian también muestra que la voz, su resonancia y entonación, representan hasta 84 por ciento de su influencia emocional y la confianza que inspira cuando los demás lo oyen pero no lo están viendo, como sucede cuando se habla por teléfono.

SUPERANDO LA INFIDELIDAD

Está muy bien trabajar por aumentar uno su credibilidad y forjar relaciones basadas en la confianza, puede pensar el lector; pero ¿qué pasa cuando las personas son infieles a la confianza que se deposita en ellas? Todos nos hemos sentido traicionados y muchos nos hemos sentido tan heridos por la experiencia que decimos: Jamás volveré a confiar en nadie.

Su aptitud emocional depende en parte de encontrar maneras eficientes de reponerse de tales experiencias, construir nuevas líneas de confianza. En muchas compañías la gente está mirando por encima del hombro, sintiéndose más vulnerable que nunca, no confiando, sin sobresalir sino simplemente tratando de protegerse y conservar su empleo. Aun cuando no haya una atmósfera de confianza en su compañía, a nivel individual usted puede empezar a formar su

> Puede que usted sufra una decepción si confía demasiado, pero vivirá atormentado si no confía lo suficiente.
>
> **Frank Crane**
> Historiador y sociólogo

elasticidad emocional siendo directo y franco con relación a sus equivocaciones (lo cual aumenta su credibilidad), sosteniendo su palabra y
aceptando que los tiempos de infidelidad son una parte de formar
confianza perdurable, tanto como la duda es parte de la fe. El punto es
continuar en movimiento, extender la confianza a otros en una nueva
dirección y buscar la confianza de ellos a cambio.

Al nivel organizacional corresponde a los ejecutivos respaldar sus
declaraciones de confianza, pase lo que pase. Por ejemplo, Bob
Montgomery, que era entonces gerente de propiedades de Southwest
Airlines, adquirió un compromiso con la ciudad de Austin, Texas, pero
inmediatamente se dio cuenta de que había cometido un grave error que
le podía costar a la empresa hasta US$400 000. Cuando el presidente
Herb Kelleher se enteró, preguntó si el convenio se había firmado. "No
—le contestaron—, pero Bob les dijo que eso era lo que haríamos".
Kelleher no vaciló un instante y replicó: "Si Bob se comprometió, firmen.
Eso es lo que haremos". Montgomery, que esperaba que perdería su
puesto o su dignidad, no perdió ninguna de las dos cosas. Un año más
tarde se acercó al presidente y le dijo una vez más que reconocía que
aquello había sido un disparate que nunca debiera haber ocurrido.
Kelleher le contesto: "Bob, me alegro de que finalmente hayas aprendido
de tu error". Ahí terminó el asunto. Posteriormente Montgomery fue
ascendido.

David M. Armstrong, vicepresidente de Armstrong International,
firma manufacturera con oficinas en todo el mundo, cuenta el hecho
siguiente:

Todos los días a las 11:55 A.M. suena un pito. Es la hora del
almuerzo. Y el que entre en la cafetería de Armstrong no nota
nada especial: las mesitas de costumbre, refrigeradores llenos
de sandwiches y bebidas gaseosas para la venta, máquinas de
café, hornos de microondas y máquinas de vender dulces...
pero sí hay algo extraño: las máquinas vendedoras no están
cerradas con llave y no hay caja registradora. Nadie vigila ni
los alimentos ni el dinero. La cafetería funciona totalmente
por el sistema del honor. Los empleados pagan por lo que
consumen depositando el dinero en una caja abierta, que al

final del día puede contener más de 100 dólares. El sistema funciona a la perfección.

O confía uno en sus empleados o no. Si confía no necesita candados ni cajas registradoras, relojes de marcar ni docenas de supervisores. Si no confía, échelos.

Prescindiendo de cajas con llave para el dinero y de supervisión innecesaria, les demuestra uno a los empleados que confía en ellos. Nosotros hemos encontrado que esa confianza trae su recompensa multiplicada por mil en mayor productividad y nuevas ideas.

Esa profunda confianza y fe fue el recurso a que apeló William Peace cuando lo nombraron en los años 80 gerente general de la División de Combustibles Sintéticos de Westinghouse. Toda la división estaba a punto de cerrarse por la baja de precios del petróleo a menos que Peace encontrara alguna manera de hacerla atractiva para los inversionistas. Peace vio que era indispensable prescindir de 15 de los 130 empleos de la división, a pesar de que el rendimiento de todos era muy bueno. Los nombres de los que habría que despedir se escogieron en una penosa sesión de los altos mandos, al terminar la cual los altos gerentes se levantaron para ir a llevar la mala noticia. Peace los detuvo. Intuitivamente sintió que él tenía que comunicarla personalmente, evitar que corrieran rumores de despidos masivos y dar la cara ante los hombres y mujeres que se quedaban en la calle.

La reunión con los quince empleados se celebró a la mañana siguiente. Hubo llantos, asombro doloroso, algunos protestaron, gritaron, rogaron, lo acusaron de no tener entrañas, de ser un desagradecido. Peace aceptó las críticas, les pidió que aunque no lo perdonaran trataran de entender que el sacrificio de quince empleos salvaba otro centenar y contestó todas las preguntas con toda franqueza. Para mediados de la mañana el clima había cambiado, la furia cedió a la resignación y cuando terminó la reunión todos se despidieron con un apretón de manos y votos de buena suerte.

Muchos gerentes en circunstancias similares habrían evitado dar personalmente la noticia de despido. No así Peace, y su valor para reunirse con los quince y respetarlos durante aquella penosa mañana, tuvo consecuencias muy favorables. Se encontró un comprador para la división y Peace siguió como gerente general. Meses después los nuevos dueños invirtieron más dinero en la planta y entonces Peace pudo volver a contratar a muchos de los que había tenido que despedir. Todos volvieron a trabajar con él, aun dejando en muchos casos buenos empleos que ya habían conseguido en otra parte. Ese es uno de los resultados a largo plazo de la confianza en medio de lo que a primera vista puede parecer una traición.

Es natural, desde luego, que uno reaccione con rabia cuando ve que otro ha faltado a la confianza que depositó en él. ¿Podría usted hacer frente a una situación similar con perfecta ecuanimidad, extendiendo su confianza y apoyo en una nueva dirección, tomando parte en un diálogo abierto aun cuando sea contencioso y manteniendo el rumbo sin hostilidad ni venganza?

Así procedió Ricardo Semler. Cuando se encargó de Semco, el negocio de la familia en São Paulo, Brasil, éste estaba enredado en una maraña de jerarquía, reglamentos y desconfianzas. Productividad y espíritu de trabajo eran bajos; la calidad, pobre, se hacían pocos contratos nuevos y en el horizonte aparecían todas las señales de ruina financiera. Las cinco fábricas de Semco producían, entre otras cosas, bombas marinas, aparatos eléctricos industriales y equipo mezclador para combustible de cohetes. A lo largo de los años los directivos habían analizado todos los aspectos del negocio y habían creado reglas complicadas para todo, desde manifiesto de equipos hasta gastos de viaje, los cuales incluían topes para pasajes aéreos, hoteles, llamadas telefónicas a la casa, y se insistía en que se presentaran recibos originales. A los obreros de fábrica se les trataba como delincuentes o presidiarios: tenían que pedir permiso hasta para ir al baño y someterse a un registro diario para ver que no se hubieran robado nada.

Semler pensó que para competir en el futuro, tendría que empezar por demostrar un fuerte sentido de confianza y extenderlo por toda la compañía. Inmediatamente redujo la cadena jerárquica a tres niveles, instauró un plan de participación de utilidades, reemplazó el grueso manual del reglamento con lo que llamó la regla del sentido común, implantó la toma colectiva de decisiones en la administración y resolvió someter muchas decisiones de la compañía —como adquisiciones o reubicaciones de fábricas— a votación democrática en toda la organización. También resolvió que tenía que mostrar confianza absoluta en las personas que enviaban a representar a la compañía en el exterior y por tanto eliminó la contabilidad de gastos de viaje y anunció que se pagarían las sumas que los viajeros dijeran haber gastado. Luego abrió los libros de la compañía a la inspección de todos los empleados, puso a los obreros de fábrica a sueldo mensual en lugar de pagarles jornal por horas, acabó con los registros de seguridad, hizo retirar los relojes de marcar tarjeta, y permitió que los mismos trabajadores decidieran cuáles serían sus metas, programas y métodos de trabajo. Confiaba en que personas cuya bonificación depende del rendimiento y las utilidades, no iban a derrochar el dinero de la compañía ni desperdiciar las oportunidades.

Tenía razón. La calidad y el espíritu de trabajo subieron por las nubes, las ventas se duplicaron en el solo primer año, ocho nuevos productos que habían estado perdidos en investigación y desarrollo salieron al mercado en pocos meses, y la productividad aumentó en forma tan dramática que a la vuelta de pocos años la compañía pudo reducir en una tercera parte la fuerza de trabajo con el sistema de no llenar las vacantes naturales y ofrecer incentivos por jubilación temprana.

Una cosa que he aprendido de muchos ejecutivos de todo el mundo es que David Armstrong, William Peace y Ricardo Semler tienen razón, y que confianza y credibilidad tienen que crearse y sostenerse con la demostración permanente de nuestras acciones. Una por una. Esta ha sido la única manera en que algunas personas han sobrevivido como líderes y han llegado a contarse entre los hombres y mujeres más admirados de la historia.

EXTENDER SU RADIO DE CONFIANZA

En las raras circunstancias en que a los seguidores se les pide arriesgar su libertad y aun la vida, se aprende mucho acerca de lo que son los líderes. He visto tal liderazgo durante mis viajes por el Tibet. He visto a hombres y mujeres confiar tanto que todo lo exponían por lo que consideraban ser lo correcto. Algunos murieron en la prueba.

Harriet Tubman era ese tipo de líder, una mujer de fe, devoción y autosacrificio. Nació en 1825 en la prisión social de la esclavitud. Como adolescente trató de interceder para que no golpearan a un compañero esclavo; ella fue entonces descalabrada con un golpe que la dejó inconsciente y estuvo varias semanas entre la vida y la muerte. Más tarde se las ingenió para escapar de Maryland al Norte, pero volvió varias veces al Sur por libertar a otros esclavos.

Sus primeros seguidores eran los más valerosos; pero cuando corrió la voz de su valentía y sinceridad, inspiró fe en esclavos que no la conocían. También ganó partidarios en el Norte, quienes, viendo cómo burlaba la vigilancia de las patrullas y conocía todas las rutas secretas, empezaron a creer que los afroamericanos sí serían capaces de manejar sus propios asuntos en una sociedad libre. Harriet no era partidaria de la violencia, aun cuando estaba preparada para defenderse y defender a sus protegidos. Rezaba por sus enemigos y no tomaba partido en las desavenencias entre sus aliados. Todos podían confiar en que haría lo que se proponía. Nunca perdió un esclavo de cuantos tomó bajo su protección. Después de la guerra civil abrió en Nueva York un albergue para negros sin techo y llegó a ser una de las mujeres más admiradas en la historia de los Estados Unidos.

La vida de Harriet Tubman nos enseña otra dimensión de la confianza: la habilidad de merecer y conservar la de los extraños. En los negocios modernos esto podría incluir socios potenciales, competidores, miembros de una junta directiva, proveedores o clientes, lo mismo que el segmento de más rápido crecimiento de la fuerza laboral: los empleados temporales. Cómo los tratemos y cuánto confíen ellos en nosotros tiene mucho que ver con nuestro éxito presente y futuro.

Francis Fukuyama, analista principal de Rand Corporation, llama esto el "radio de confianza", que se expande mediante una combinación de credibilidad y *sociabilidad espontánea*, aspecto de la inteligencia emocional indicativo de la facilidad del individuo para hablar con extraños y acoger diferencias y desacuerdos de una manera abierta, no rígida, viendo en ellos fuentes de posibles conexiones e ideas que pueden resultar constructivas y valiosas.

CE EN ACCIÓN

Ampliar su círculo de confianza, paso a paso

Pregúntese: ¿De qué tamaño es el círculo dentro del cual estoy dispuesto a extender mi confianza, tanto en los negocios como en mi vida personal? Ese es su *radio de confianza*. Específicamente, ¿en el empleo cuál es su radio de confianza dentro de la gerencia o su equipo de trabajo o departamento? ¿Cómo trata a los empleados temporales? ¿Les da responsabilidades reales y les exige altas normas?

Es fácil decir "Confío en usted", pero es bueno preguntarse hasta dónde llega realmente esa confianza. C.S. Lewis escribe: "Es fácil creer que una cuerda es resistente mientras uno la necesite sólo para atar una caja. Pero supongamos que uno tiene que colgar de la cuerda sobre un precipicio. ¿No averiguaría primero cuánto puede realmente fiarse de ella?"

> **Conexiones con Cuadro de CE:**
> **Radio de confianza**
>
> Véanse las siguientes escalas del Cuadro de CE como puntos de reflexión relacionados con este capítulo: conciencia emocional de sí mismo, conciencia emocional de otros, conexión interpersonal, compasión, perspectiva y radio de confianza.

Con este espíritu, tome una hoja de papel, trace un círculo y escriba en él los nombres de las personas en quienes confía plenamente. Después de escribir cada nombre reflexione un momento si en realidad esa persona le inspira tanta confianza. O confía o no; a nivel emocional no hay confianza parcial o condicional. Cuando termine, le recomiendo pedir retroinformación de las personas con quienes vive. Explíqueles este ejercicio y pregunte a cada una: ¿Soy yo una de las personas en quienes usted confía plenamente? Si no es así, ¿por qué no? ¿Qué sugerirían ellos para hacerlo a usted más merecedor de su confianza? Y a la inversa: ¿Está esa persona dentro de su radio de confianza? Si no es así, ¿por qué no? A menos que conozcamos estas percepciones honradas no podremos ampliar nuestra capacidad de confiar y nuestro radio de confianza.

Si le parece que actualmente su radio de confianza es muy pequeño, busque oportunidades de extenderlo, practicando en situaciones en que, si no funciona, nada se pierde. Por ejemplo, al reservar un pasaje aéreo, confíe en que el agente que se lo vende le dará un buen puesto, sin que usted tenga que pelear por él. O en el mercado, confíe en que la vendedora le aconsejará las frutas y las verduras más frescas y no lo va a engañar. También puede mostrar más confianza en la oficina; cada vez que delegue una tarea básica —sacar fotocopias, atender al correo, pedir el almuerzo, allegar recursos, etc.— si ve que la persona está alerta y atenta, recuerde que no debe usted tratar de super-organizar la tarea.

Propóngase no estar metiendo las narices en todo. Dé por sentado que las cosas se van a ejecutar correcta y prontamente, y compórtese de acuerdo. Pase a su siguiente prioridad. Esto lo libra del molesto sentimiento de microadministración que tortura a los que "delegan" con desconfianza pero bajo la superficie nunca ceden realmente la autoridad o el control. Ensaye esto también con sus hijos.

Consideremos igualmente su accesibilidad como factor de cuán fácil y extensamente se fía usted de los demás, y ellos de usted. En casi todas las organizaciones con que trabajo oigo quejas de que los gerentes y ejecutivos se han vuelto menos confiados. ¿Por qué? Porque parecen menos accesibles. Yo aconsejo a los ejecutivos que, además de practicar hábitos de buena escucha, hagan dos cosas muy importantes que pueden hacer inmediatamente para que el tiempo que pasen con usted les parezca más largo y más valioso:

1. Siéntese cuando habla con otra persona.
2. No haga movimientos de urgencia (como mirar el reloj) que indican impaciencia por el tiempo transcurrido.

Pocas cosas perjudican más rápidamente la confianza que ver a una persona parada a la puerta con la mano en ella, o en alguna otra posición "de salida", como lista para huir. Si usted no puede conceder a su visitante sino dos minutos, esa postura hará parecer los dos minutos como diez segundos y usted ha cancelado sin darse cuenta el 90 por ciento de ese tiempo potencialmente valioso.

Bien trate con un compañero de trabajo, jefe o empleado, hay ciertas cosas que puede decir, y no dice, que dan a esa persona la sensación de que le ha dado tiempo y valor extra. Primero, cuando diga cuánto tiempo tiene, dígalo en un tono que indique que está encantado de poder concederle esos dos minutos, o diez minutos, o media hora. Prescinda de la palabra *sólo* y cualquiera otra de sentido negativo. Empiece diciendo "Tengo diez minutos para hablar con usted' y no "Tengo sólo diez minutos". Este cambio sutil produce una gran diferencia en cómo aprecia el otro la entrevista.

Puede completar su oferta diciendo: "Si necesita más tiempo, avíseme y celebraremos otra reunión". La primera vez que yo ensayé esto, temí que me vería abrumado de citas. Lo que descubrí fue lo contrario. La gente no se aprovecha de la oferta; antes bien, es más eficiente en los minutos que se le conceden. Además, queda con la impresión de que usted se destaca del grupo administrativo y ofrece tiempo suficiente para comunicarse. Esta percepción emocional es crucial para los buenos líderes. La alternativa es una corriente subterránea de resentimiento y aun sabotaje, que tensiona a ambas partes y las hace desconfiadas y menos productivas.

Van en seguida algunas consideraciones adicionales para las ocasiones en que usted se incomoda con alguien y está a punto de perder la fe. Considere esta anécdota: dos gerentes a quienes yo conozco estaban sentados a la mesa en una cafetería, uno frente al otro, y discutían en voz baja por no llamar la atención. Pero discutían. Observé que uno de ellos tenía en la mano un fajo de papeles y los sacudía en el aire. El otro sacudía la cabeza. Ambos tenían el rostro encendido y estaban tensos. Comprendí que cada uno se afirmaba en su propia posición.

> Es imposible calcular cuántas buenas ideas se abandonan todos los días como resultado de relaciones difíciles de manejar.
>
> **John P. Kotter**
> Harvard Business School

De súbito ocurrió algo extraordinario. Uno de los gerentes se tranquilizó, sacó un bolígrafo del bolsillo, tomó una servilleta de papel y acercó su silla para quedar al lado de su compañero y no enfrente de él. Luego trazó un diagrama sencillo en la servilleta y señalando a un punto de él dijo de manera que yo alcancé a oír: "Allí, eso es lo que me confunde. ¿Cómo lo arreglamos?"

El otro pareció sorprendido. Dejó el voluminoso informe a un lado y tomando a su vez el bolígrafo para dibujar algo más en la servilleta exclamó: "¿Allí? Pues así es como lo vamos a resolver. Con razón que a usted no le parecía bien. Estaba en lo cierto".

Un minuto después salían de la cafetería charlando amistosamente.

¿Qué había ocurrido? Fue un punto de cambio. El primer gerente, comprendiendo que estaba a punto de perder la confianza y enredarse en una disputa que podía ser destructiva, prestó oídos a su intuición de que tal vez la culpa no era del otro gerente ni de la propuesta misma, sino de alguna escondida diferencia de percepción. Había algo distinto de "hechos" que le estaba dando una señal emocional de un malentendido.

Rara vez sentimos acerca de las cosas lo mismo que sienten los demás. Eso puede parecer obvio. Tampoco vemos lo mismo que ven los demás, lo cual es mucho menos obvio. Robert Ornstein, profesor de Stanford, explica: "El ojo humano, el más desarrollado e intrincado órgano de los sentidos, transmite al cerebro sólo una billonésima de la información que le llega".

Mientras yo veía a los gerentes compartir el bolígrafo y marcar puntos de confusión o diferencia en una servilleta de la cafetería, me acordé de Warren McCulloch, del MIT, que una vez exclamó exasperado por la pérdida de confianza en un diálogo clave: "¡Pare! No me muerda el dedo. Fíjese adónde estoy señalando".

Con un bolígrafo un gerente ayudó a otro a no morder sino fijarse adónde estaba señalando, con su inteligencia emocional, con su intuición sobre una propuesta, cosa que no podría encontrar en un documento gráfico computarizado sino con un sencillo dibujo en una servilleta de papel. Tenemos que recordar que no vemos sólo con los ojos sino con la intuición y el corazón.

Para sostener la confianza es preciso que en los diálogos haya intercambio de significado, el cual, a la verdad, se comparte de distintas maneras. Los científicos han descubierto que cada uno tiene su propio *instinto lingüístico*, su estilo preferido de percibir nuevas ideas. Para crear y mantener confianza tenemos que aprender a reconocer los diferentes modos sensorios y adaptar a ellos nuestro mensaje.

Por ejemplo, al hacer una presentación ante un grupo que uno no conoce, podría suministrar un resumen escrito, un resumen oral, un diagrama, una demostración práctica, y tiempo para preguntas y contacto personal. En circunstancias corrientes las personas pueden pasar sin dificultad de un modo sensorio a otro; pero cuando están tensas o cansadas, tienden en aferrarse a su modo favorito. Por tanto, corresponde a cada uno usar su intuición y conocimiento para llegar a los demás en la forma en que ellos prefieran aprender y hablar de las cosas importantes.

Igualmente sugiere la investigación que muchos tenemos una necesidad inherente y tal vez heredada, de llegar pronto al grano. Necesitamos contexto y queremos saber adónde se dirige una cuestión o conversación. Nos impacientamos cuando alguien se lanza a una larga exposición que parece puede llevar a cualquier cosa. A otros, en cambio, les molesta un estilo directo y corto de comunicación; quieren detalles para formar su propio juicio sobre el punto central o la conclusión. Les gustan las historias largas y los finales de sorpresa, y cuando dicen "Cuénteme qué ocurrió" están preparados para invertir tiempo en escuchar.

Estas tendencias naturales no se pueden modificar; pero sí las podemos reconocer y proceder con mayor flexibilidad. Por ejemplo, si usted tiene la costumbre de abrir una discusión con un resumen de las conclusiones o distribuir memos de una página, podría también ofrecer a todos acceso a los recursos detallados, como documentos o personal clave que le ayudaron a usted a llegar a su decisión. Por el contrario, si usted gusta de contar historias, podría ganar más confianza de los partidarios de la exposición directa, colegas o clientes, empezando con el contexto, la razón por la cual va a contar esa historia.

Confianza es la base desde la cual podemos valorar mejor las posibilidades creativas de la diversidad humana y el conflicto. Cuanto más largo sea el radio de confianza, mayores serán las probabilidades de tener éxito en medio del barullo de la vida de trabajo. Adelantando este aspecto de nuestra aptitud emocional llegamos a la oportunidad de llevarnos bien y avanzar a pesar de los desacuerdos y conflictos, y en parte en virtud de estos, lo cual nos lleva al capítulo siguiente, que trata de lo que yo llamo descontento constructivo.

7

Descontento constructivo

ALFRED SLOAN, jefe de General Motors, dijo una vez en una reunión de la junta directiva que se preparaba para tomar una decisión muy importante: "Entiendo que todos están básicamente de acuerdo con esta decisión". Todos manifestaron su conformidad. "Siendo así —agregó Sloan—, yo propongo que aplacemos la decisión, pues mientras no haya algún desacuerdo, no entendemos el problema".

Aristóteles dijo: "El tiempo no existe sino por el cambio". Una de las preguntas que yo les hago a los grupos de negocios con que trabajo es: ¿En medio de los cambios contemporáneos, qué llegará usted a ser como individuo y como miembro de una compañía que toma decisiones una tras otra? La respuesta a esta pregunta se revela en cómo responde usted al conflicto.

> ¿Has aprendido lecciones sólo de los que te admiran y son bondadosos contigo y te ceden el paso? ¿No has aprendido nada de los que se te enfrentan y te disputan el paso?
>
> **Walt Whitman**
> Poeta norteamericano,
> 1819-1892.

Cuando nos plantamos y tratamos de negar el cambio u oponerle resistencia, nos hacen a un lado o caemos, sintiéndonos heridos o coléricos o temerosos y reaccionarios. En cambio, si encontramos maneras de anticipar y acoger el cambio —lo cual requiere inteligencia emocional—, aun cuando caigamos, la experiencia del cambio nos da vida. Crecemos en lugar de morir. Como dijo William Blake: "Sin contrarios no hay progresión".

No hace mucho, me pidieron que asesorara a un equipo de enlace en una firma de servicios internacionales, que trabajaba en una propuesta para un contrato con una compañía multimillonaria. El socio gerente me dijo al contratarme: "En este momento somos los últimos entre las cuatro firmas invitadas a licitar. Haga usted lo que pueda para hacer nuestro equipo más creativo. Manténgalos abiertos a nuevas posibilidades. Por lo menos, veamos si no podemos rediseñar nuestra manera de hacer propuestas en el futuro".

En el equipo de enlace, formado por 19 miembros, había especialistas en diversas disciplinas y expertos de todo el país. Ya se habían venido reuniendo durante un mes. El líder del equipo me envió un voluminoso expediente sobre la industria mundial del presunto cliente, además de artículos e informes sobre las últimas estrategias de análisis. Leí esos materiales y reflexionando en lo que la intuición me decía, preparé un "cuadro de posibilidades" para una compañía que tuviera como meta transformar su industria y ser la proveedora número uno en todas las categorías de sus mercados.

Llegué el sábado a las 8 A.M. a la reunión del equipo de enlace y escuché durante una hora la lectura de informes. Ya se había pedido al redactor designado que terminara de escribir la propuesta, aunque faltaba un mes para presentarla. Hubo murmullos de asentimiento alrededor de la mesa y todos se sintieron aliviados y próximos a poner fin a aquel asunto.

Finalmente el líder del equipo me preguntó si yo tenía alguna pregunta que hacer. Yo dije: "A mí me han pedido asistir a esta reunión como catalizador externo, como una fuente de lo

> Su deber como líder es crear una atmósfera que transforme los antagonismos en energía creadora.
>
> **John Kao**
> Harvard Business School

que podría llamarse descontento constructivo. Reconozco que no soy un experto en la industria del cliente ni en los métodos exactos de servicio de ustedes. Pero para mi papel en este equipo, creo que eso es una ventaja. Mi primera pregunta es: ¿Cuál es la meta más importante y urgente para el presunto cliente en los próximos años?"

Mientras algunos refunfuñaban, distribuí copias de mi cuadro de posibilidades. "No estamos seguros", dijo uno de los socios contestando mi pregunta. "Yo creo que aspiran al liderazgo nacional", dijo otro. "Se me ocurre que van a comprar pronto otra compañía", observó un tercero. En realidad, nadie sabía, Yo dije:

"Mi instinto me dice que, dejando a un lado la política, la propuesta que gane este negocio será la que mejor se ajuste a la visión que el cliente tiene del futuro. ¿De acuerdo?"

Asintieron. "Vamos a averiguarlo —sugerí yo—. ¿Cómo hacemos eso?" En pocos minutos el equipo produjo un plan.

Yo pregunté en seguida: "¿Quiénes son los tomadores de decisiones del cliente en este asunto?" El director de marqueting se levantó y fue apuntando nombres en el papelógrafo a medida que se los dictaban. Doce en total. "¿Cuántas de esas personas tienen voto realmente?", pregunté yo. La lista se redujo a cuatro, más el presidente. "¿Y hacia quién se inclinan en este momento esas cinco personas, a ustedes o a un competidor... y por qué?" Esto provocó un alud de corazonadas y puras conjeturas. Se vio claro que necesitábamos mayor seguridad sobre este punto. La tarea se encargó a dos miembros.

"¿Cuál es la mayor ventaja para ustedes si ganan esta licitación?", pregunté.

"El contrato, naturalmente; ¿qué más?", contestó un socio con impaciencia.

"No —replicó el líder del equipo—. La mayor ventaja será ganar los contratos de consultoría con el cliente en los próximos años. Allí es donde percibiríamos mayores ingresos. Hasta podríamos perder en el contrato inicial, pero nos posicionamos para ganar los contratos de consultoría".

Se entabló la discusión sobre cómo se podría lograr eso. Mi última pregunta fue: "En vista de lo que se ha discutido hoy, ¿cuánto tiempo pueden esperar antes de finalizar su propuesta por escrito?"

Muchos parecían incrédulos. "¿Esperar? ¿Por qué esperar si ya estamos casi listos?"

"Tal vez tengan razón —les contesté—. Pero por lo que he observado hoy aquí, no estoy muy seguro, y les diré por qué".

Recapitulé brevemente algunos puntos que había que aclarar y les expliqué el Efecto Zeigarnick, que indica que cuando terminamos temprano una iniciativa importante y queremos poner fin al asunto, el proceso creativo se suspende. No más ideas ni cambios. Pero si mantenemos las cuestiones y posibilidades abiertas el mayor tiempo posible, hay mayor probabilidad de innovar y tener éxito. Sin duda esta actitud es contraria a la mentalidad de muchas compañías, pero puede resultar sorprendentemente eficaz.

Ya iban a dar las doce y era hora de que los miembros del equipo hicieran la crítica de la sesión. Para decirlo claro, me pusieron como nuevo. "Esto ha sido una pérdida de tiempo", afirmó un gerente. "Ya habríamos podido terminar", señaló otro con mal humor teniendo a la vista mi cuadro de posibilidades. "Claro que siempre es bueno tener un consultor de fuera —dijo uno de los socios— pero es evidente que tenemos que seguir adelante". El líder del grupo, que me conocía y conocía mi trabajo, explicó una vez más por qué me habían incluido a mí en el equipo y pidió a sus colegas mantener el rumbo y permanecer abiertos.

La sesión se levantó y yo me retiré. No tenía ni idea de lo que podría suceder. A veces en casos como este la resistencia es tan grande que nada cambia. Pero yo he aprendido a confiar en el proceso, y a veces ocurre algo inesperado en el mundo de los negocios, o un miembro del equipo se propone ahondar en las cosas y empieza a cuestionar abiertamente y tal vez a modificar la manera como el grupo enfoca los problemas y las oportunidades.

El miércoles siguiente recibí una llamada del socio mayoritario, encargado del equipo. Después de nuestra reunión del sábado habían ocurrido muchas cosas que afectaban la propuesta. El lunes por la mañana se había enterado de que un ejecutivo clave de la compañía que había solicitado las propuestas había renunciado a su cargo. El mismo lunes por la tarde el competidor más serio y que tenía más opción entre los licitantes fue descalificado por conflicto de intereses. El martes surgió un grave problema operacional en la compañía cliente y el presidente estaba furioso. El miércoles por la tarde, antes de la llamada telefónica, el equipo de enlace volvió a reunirse, pero esta vez el tono del grupo había cambiado radicalmente y, según me dijo el líder, mi credibilidad había aumentado. Los miembros del equipo convinieron voluntariamente en permanecer abiertos todo el tiempo posible creando y revisando la propuesta. El espíritu era de entusiasmo y posibilidad. Todo el trabajo que fuera necesario valdría la pena. Tal fue la nueva conclusión del equipo.

El mes siguiente fue muy agitado. Lo que ocurrió se debió en gran parte al descontento constructivo y otros aspectos de la inteligencia emocional. El resultado fue que a última hora hubo un cambio de política y el trabajo de auditoría se confió a la misma firma que lo venía haciendo, pero a mi cliente se le adjudicó la tajada del león en futuros contratos de consultoría, que eran en realidad el premio gordo de toda la licitación.

Esta es una de las muchas experiencias que he tenido, de cómo el descontento constructivo trae sus recompensas. Ejecutivos de Ford, Levi Strauss, Sun Microsystems, Honda, Motorola, Chrysler, 3M, Hewlett-Packard y muchas otras compañías, grandes y pequeñas, han encontrado que esto es cierto y en muchos casos sumamente lucrativo. Como dice Peter Senge, del Centro de Aprendizaje Organizacional del MIT, "La clave para lograr apertura en el trabajo es enseñarle a la gente a abandonar la idea de que hay que estar de acuerdo. El acuerdo no tiene importancia. Hay que sacar a la luz las paradojas, los conflictos y dilemas, para que colectivamente podamos ser más inteligentes que individualmente".

Creo que la cultura de alto CE de las oganizaciones prósperas del siglo XXI estimulará a la gente para aceptar que el desacuerdo y el descontento son inevitables, y para aprender nuevas maneras de captar las energías creadoras que surgen cuando abandonamos la obligación de estar de acuerdo. Mire a su alrededor. ¿Cuántas personas aun antes de oír lo que usted va a decir toman una posición defensiva, hasta hostil, y manifiestan desaprobación o dudas, escepticismo y crítica? Groucho

Marx dijo una vez: "Sea lo que sea, yo estoy en contra". ¿Hablaba de la vida organizacional? Paradójicamente, los esfuerzos por vencer la resistencia casi siempre terminan por empeorarla.

Los líderes del futuro ya están avanzando en la dirección contraria. Ofrecen respeto y confianza. Frente a la resistencia y la crítica permanecen abiertos: curiosos, receptivos y aprendiendo constantemente. Acogen el desacuerdo como un estímulo para buscar calidad e innovación. Por esta razón muchos gerentes exploran diversas maneras de legitimar el conflicto como parte natural y sana de la cultura de una empresa. Intel tiene por norma estimular a todos para "contenerse" ante una nueva idea en forma responsable (poniendo a prueba los supuestos y la validez de una innovación) hasta que se haya demostrado la confiabilidad de la idea, su coherencia y aplicabilidad. Los ejecutivos de Motorola hablan con orgullo de la "cultura de debate" de su empresa. Scott McNealy, presidente de Sun Microsystems, ha elogiado públicamente la disensión por encima del consenso.

El diálogo abierto, vigoroso y muy emocional también se ha vuelto característico en la firma Levi Strauss, donde trabajadores y gerentes patrocinan el libre flujo de ideas, sentimientos y sugerencias. A principios de los años 90 la compañía estaba perdiendo millones de dólares de ingresos que le quitaban sus competidores, más rápidos para sacar nuevas líneas de productos y reponer las existencias de los distribuidores. El presidente de la junta directiva Robert Haas resolvió tomar más en serio facultar al personal, y empezó a pedir sistemáticamente a más de 6 000 de sus 36 000 empleados sus ideas sobre cómo mejorar las operaciones de la compañía. El aporte de éstos está influyendo en forma dramática en la reorganización de los sistemas de marketing, manufactura y distribución de la empresa, que se está llevando a cabo con una inversión de US$500 millones. "No estamos haciendo esto porque nos haga sentirnos bien, como es el caso, sino porque creemos en la interconexión entre liberar los talentos de nuestra gente y el éxito de los negocios". Haas estima que una fuerza de trabajo diversa, facultada y constructivamente descontenta es una rica fuente de innovación y compromiso.

Valor constructivo del descontento

El descontento puede ser un semillero de ideas creativas y oportunidades de crear más confianza y conexión. Aprendiendo a valorar el descontento se pueden derivar de él grandes ventajas para su carrera, sus clientes y su compañía:

- *Conciencia.* El descontento y el conflicto realzan el reconocimiento de lo que realmente es importante para usted y para otras personas —lo que les interesa y por lo cual están dispuestas a pelear.
- *Exposición de problemas.* El diálogo sobre áreas de frustración e irritación identifica obstáculos en las relaciones, costos excesivos, desperdicio de tiempo, injusticias, mala calidad y procesos y proyectos ineficientes.
- *Empatía aplicada.* El sentido de empatía sólo tiene significado cuando se aplica, y en tiempos de dificultades y conflicto en el trabajo nuestro sentido de empatía se pone a prueba. ¿Puede usted avenirse a entender el valor de la diversidad y las diferencias en otros, y aprovechar esto como una ayuda para progresar?
- *Confianza.* Sólo en un ambiente en que podamos ser reales —abiertos y francos y libres para disentir— podemos aceptarnos a nosotros mismos y a los demás, y así crear y sostener genuina confianza.
- *Inclusión y participación.* Morton Deutsch, pionero psicólogo social, sostiene que descubrir cómo creen las personas que se relacionan sus valores y metas es una manera muy útil de entender cómo trabajan mejor unas con otras. Una cosa es hablar de facultar a la gente y de asociados en una empresa; y otra cosa es demostrarlo y vivirlo aceptando toda la gama de ideas y sentimientos diversos en el trato diario y el diálogo, e integrar las necesidades de la gente (de respeto, de ser oídos, de contribuir) con los requisitos del buen trabajo.
- *Colaboración creativa.* Aceptación y consentimiento no contribuyen a la innovación y el avance. El descontento constructivo sí puede ser un catalizador para producir nuevas ideas, darles forma, reflexionar y avanzar.

- *Mejores soluciones.* Discutir sentimientos opuestos y puntos de vista distintos nos obliga a penetrar bajo la superficie de las cuestiones, generar percepciones y producir soluciones más adecuadas e integradas para los problemas.
- *Aprendizaje en la acción.* Hay un justificado interés en que las compañías se conviertan en "organizaciones de aprendizaje", y el debate y el conflicto se cuentan entre los más valiosos catalizadores en un laboratorio de aprendizaje, dentro o fuera de las paredes de la corporación. Como decía Mark Twain burlonamente: "El que agarra al gato por la cola aprende 44 por ciento más rápido que el que sólo observa".
- *Reto y compromiso.* La investigación indica que un sentido de participación apasionada en el trabajo hace subir el estado de alerta del cerebro. El descontento constructivo mantiene el trabajo más vivo y significativo, con un más alto sentido de que las ideas de uno y su aporte están ayudando a dar forma a algo que vale la pena.
- *Ahorro de tiempo; aumento de la oportunidad de hacer trabajo real.* Muchos directivos pierden más tiempo evitando o suavizando las diferencias que si hablaran abiertamente de ellas. Bien guiado y valorado, el descontento creativo reduce el tiempo que se pierde en disputas destructivas, maniobras secretas, politiquería, falsas suposiciones, conductas ambiguas, malentendidos, repetición de tareas, etc.

En muchas organizaciones he encontrado que el deseo de los directivos de evitar los desacuerdos se basa, o bien en falta de experiencia para manejar un diálogo acalorado, o bien en el temor de perder el control si la oposición se intensifica. Tememos decir lo que preferiríamos callar, o sea lo que realmente sentimos y pensamos.

Lo que no vemos es que una cooperación de alto nivel puede surgir espontáneamente aun dentro de equipos o firmas con muchos individuos que piensan con independencia, sin una autoridad central dominante. Robert Axelrod, profesor de ciencia política en la Universidad de Michigan, investigó los principios universales de la cooperación estudiando una amplia gama de egoístas en situaciones de colaboración y de competencia. Lo que resultó de tales estudios fue una serie de principios que todos parecen adoptar siempre: evitar conflictos innecesarios, responder en caso de provocación impertinente, perdonar en seguida, y actuar en forma muy clara para que los demás sepan cuál es exactamente su posición en todo momento. Esto suena como una descripción de CE en acción.

Es importante observar que esto es algo más que simples desahogos, los cuales por sí solos no llevan a resultados útiles. Stanley Kalms, fundador y presidente de Dixon's, el conglomerado británico de minoristas, ve la otra cara de la medalla. Cuenta que en una de sus tiendas vio una mercancía en exhibición y le dijo al joven comprador encargado: "Eso no me parece muy bueno", esperando que el joven replicara: "Ah, es espléndido; le voy a decir por qué". Pero no fue así, sino que retiró el producto. "Yo no quería que lo retirara —explica Kalms—. Lo que quería era estimularlo para que lo defendiera. Es una pena que la voz de un jefe haga eso, pero eso fue lo que sucedió".

En una acalorada discusión, ejecutivos y directivos encuentran a menudo difícil lograr un compromiso o imponer consenso. Esto me recuerda la definición que da Ambrose Bierce de *compromiso*, como una solución de un conflicto que deja a todas las partes igualmente *descontentas*. Lo que se necesita aquí es ayuda del líder para que las personas puedan canalizar sus sentimientos en acción práctica, constructiva. Esto requiere el valor de cuestionar los supuestos, propios y ajenos, lo cual no significa tener razón; significa usar su emoción para iniciar un cambio de atención y luego quitarse de en medio, dejando que todos juntos encuentren la solución, en lugar de sentirse obligado a dar uno mismo la solución.

D x D x M > S

Esta es una ecuación para cambio eficaz, que ha ayudado a muchos ejecutivos y compañías a aclarar el poder del descontento constructivo. Si se quiere producir un cambio eficaz, hay que tener *D*, que representa *descontento* con las cosas como están. Este es el valor inmediato del descontento: sin él, hay un sentimiento inconsciente de estar en piloto automático, acompañado a menudo de complacencia o falta de atención, y no puede ocurrir ningún cambio duradero. La primera *D* se multiplica por una segunda *D,* que representa *dirección:* un camino claro, abierto, por el cual se pueda hacer algo remunerativo y producir el cambio deseado. Sin una dirección precisa en que moverse, los sentimientos de descontento no se canalizan en forma construtiva; antes bien, se enconan y producen un sentido de frustración, recelo y duda.

Descontento x *Dirección* se multiplica en seguida por *M, movimiento,* que representa los pasos específicos o actividades que, como "imanes emocionales", lo impulsan a uno hacia el cambio deseado. Sin este movimiento inicial, todo se queda en deseos y no se va a ninguna parte. El producto D × D × M tiene que ser mayor que S, o sea el *statu quo:* el conjunto de creencias arraigadas, actitudes rígidas y la vieja mentalidad de su grupo u organización: en suma, la resistencia al cambio.

Piense en un cambio específico, urgente, que usted quisiera hacer personalmente o con su equipo u organización. Evalúelo usando la fórmula D × D × M > S. ¿En dónde debe concentrar su atención y liderazgo para que el cambio tenga éxito?

Todos sentimos un impulso instintivo para hacer uso de la fuerza a fin de vencer la resistencia, pero en muchos casos eso no funciona. Jean-Paul Sartre puede haber tenido en parte razón cuando escribió que "el infierno son los demás". En realidad lo son si nosotros somos de los que no aceptan desacuerdos y creen que la obligación del líder es "vencer la resistencia"; pero no lo son si desarrollamos nuestra aptitud emocional, que incluye flexibilidad para acoger el desacuerdo y derivar beneficios de manejar con franqueza y respeto los conflictos de perspectivas o sentimientos.

Jan Timmer, presidente de Philips, la gigantesca productora holandesa de aparatos electrónicos, tomó el mando durante una crisis reciente, y hoy Philips ha vuelto a la cima, con ventas de US$34 000 millones. Haciendo frente a una rígida cultura que estaba perdiendo rápidamente participación de mercado, Timmer lanzó la Operación Centurión para cambiar las relaciones internas del personal, con la meta de aumentar la honestidad y compartir abiertamente información, sentimientos e ideas. El programa reúne a profesionales de todo rango, productos, funciones y países para discutir planes estratégicos, ideas para productos y servicios, y procesos. Todas las voces se escuchan con igual atención. No se permiten ataques personales ni juegos de poder, pero se estimula el desacuerdo abierto, aun con la alta gerencia. Después de dos años de lanzada la Operación Centurión, Timmer dice: "Ahora las relaciones son distintas. Asistiendo a reuniones a veces muy emotivas sobre asuntos muy difíciles, todos aprenden a conocerse y respetarse mutuamente. Ese es el hecho más importante que ha contribuido a nuestro éxito".

> En los grandes equipos el conflicto se vuelve productivo. El libre flujo de ideas y sentimientos conflictivos es crítico para el pensamiento creativo, para descubrir nuevas soluciones a que ningún individuo habría llegado por sí solo.
>
> **Peter Senge**

La Operación Centurión se ha ampliado a lo que los ejecutivos de Philips llaman "la nueva forma de vida". Comprende discusiones improvisadas en las plantas y de "cabildo abierto" en que los gerentes deben contestar todas las preguntas de los empleados. En todas las oficinas y talleres se pone papel en blanco para que el que quiera exponga por escrito sus comentarios, críticas e ideas. "Fue bastante difícil —comenta Timmer—, pero los mejores gerentes salieron muy bien, y la ventaja fue que empezamos a obtener lo mejor de nuestra gente. Los directivos empezaron a escuchar la voz de los talleres, donde hay tantos conocimientos. Los directivos tuvieron que desinflarse un poquito, no darse tanta importancia, pero había que hacerlo".

El desacuerdo creativo es también característico en Honda Motor Company. "Escuche, pregunte y hable" es uno de los principios operativos de esta innovadora compañía que siempre busca la calidad y ha sido llamada la compañía mejor administrada del mundo. Allí se fomenta y hasta se exige a los empleados cuestionar constantemente ideas, decisiones y procesos. Takeo Fujisawa, uno de los fundadores de Honda, dice: "Dentro de la compañía hay sonidos discordantes. El presidente tiene que orquestarlos para producir armonía. Pero no queremos demasiada armonía. Es preciso cultivar el gusto de hallar armonía en la discordancia, o de lo contrario se aparta uno de las fuerzas que mantienen viva la compañía". La cultura de autocrítica y diversidad creativa de Honda la diferencia de muchas grandes compañías japonesas que en el pasado han recalcado el conformismo y la obediencia.

El progreso de Honda, que en veinticinco años pasó de ser un pequeño taller local de motocicletas a ser una importante productora de automóviles, se centra en descontento creativo. Las diferencias de ideas, sentimientos y perspectivas entre sus diversos departamentos se fomentan activamente, con la idea de que ellas mejoran los productos finales. Por ejemplo, los equipos de diseño y desarrollo se integran con ingenieros de disciplinas periféricas, no familiarizados con la tecnología que se está desarrollando. Hay concursos de ideas abiertos a todos en la compañía, y las mejores reciben apoyo organizacional, tiempo y financiación. Pocas o ningunas de esas ideas surgirían de los canales tradicionales de desarrollo de productos. Los cuarenta altos ejecutivos de Honda trabajan en una área común y comparten seis escritorios, para estimularlos a permanecer incómodos y creativos. La mayoría trabajan juntos en mesas de conferencias, lo que estimula la interacción abierta y el debate constructivo. A los ingenieros jóvenes se les dan responsabilidades extraordinarias y se les anima para que se enfrenten abiertamente a sus superiores en sesiones de diálogo y debate.

Esto tuvo su origen en el caso de un joven ingeniero a poco de haberse fundado la compañía. El joven, que era nuevo en Honda, oyó decir que la

> Las compañías que crean el futuro son rebeldes. Son subversivas. Quebrantan las reglas. Están llenas de individuos que llevan la contraria en todo, sólo por iniciar un debate. En efecto, están llenas de personas a quienes no les importaba que de vez en cuando las mandaran a la oficina del rector.
>
> **Gary Hamel y C.K. Prahalad**
> "Seeing the Future First", *Harvard Business Review*

Conexiones con Cuadro de CE: Descontento constructivo
Véanse las siguientes escalas del Cuadro de CE como puntos de reflexión relacionados con este capítulo: expresión emocional, conciencia emocional de otros, conexión interpersonal, intención, descontento constructivo e intuición.

gerencia quería nuevas ideas y se enredó en una acalorada discusión con el socio fundador Soichiro Honda a propósito de un concepto novedoso que él había concebido sobre los méritos relativos de los motores enfriados por agua y los enfriados por aire. Como el Sr. Honda no parecía captar bien el punto, el joven ingeniero, convencido de la bondad de su idea, se declaró en huelga durante un mes y se retiró a un monasterio Zen. Impresionado por el valor apasionado del joven y la firmeza de sus convicciones, el Sr. Honda cambió de parecer, para bien de la compañía. El joven ingeniero que lo convenció era Tadashi Kume, hoy presidente de Honda.

CE EN ACCIÓN

Descontento constructivo: punto de partida para aplicarlo

Aprovechar el descontento constructivo requiere práctica. Es una dimensión de la aptitud emocional que crece con el uso. Van a continuación algunas sugerencias de cómo empezar a desarrollar este aspecto de inteligencia emocional en los negocios:

• **Usar el poder de arrastre**. Arrastre es un proceso descubierto en 1665 por el científico holandés Christiaan Huygens, por el cual se ponen en equilibro productivo los ritmos de la voz y la emoción. Es un principio ya aceptado en la ciencia moderna, y Frederick Erickson, del Laboratorio de Interacción de la Universidad de Pensilvania, ha mostrado que ocurre también en las conversaciones. Una manera de aplicar este principio es tomar parte en un diálogo *hablando lenta y tranquilamente*, sin negar ninguna de las emociones presentes pero sin dejarse tampoco demoler por ellas. A medida que la discusión se acalora, cambie de ritmo hablando con calma y más lentamente, lo cual arrastra a los demás a una mayor conciencia del proceso de diálogo y abre mentes y corazones. Los líderes que hacen esto demuestran enorme presencia al permitir que el desacuerdo continúe pero desarmándolo, invitándolo como un catalizador para estimular el diálogo y comprometer las energías creadoras del grupo *sin* permitir que ningún individuo ataque a otro. Uno arrastra al grupo manteniendo el centro. Esta es una de las raras destrezas que lo harán destacarse y, paradójicamente, lo llevarán a mayor colaboración con equipos y sociedades en todos los niveles.

• **Conservar la calma cuando los ánimos se enardecen**. Recuerden lo que me pasó a mí con la crítica del equipo de enlace. Los adversarios y los escépticos le dicen a uno exactamente lo que les molesta. Sus palabras duelen. Al principio se siente uno tentado a contestarles y "ponerlos en su sitio" con una andanada de brutales palabras. No haga eso. Apenas replica usted airadamente, hace imposible que los demás se expresen con franqueza, lo cual mata la colaboración y sopla las llamas de la desconfianza y el recelo. Lo que hay que hacer cuando venga el dardo del comentario es reconocer uno el

> Cuando dos personas en los negocios están siempre de acuerdo, una de las dos sobra.
>
> **William Wrigley, Jr.**
> 1861-1932, ejecutivo norteamericano

brote instintivo de furia pero aprovechar esa energía para aprender en lugar de defenderse. ¿Cómo? Aumentando su curiosidad, por ejemplo, ofreciendo un poco de empatía extra. Diciéndose a sí mismo: "Él realmente no me está gritando *a mí*; está gritando para sí mismo, y está muy bien que se desahogue". Luego pregúntese: "¿Qué puedo deducir de esto?"

• **Comprometer el CE de todo el grupo**. Reconocer lo que otros sienten y piensan no quiere decir que uno tenga que estar de acuerdo con ellos; quiere decir que, cualesquiera que sean esos puntos de vista y esos sentimientos, son reales, y por lo menos en este sentido la persona tiene derecho a ellos. Decirle: "Comprendo cómo se siente usted", o "Si yo estuviera en su lugar, probablemente me sentiría también muy disgustado", confirma que a la otra persona se le escucha. Piense en adoptar alguna expresión abreviada y no amenazadora para aclarar la situación, como se explicó en el capítulo 5.

• **Escuchar más intensamente para aumentar la comprensión**. Extienda sus sentidos durante un diálogo, aun cuando sólo tenga un minuto para escuchar. Si alguien se opone a sus sentimientos o su posición, trate de entender, acoja la oposición y aprenda. No olvide que si los demás del grupo se oponen, es porque tienen interés. En algunos casos la resistencia proviene de la renuencia a elegir. ¿De qué manera podría usted apoyar algo que sea muy importante para el otro? ¿Percibe algunos puntos de acuerdo entre su propia posición y la del otro? Vale la pena recordar que para la persona que los experimenta, los sentimientos son hechos. A veces un solo comentario tranquilo basta para apaciguar una reacción emotiva exagerada y promover una solución creativa. Por tanto, no se apresure a contestar. Más bien, escuche mejor. No sirve de nada decirle al otro que se calme. Eso sólo le hace sentir que se le niega su derecho a sentirse molesto.

• **Equilibrar la defensa de una causa con la indagación.** Aquí la prioridad es hacer visibles sus sentimientos y su proceso de pensar —sacarlos a la luz en el diálogo—, y pedirles a los demás que hagan lo mismo. Los consultores de aprendizaje organizacional Charlotte Roberts y Rick Ross recomiendan crear confianza y claridad en medio de la discordia con afirmaciones como estas:

"Esto es lo que a mí me parece sobre este punto".
"Esto pienso, y así fue como llegué a esta conclusión..."
"Supuse que..."
"Llegué a esta conclusión porque..."
"Para ver mejor lo que yo digo, imagínese que usted es el cliente de quien estoy hablando".
"¿Qué puede usted agregar a esta idea?"
"¿Qué lo lleva a usted a pensar que...?"
"¿Me podría ayudar a entender sus ideas sobre esto?"
"¿Ha tenido usted en cuenta...?"
"Cuando usted me dice tal y tal cosa, me temo que eso significa que..."
"¿Qué le parece a usted que es cierto o correcto, aun cuando todavía no tenemos los datos?"
"¿Estaremos partiendo de supuestos muy distintos?"

• **Identificar posibilidades de cooperación.** Uno puede detenerse periódicamente durante un debate acalorado para hacer y contestar la pregunta: "¿Qué he aprendido hasta aquí?" Identifique maneras concretas en que usted y los demás adelanten más cooperando que oponiéndose unos a otros. Usted está comprometido a usar la energía del conflicto para crear soluciones mejores para todos. "¿Qué cree usted que va a pasar si no encontramos la manera de trabajar juntos?" es una pregunta que puede activar nuevos puntos de vista y plantear alternativas.

- **No ponerse a la defensiva; hablar por experiencia propia.** Una de las mejores maneras de tender puentes de confianza en medio de una acalorada discusión es no ponerse a la defensiva ni sermonear a los demás. Esfuércese por hablar por su propia experiencia. "Me doy muy bien cuenta de las dificultades que tenemos para llegar al fondo de este asunto y encontrar una solución. Una cosa en que estoy pensando es mi propia lucha por aprender a _____. Quiero poner esto sobre la mesa como una experiencia que se relaciona con el asunto y podría tener algún valor". Estimule a los demás para que procedan en igual forma. Yo he comprobado que una actitud así, clara y franca, puede interrumpir ciclos de argumentación, de señalar con el dedo y buscar culpables, y de pugnas internas por intereses y antagonismos personales. Todos los presentes sienten la empatía y presencia emocional de usted y prestan atención a lo que usted tiene que decir.

- **Decir no cuando quiere decir que no.** Es usted el que tiene que hacer conocer su posición. En lugar de andarse con rodeos por temor al qué dirán, diga que no si eso es lo que piensa, o que no sabe si no sabe. Peter Block nos recuerda que "nuestro modelo deben ser los niños de seis años. Ellos hablan claro; aceptan o rechazan; les gusta o no les gusta; dicen sí o no. Punto... Si nos parece que no podemos decir que no, entonces nuestro *sí* no significa nada". Muy bien dicho. Lo que se busca es una manera de ser firmes sin encerrarse dentro de una muralla, y de respetarse a sí mismo pero respetando los derechos, opiniones y sentimientos de los demás. Las medias palabras, suposiciones y rumores son más destructivos que la verdad para las relaciones y las empresas.

- **Cumplir lo prometido.** Como nos recuerda el estratega Gary Hamel, "Si ejecutivos nerviosos abren un diálogo y luego no hacen caso de los resultados, envenenan la fuente". Tenemos que tener claridad sobre los compromisos que adquirimos durante el diálogo, y luego cumplirlos.

• **Manejar el enojo en forma productiva.** Al expresar opiniones francas, muchos esperamos protección del enojo de otras personas. ¿Pero es esto lo que en realidad queremos? Como ya lo hemos visto, irritación, pasión, discordia y aun breves brotes de ira suelen ser parte del diálogo activo. Son una inversión emocional que hace la conversación viva, creativa y real. No hay duda de que hay que respetar y guiar la frustración y el enojo. Desahogarse de éste sin ningún miramiento puede convertirlo en cólera o agresión y afectar al corazón y causar problemas de salud. Sin embargo, es un error tratar de suprimir las emociones o suponer que son siempre un ataque personal. En muchos casos no lo son. Y a menudo confirman cuán hondamente nos interesan las cosas.

En su *Ética nicomaquea* Aristóteles escribe sobre el carácter, la voluntad y la importancia de dominar las emociones. Observa cuán difícil es ser una persona emotivamente inteligente y expresar los sentimientos adecuadamente. "Cualquiera se puede enojar: eso es fácil. Pero enojarse con la persona indicada, en grado conveniente, en el momento oportuno, con un fin justo y en la forma correcta —eso no es fácil". El reto no ha cambiado desde los tiempos de los antiguos griegos hasta la época moderna.

Cuando se aprovecha a tiempo y en forma constructiva, el enojo transforma: aviva valor y creatividad, nos hace corregir injusticias, nos induce a hablar claro y estimula el progreso. No nos deja estar muy cómodos y complacientes. Expresado apropiadamente, genera enorme cantidad de energía. He aquí algunas recomendaciones para captar la facultad constructiva del enojo e impedir que se convierta en ira, odio, hostilidad o agresión:

Pregúntese: ¿En qué he sufrido desengaño? Puede ser que otra persona lo haya decepcionado, o usted mismo se ha desilusionado. Si es así, de eso es de lo que tiene que hablar y tomar medidas para que no vuelva a ocurrir. Una vez que haya identificado el origen de su desengaño, hágaselo saber a la persona responsable:

"Estoy resentido de que no me hayan llamado a tomar parte en ese equipo creativo".

"Me siento molesto por la manera como usted me ha hablado".

"Estoy enojado de que no hayan hecho caso de mí en la reunión".

"Estoy enojado conmigo mismo por haberle quedado mal al departamento en la fecha acordada".

Afirmaciones absolutas como aquello de "Usted siempre me falla", o "Ya me la hicieron una vez", y otras por el estilo, frenan en seco la expresión productiva del enojo y envuelven a todos en una nube de negativismo y pesimismo. Siendo más específico sobre el motivo de su frustración promueve usted una relación más clara, más confiable y flexible.

Infortunadamente en muchas compañías tratan de ahogar toda manifestación de enfado o desagrado para que todos estén contentos y tranquilos, o peor aún, nos decimos mentiras: "Oh, no hay ninguna razón para sentirse molesto". Ocultar así los sentimientos no sirve para enderezar las cosas, no hace desaparecer la energía emocional. A muchos gerentes se les ha enseñado a suponer que si la gente siente enojo o desengaño deja de contribuir a la compañía. No es verdad. Lo que sí crea un estado permanente de inconformidad es no poder experimentar o expresar esos sentimientos en una forma sana.

• **Aceptar que hay cínicos que, por más que uno haga por ganar su voluntad, no quieren cooperar.** Cuando alguien critica abiertamente y con genuino interés a una persona emocionalmente inteligente, ésta acoge el mensaje con el corazón lo mismo que con la cabeza, reflexiona, busca el valor que pueda tener la crítica. Si no lo tiene, nada se ha perdido; al contrario, se puede estrechar más aún la relación con la otra persona. En cambio, cuando alguien critica por maldad (o por ulteriores motivos y con hablillas y chismes a espaldas de uno) la persona de alto CE lo conoce y ataja los dardos con el intelecto pero no los deja entrar a envenenarle el corazón. Es preciso reconocer que hay un pequeño porcentaje de personas a quienes sólo mueve el rencor y que se niegan a tomar parte en un diálogo abierto o a contribuir a mejorar la empresa o la comunidad. Ofrezca a tales personas recursos si cree que eso pueda servir de algo, pero no trate de mimarlas. Sobre todo, no cuente con su apoyo para nada que tenga importancia para usted. Si trabajan para usted, piense en buscarles otro trabajo que les acomode mejor, o despídalas.

• **Captar el valor de las quejas habituales.** De acuerdo con varios estudios, sacar a la luz las quejas habituales de la gente puede ser una de las mejores maneras de aumentar la productividad. Por ejemplo, William Arnold, presidente de Centennial Medical Center, de Hospital Corporation of America, instituyó un programa de atender a las quejas habituales. En un período de cuatro años, de 1989 a 1993, el flujo de caja subió de 11 a 30 millones de dólares, las deudas incobrables bajaron a menos de 0.5 por ciento, los días de cuentas por cobrar disminuyeron de 78 a 44, la rotación de personal disminuyó más del 50 por ciento y las utilidades aumentaron más del 33 por ciento.

Arnold probó y desarrolló el sistema con ayuda de Jeanne Plas, profesora de psicología en Vanderbilt University. Sus estudios sugieren que las quejas crónicas roban la energía a millones de personas. Pocos directivos hacen caso de ellas pero son la causa más importante de pérdida de iniciativas en las compañías. Pregúntese a cualquier empleado descontento por qué ha dejado de aportar su iniciativa personal al trabajo y lo más probable es que le cuente la misma historia de frustración: se quejó de algo que andaba mal y no le hicieron caso. Tal vez se quejó una segunda vez. No pasó nada. Entonces reaccionó desconectando su energía y su creatividad de la organización. Se aisló.

Los motivos de queja no desaparecen simplemente porque la gerencia no los tome en cuenta, dicen Arnold y Plas, coautores de *The Human Touch*. La verdad es que es preciso sacarlos a la luz. En compañías que carecen de vitalidad y potencial de crecimiento, los jefes tienen muchas maneras de ahogar las quejas: Le dicen al empleado descontento que "escriba un memorando"; o ponen los ojos en blanco como diciendo: "Estoy de acuerdo, pero usted sabe que aquí los jefes no quieren saber nada de eso". Pero cualquiera que sea la estrategia que se use, el mensaje es que las quejas y las críticas no tienen un lugar legítimo en la organización.

Cuando los jefes ven que sí se atiende a sus quejas e inquietudes, la energía represada en el descontento se libera para ser usada con fines constructivos. En la empresa británica NatWest Life los empleados de una sección estaban muy quejosos del gerente, que según ellos no administraba bien su tiempo ni daba una clara dirección. Pero en cuanto el gerente atendió a las quejas y se comprometió a cambiar su método de gerenciar y comunicarse, "hubo una corriente de energía del personal, que comprendió que el proceso de cambio era real, y quiso participar. La atmósfera de desgana se disipó y todos mostraron más entusiasmo y confianza en sí mismos".

Cuando los jefes escuchan, la tendencia es discriminar rápidamente entre las quejas que se relacionan con los productos o servicios y las que obedecen a intereses personales. En las etapas iniciales muchos creen que las más importantes son las primeras. Pero se equivocan. Las personales son igualmente importantes. La energía que se gasta en quejarse de tardanza para reembolsar cheques, mala calidad de la alimentación, máquinas vendedoras que no funcionan, espacios de estacionamiento demasiado estrechos, falta de teléfonos en las áreas de reunión y conferencias, oficinas mal ventiladas o sin buena calefacción, y cosas por el estilo, es energía que no se está empleando para hacer el oficio. Además, estas cuestiones afectan profundamente al bienestar de los empleados.

¿Qué pasa si nadie parece hacer caso de nuestras inquietudes? Todos hemos experimentado ocasiones en que nuestras legítimas quejas no son oídas, o en que la mano del destino pone un obstáculo en nuestro camino. Esos son los días en que necesitamos una gran capacidad de adaptabilidad emocional y elasticidad. Además, todos llegamos al fin a enfrentarnos al hecho de que hacer más de lo mismo, aunque más rápidamente y más duro y más tiempo, no es la mejor manera de realizar más. Agotados por la lucha y el exceso de trabajo, nos cegamos, no vemos mejores caminos y empezamos a producir menos y menos. El espíritu se debilita. Estos son los tiempos en que necesitamos renovación emocional. Y estas tres características de la aptitud emocional —adaptabilidad, elasticidad y renovación— constituyen el tema del capítulo siguiente.

8

Elasticidad y renovación

EL 10 DE MARZO DE 1986 un avión de línea se estrelló en la falda de una montaña. Todos los pasajeros perecieron, entre ellos la hermana de mi cuñado, su esposo y sus tres hijitos, de edades de cuatro, seis y ocho años, que iban en un viaje de vacaciones. Cuando los demás de la familia y todos los que los conocían nos enteramos del accidente, nuestra vida cambió.

Pensé entonces de cuántas maneras cambian los seres humanos durante su vida. Si tenemos suerte, muchos de los cambios son voluntarios; pero inevitablemente somos también formados por la manera como sentimos y reaccionamos a los golpes de la fortuna o cambios de circunstancias. Éstos son los más profundos y los que más duran. Siempre son emocionales. Nos anclan y nos liberan.

Recuerdo otra experiencia, hace un cuarto de siglo. Era a fines del verano y la empresa de energía eléctrica había mandado unos obreros a conectar un cable a una casa que yo había construido, con su anexo para trabajar. Yo daba clases por las noches y seguía en la universidad un curso completo. Pero ese día tuve que salir y durante mi ausencia algo pasó con la nueva línea de transmisión y estalló un incendio.

Cuando regresé por la tarde, no encontré sino escombros. Todo lo que yo poseía se había quemado: mis libros, diarios y planes, álbums de fotos, premios de la escuela, el ejército y la universidad: todo. Hasta tarde de la noche me quedé mirando las ruinas humeantes, todo lo que quedaba. Era una imagen cargada de emoción. Con lágrimas en los ojos consulté mi corazón e hice el propósito de recuperarme. Esa misma noche empecé a construir un nuevo futuro.

Mi esposa, Leslie, tiene en su escritorio un letrero que dice: "La adversidad forma el carácter". Claro que también hay otras maneras de formar el carácter, pero la adversidad levanta la cabeza. Recuerdo que mi abuela decía que Dios no le da a uno cargas que sus hombros y su corazón no puedan soportar. Yo aconsejo a mis clientes que busquen un lugar tranquilo donde haya sol y pasen un tiempo recordando tres o cuatro de sus propias historias de aprovechamiento y formación de aptitud emocional. Según los antiguos investigadores y los modernos científicos del cerebro, así es como *realmente* aprendemos, por las historias de nuestra experiencia humana de crisis superadas, tragedias afrontadas o evitadas, ayuda que llega a última hora o no llega nunca, buenas intenciones y tonterías cometidas. Como nos recuerda Charles Handy:

> Pida a varias personas que le cuenten las dos o tres experiencias de aprendizaje más importantes de su vida, y nunca le hablarán de los cursos que siguieron o los grados que obtuvieron, sino de roces con la muerte, de crisis que encontraron, de nuevos retos inesperados y confrontaciones. Le hablarán, en otras palabras, de ocasiones en que para ellas se rompió la continuidad, en que no tenían experiencia ni reglas ni manual de qué echar mano. Sobrevivieron, sin embargo, y volvieron más fuertes y más adaptables de mente y corazón.

Le recomiendo que se tome unos minutos para escribir una breve síntesis de dos o tres de tales historias tomadas de su propia experiencia, y luego reflexione sobre maneras específicas en que su trabajo y su vida se beneficiaron con ellas.

EL CARÁCTER DE LOS GRANDES

La historia nos recuerda que hombres y mujeres famosos han tenido sus épocas de dificultades. Una y otra vez han tenido que vencer obstáculos formidables y sufrir contratiempos y rechazos. La manera como hicieron frente a esas experiencias formó su carácter. Su triunfo al fin se debió a que no sucumbieron a sus errores y derrotas. Todos experimentamos tiempos de dificultades en la vida y el trabajo. Cómo respondemos con instinto e intuición creativa y cómo reflexionamos después, nos trasforma el corazón y da forma a nuestro futuro lo mismo que al de los que nos rodean.

Todos reconocemos que nada que valga la pena se logra sin errores y contratiempos, pero tememos esas experiencias. Hablamos de la ley de Murphy, según la cual si algo puede salir mal, saldrá mal... El destino, las estrellas, mala suerte. Pero hay algo más. Los retos difíciles son el "laboratorio vivo" de la inteligencia emocional. La adversidad, no la comodidad, es la prueba del carácter. Winston Churchill decía: "Triunfar es ir de fracaso en fracaso sin perder el entusiasmo".

> Sólo los que se atreven a fracasar en grande pueden realizar en grande.
>
> **Presidente John F. Kennedy**

Entusiasmo es una rara cualidad cuyas realizaciones todos admiramos. Adaptabilidad viene a ser el grado en que podamos mantener nuestro entusiasmo. Es también cómo seguimos con la corriente de circunstancias cambiantes, reglas, reglamentos y necesidades. Hay muchas situaciones en que no podemos controlar lo que ocurre, pero siempre podemos modificar nuestro modo de reaccionar a ellas. Esto es adaptabilidad, que a su vez estimula elasticidad.

A ésta se debió, por ejemplo, que la firma Mary Kay Cosmetics pudiera labrarse un nicho en la atrincherada y lucrativa industria de cosméticos empleando mujeres para la fuerza de marketing. Hasta entonces sólo se empleaban hombres para ese menester. Mary Kay Ash tuvo la corazonada de que las mujeres, reconociendo su propio valor y ayudándose unas a otras, lo harían muy bien en ese campo. Confió en la adaptabilidad femenina para crear equipos de vendedoras capaces de fijar sus propias horas de trabajo y equilibrar familia, trabajo y fe. Esta adaptabilidad ha caracterizado a la compañía desde sus comienzos y ha contribuido a un éxito excepcional de las empleadas y la organización.

También fue un fuerte sentido de adaptabilidad y elasticidad emocional lo que le permitió a Elizabeth Blackwell, hija de emigrantes ingleses de Bristol, ser aceptada como estudiante de medicina en Geneva College de Nueva York en 1847. Ya había sido rechazada por 28 facultades de medicina. Lo cierto es que las autoridades de Geneva College no querían aceptar a una mujer, pero por no disgustar al Dr. Joseph Warrington, eminente médico de Filadelfia que se había interesado profesionalmente en la joven y la había recomendado, dieron en la idea de someter el punto a votación entre los estudiantes, creyendo que estos la rechazarían. No fue así, sin embargo. Los estudiantes votaron por aceptarla... como un chiste.

La decisión fue final y la broma no duró mucho. Elizabeth Blackwell se graduó a la cabeza de su curso en 1849, primera mujer norteamericana que se doctoraba en medicina. Se afilió a la sociedad antiesclavista de Cincinnati y por invitación de Harriet Beecher Stowe se hizo socia del círculo literario Semi-Colon Club.

Su trabajo en medicina fue una lucha constante. En los hospitales donde estuvo como practicante era la única mujer y sus colegas varones se resentían de su presencia. Después de graduarse hizo su internado en la única institución que aceptaba una mujer médica, el Hospital de La Maternité, en París. Allí contrajo una enfermedad de los ojos, a consecuencia de la cual perdió la visión del ojo izquierdo y con ello la esperanza de ser cirujana. En 1850 empezó un año de internado en St. Bartholomew's Hospital en Londres y conoció a Florence Nightingale, con quien hizo una amistad de toda la vida. Regresó a los Estados Unidos en 1851 pero ningún hospital contrataba a una mujer médica. Entonces abrió en los barrios bajos de Manhattan, en Nueva York, una pequeña clínica o dispensario para mujeres y niños pobres, quienes recibían allí asistencia médica y drogas a muy bajo costo o gratuitamente. Consiguió donativos que le permitieron ampliar la clínica y tomar dos asociadas, su hermana Emily y Marie Zakrzewska, ambas recién graduadas en la escuela de medicina de Western Reserve College (hoy Case Western), donde habían sido admitidas con su ayuda. En 1857 abrieron en

Greenwich Village la Enfermería de Nueva York para Mujeres y Niños (hoy New York Infirmary-Beekman Downtown Hospital).

Elizabeth Blackwell regresó a Inglaterra en 1869, ayudó a fundar la British National Health Society y fue profesora en la recién abierta Escuela Femenina de Medicina de Londres. Se retiró en 1884 y un año después publicó su autobiografía, *Pioneering Work in Opening the Medical Profession to Women*. Fue sin duda una precursora, y si bien su despierta inteligencia fue indispensable, lo que le dio el triunfo fue su inteligencia emocional, su sentido de cómo soslayar los obstáculos, por ejemplo, y su capacidad de adaptación y elasticidad.

ADAPTABILIDAD EN ACCIÓN

Con el correr de los años he venido a apreciar las diversas maneras en que la adaptabilidad emocional activa y expande la adaptabilidad física y mental. Esta coordinación de capacidades ocurre *en la acción,* dándole al individuo una especie de flexibilidad en movimiento que puede verse como un anticipo del *flujo*, del cual trataremos más adelante. Estos son aspectos aprendidos de aptitud emocional que mejoran con la práctica y le ayudan a uno cuando presiente un súbito cambio de circunstancias o encuentra obstáculos en el camino. Dicho lo anterior, y a modo de contraste, veamos una anécdota de lo que *no es* adaptabilidad creativa, en palabras de Jack Kornfield:

> En respuesta a su solicitud de información adicional en la casilla No. 3 de su formulario, he puesto "mala planeación" como causa del accidente que sufrí. Estos son los detalles: Soy albañil de oficio. El día del accidente estaba solo, en el techo de un nuevo edificio de tres pisos. Terminé mi trabajo y me sobraron 500 libras de ladrillos. Para no bajar llevándolos a mano, resolví bajarlos en un barril valiéndome de una polea instalada al costado del edificio. Aseguré el cable en el suelo, volví a subir al techo, colgué el barril y lo llené de ladrillos. Bajé otra vez al suelo y desaté el cable pero sosteniéndolo fuertemente para ir dejando bajar poco a poco el barril con las 500 libras de ladrillos.

Observará usted en la casilla No. 11 de este informe que yo peso 150 libras. Me sorprendió tanto verme súbitamente elevado del suelo que no pensé en soltar el cable. Ni para qué decir que mi ascensión por el costado del edificio fue bastante veloz. Como a la altura del segundo piso me encontré con el barril que bajaba. Esto explica la fractura de la clavícula.

Apenas ligeramente retardado, seguí ascendiendo y no paré hasta que las falanges de mi mano derecha se atascaron en la polea. En aquellas alturas tuve la presencia de ánimo para recordar que no debía soltar el cable. Sin embargo, el barril de ladrillos golpeó el suelo y con tan mala suerte que se desfondó. Ya sin los ladrillos, el barril sólo pesaba unas 50 libras. Otra vez lo remito a usted al peso indicado en la casilla No. 11. Como supondrá usted, yo inicié un descenso rápido por el costado del edificio...

Un descenso rápido. Aquí no hay nada de adaptabilidad en acción, pero sí indicios de una nueva sabiduría y adaptación después de la acción. En casos tales, una dosis de humorismo suele ayudar. Me viene a la memoria el caso del estadista francés general Charles de Gaulle y su esposa, cuando fueron objeto de una tentativa de asesinato en las afueras de París en 1962. Las balas perforaron los neumáticos de su automóvil, que patinó violentamente, y el guardaespaldas que iba en el asiento de adelante les gritó que se echaran al piso. Ninguno de los dos se movió. Cuando al fin paró el vehículo, salieron sacudiéndose de la ropa las esquirlas de vidrio. "Tienen muy mala puntería", comentó el General.

Madame de Gaulle, a quien le preguntaron después si no había tenido miedo, contestó: "¿Miedo de qué? Habríamos muerto juntos y sin vejez". Esta es una buena historia de elasticidad emocional, que se caracteriza por un fuerte sentido de optimismo flexible y capacidad de recuperarse después de un mal suceso.

Hay personas que se creen más allá del bien y del mal y culpan a los demás o a las circunstancias por toda desgracia o paso en falso. Otros se culpan a sí mismos por todo. Cualquiera de estos hábitos puede traer problemas serios en los negocios y en la vida. Las personas emocionalmente inteligentes aceptan la culpa que en justicia les corresponda en equivocaciones y tropiezos. En el caso anterior, Madame de Gaulle no tuvo ninguna culpa ni se la atribuyó a sí misma ni a los guardias de seguridad o las circunstancias. Las personas emocionalmente inteligentes rechazan también el crónico sentimiento de piedad de sí mismas y martirio, que mencionamos en el capítulo 3.

David Glass, presidente de Wal-Mart, ha dicho que lo que más caracterizaba a Sam Walton era su capacidad de reconocer las equivocaciones de ayer, dejarlas atrás y seguir adelante con el trabajo de hoy. Era un optimista flexible. "Confiaba en los demás y no temía fracasar", dice Glass. El optimismo, como la esperanza y la confianza, significan tener un fuerte y duradero sentido de que las cosas saldrán bien a pesar de los tropiezos y pérdidas, las dificultades y frustraciones. "Mi consejo es encontrar combustible en el fracaso —dice el notable deportista Michael Jordan reflexionando sobre su vida—. A veces el fracaso lo acerca a uno adonde quiere ir... No importa ganar o no, siempre que se ponga todo el corazón en lo que se hace. Yo puedo aceptar el fracaso. Todos fracasan alguna vez. Lo que no acepto es que no se haga el esfuerzo".

> Nadie lo puede hacer sentirse a uno inferior sin su consentimiento.
>
> **Eleanor Roosevelt**

Hasta la fecha algunas de las pruebas más convincentes del poder de la adaptabilidad y elasticidad emocional, en particular del optimismo flexible para producir éxitos comerciales, provienen de los estudios realizados por el psicólogo Martin Seligman, de la Universidad de Pensilvania, con vendedores de seguros de la MetLife Company. Saber manejar los rechazos sin decepcionarse es esencial en toda clase de ventas, pero especialmente cuando se trata de un producto como seguros, en que la proporción de rechazos a aceptaciones puede ser muy elevada. Por esta razón, tres cuartas partes de los profesionales de ventas de seguros abandonan este oficio en los primeros tres años.

Seligman encontró, sin embargo, que nuevos vendedores que eran por naturaleza o entrenamiento optimistas y emocionalmente elásticos, vendían 37 por ciento más seguros que los pesimistas en los dos primeros años en el oficio. Y durante el primer año los pesimistas se retiraban a una tasa doble de los optimistas. Esto no quiere decir que la cautela no tenga valor, y a veces aun el pesimismo. Los desconfiados o pesimistas en un grupo agregan valor diciendo "Esperen un momento", induciéndonos a prestar oídos a nuestras corazonadas, a profundizar, a tomar en

> El éxito es 99 por ciento
> fracaso.
> **Soichiro Honda**
> Fundador de
> Honda Motor Company

cuenta muchos factores. Los líderes de prestigio tienen confianza en el futuro pero sin embargo son suficientemente abiertos para no desoír voces de cautela. También creen que siempre se puede aprender algo de los demás.

SENTIDO PERSISTENTE DE CURIOSIDAD Y ELASTICIDAD

Recuerdo que Albert Einstein es casi tan conocido por su humildad y compasión como por su genio científico. Aun cuando sabía que se le tenía por el físico más eminente de su generación, este juicio significaba poco para él. Se sentía personalmente obligado a entender el universo y cómo funciona, y frente a esa grandeza su reputación significaba poco. En esta forma, conservaba su humildad y persistente sentido de curiosidad; que es lo que a veces hacen algunos líderes excepcionales de los negocios.

Veamos el ejemplo de Dian Owen, quien con una combinación de fortaleza, humildad, elasticidad e inteligencia salvó del borde del fracaso, en medio de la amargura de una tragedia personal, a Owen Healthcare, compañía de administración farmacéutica hospitalaria de Houston. Esta empresa fue fundada por su esposo Jean, farmacéutico, con la idea novedosa de suministrar servicios completos de farmacia a los hospitales por contrato. La compañía suministra todo lo necesario: las existencias de medicinas y materiales, sistemas computarizados para llevar los inventarios, y los farmacéuticos y personal para manejar la empresa. Cuando Dian conoció a Jean Owen, ella trabajaba con una compañía petrolera supervisando las relaciones de la empresa con las dependencias gubernamentales encargadas de la reglamentación de la industria. Se casaron en 1969 y ella se unió a su marido para manejar el nuevo negocio. Jean había obtenido capital para éste, Pharmacy Management, de algunos contadores, quienes pronto pensaron que la rentabilidad sería mucho mayor si se deshacían de él. Un día, poco antes de Navidad y tres meses después de su matrimonio, Jean llegó a su casa y le dijo a Dian: "Hoy me han puesto en la calle".

En lugar de acobardarse y retirarse a la seguridad de empleos con sueldo, pensaron en iniciar una nueva compañía y competir con Pharmacy Management. Dian recuerda: "Una noche nos llamó a casa un cliente con quien habíamos estado negociando un contrato en los días en que Jean fue despedido. Quería decirnos que estaba listo a firmar el contrato. Jean tuvo que decirle que no podíamos firmar porque él ya no estaba con la compañía, pero también le contó que estábamos pensando en organizar nuestro propio negocio. El cliente dijo: "Muy bien. Esperaré hasta que estén instalados". Esto nos dio confianza para seguir adelante y fue el comienzo de Owen Healthcare". Dian y Jean pasaron los siete años siguientes haciendo crecer la compañía pero en 1976 vino el desastre.

Volando de regreso a Texas en su avioneta con dos empleados, Jean encontró inesperadamente una tormenta y se estrelló. Todos perecieron. Jean no se había asegurado y había millones de dólares de deudas. Muchas personas esperaban que Dian vendiera la empresa y la desgracia atrajo a muchos ávidos compradores. Como ella se negara a vender con pérdida a una firma de administración hospitalaria que tenía 23 de los contratos de Owen Healthcare, esa firma le canceló todos los contratos, que representaban 75 por ciento del negocio de Owen. En medio de tantas tribulaciones, Dian comprendió que para salvar la compañía tenía que hacer un esfuerzo supremo.

Y lo hizo, escogiendo un cuadro de consejeros de confianza y reorganizando la empresa con una combinación de estructura formal e interacción libre. Directivos y empleados tienen flexibilidad sobre cómo desempeñar sus oficios; las relaciones son abiertas y francas; el papeleo y las relaciones formales de dependencia se han reducido a un mínimo. En los últimos años la tasa de renovación de contratos se ha mantenido al ciento por ciento. Owen Healthcare emplea a 2 100 personas y genera ingresos superiores a US$320 millones al año.

Todos hemos experimentado el temor de la desaprobación o rechazo a manos de asociados o de una audiencia que consideramos importante. No es que no nos importe lo que piensen los demás; sí nos importa, pero necesitamos adaptabilidad y elasticidad emocional para tomar las decisiones acertadas y buscar consejo de aquellos en quienes más confiamos, entendiendo que a algunas personas no les gustará lo que vamos a decir o a hacer, pero que es importante de todas maneras que lo digamos o lo hagamos.

> **Conexiones con Cuadro de CE:**
>
> **Elasticidad y renovación**
>
> Véanse las siguientes escalas del Cuadro de CE como puntos de reflexión relacionados con este capítulo: sucesos de la vida, presiones y satisfacciones, intención, elasticidad, descontento constructivo, perspectiva, poder personal e integridad.

Otro ejemplo que viene al caso es el de W. Edwards Deming. En los años 50 sus ideas sobre liderazgo en calidad fueron rechazadas de plano en los Estados Unidos. Se fue al Japón, donde en todos los años siguientes ejerció una influencia muy importante. Y tanto, que el más alto premio de calidad en los negocios en ese país es el Premio Deming. En el decenio de los 80 los negocios norteamericanos empezaron a seguir el ejemplo y adoptaron sus "catorce puntos para adquirir calidad" como guía corporativa. A los 90 años de edad, Deming trabajaba jornada completa y su credo optimista era continuo aprendizaje y crecimiento. Creía que toda persona y organización está dotada de un potencial único que define un destino. Terminaba sus cartas para los jóvenes aspirantes diciendo: "Estoy seguro de que tengo mucho que aprender de usted". Deming, hombre elástico y optimista flexible, actuaba con el corazón.

Esto nos lleva a una cuestión que muchas personas de negocios desprecian o pasan por alto: la renovación. Renovación emocional. Que es una dimensión central de lo que comúnmente se llama equilibrio trabajo-familia o integración de la vida. Mary Catherine Bateson nos recuerda: "Mientras uno no esté en su centro en alguna parte, no puede estar en su centro en ninguna parte".

CE EN ACCIÓN

Crear elasticidad con espacio y renovación

Volvamos por un momento a la historia de Einstein. Una de las cosas que aprendió con los años fue que reponer las fuerzas era importante. Creía que esto no sólo lo mantenía en buena salud sino que también lo hacía más receptivo a nuevas ideas y más ingenioso para implementarlas. Tenía razón. Le encantaba tocar violín y reposar en su bote de vela o dejarse ir a la deriva en su canoa en las aguas cercanas a Princeton University. Si bien se sabe que se dedicaba con pasión a su trabajo, es menos conocido el hecho de que casi con igual pasión se dedicaba a las actividades que no eran de trabajo, como el bote, largas caminatas por la ciudad o el campo, pararse descalzo en los prados de la universidad y realizar tareas familiares ordinarias o aventuras infantiles. Valoraba lo que esto significaba para él en términos de descanso mental y se dedicaba a esas actividades aun siendo ya famoso. Esta es una lección para todos nosotros.

Los escépticos tomen nota: las estrategias de renovación y equilibrio trabajo-familia no sólo han entrado en la corriente principal de los negocios, sino que se han convertido en una fuente de ventaja competitiva. Las principales organizaciones reconocen que el trabajo y la familia y la revitalización

> Ganarse la vida no basta. El trabajo también tiene que hacer una vida.
>
> **Peter F. Drucker**
> Profesor de administración

tanto en el trabajo como fuera de él no son fenómenos separados. Están interconectados, a menudo íntimamente. Consideraciones del individuo y de la familia tienen que integrarse en el diseño del oficio, en los procesos de trabajo y las estructuras organizacionales. Esto ya está ocurriendo y *Business Week* ha reconocido las estrategias de trabajo y familia en Motorola, DuPont, Hewlett-Packard, Marriott International, Eli Lilly, First Tennessee Bank, MBNA America Bank, Unum Life Insurance y Merrill Lynch, entre otras.

Antes de pasar adelante quiero reconocer que hay días en que la elasticidad puede fallarnos y periódicamente nos falla. En tales momentos, tenemos que encontrar la mejor manera de recuperarnos y renovarnos. Tal vez se necesite una carrera o un abrazo, una charla con un buen amigo, unos pocos minutos al aire libre o al sol, un bocado agradable, una taza de té caliente o su música favorita. Aprenda a elegir lo que personalmente le dé mejores resultados y a captar e invertir la energía o estado de ánimo declinantes. Cada uno tiene que identificar destrezas prácticas para permanecer adaptable cuando empieza a sentirse tenso o cansado y para renovarse con regularidad por el camino.

La verdad es que la medida crucial del éxito en la vida tiene menos que ver con dinero que con espacio para respirar. Ese espacio es la habilidad de crear "islas de paz" en medio del ajetreo semanal de tareas, problemas y demandas que compiten por su atención y energía. ¿Cuántas veces no se ha dicho usted: "Si tuviera espacio para respirar"? Ahora es el momento de encontrarlo, aun cuando sólo sean cinco o diez minutos aquí o allí —y anotarlo en su calendario y captar los beneficios, empezando con el mejor sentido de estar bien y a placer.

Cuando trabajo con equipos administrativos y grupos de profesionales los oigo quejarse de que les es difícil sentirse "como en su casa" cuando están en casa. Como dedican tantas horas al oficio, parece que no pueden librarse de la sensación de estar trabajando. Las encuestas Gallup informan que "los estadounidenses se sienten fracturados, repartidos, despedazados por demandas encontradas del trabajo y el hogar". Y hay muchas pruebas de que la calidad de las relaciones que no son de trabajo influye en la productividad del oficio y en la resistencia a las enfermedades. Muchos de nosotros cuando llegamos a casa a vernos con las personas queridas sentimos que algo nos falta, un pedazo de nosotros mismos. A pesar de nuestras mejores intenciones, nos sentimos ateridos y desconectados. El oficio ha devorado tanto de nuestro tiempo y energía que nos queda muy poca para dar.

> Suprimir los límites de lo que una persona puede alcanzar puede ser una perversa invitación a agotarse. Es estimulante verse estirado al máximo de sus posibilidades, pero después de un tiempo, si no se afloja, revienta.
>
> **Michael Hammer**
> Estratega de negocios

Las investigaciones indican que en cualquier oficio hay una determinada intensidad cuando se trabaja, un ritmo que se puede sentir y es muy distinto, y probablemente más intenso que el que se experimenta cuando uno está tranquilo. Es indispensable que líderes y gerentes encuentren nuevas maneras de descansar en el trabajo y saborear aun cuando sea unos pocos minutos de alivio de las presiones de la diaria rutina. Esta es una manera de llevar por unos pocos minutos a dondequiera que se encuentre, aun al trabajo, una sensación revitalizadora de estar en casa —en su corazón e imaginación.

Una de las maneras más sencillas y útiles que he encontrado de ayudar a las personas a alcanzar esta recuperación es desacelerar el ritmo de su oficio con un breve período de transición. Quiero decir con esto, destinar los últimos minutos de su día de trabajo a algunas de las tareas de menor tensión, entre las cuales podrían incluirse devolver una llamada telefónica a una persona con quien le guste conversar, despejar su espacio de trabajo, finalizar el programa para el día siguiente u organizar proyectos futuros.

Los días en que asuntos sin terminar abruman sus pensamientos y su intuición, tome lápiz y papel, o ponga dedos en el teclado del computador y anótelos. Si se dice "No lo olvidaré; lo tendré en cuenta para mañana", lo más probable es que el subconsciente haga justamente eso y mantenga su mente ocupada y sus emociones agitadas toda la noche.

Para muchos, la transición del final del día es también un buen momento de reponer los nutrientes. Los investigadores han encontrado que muchas innecesarias disputas familiares han sido provocadas o exacerbadas por tensiones relacionadas con el hambre. Experimente. Vea si su equilibrio emocional mejora y si se siente más relajado y adaptable en casa cuando toma un refrigerio por la noche. Si se siente excesivamente estimulado por el trabajo y tal vez un poco tenso, tome un bocado de algún alimento bajo en grasas y proteínas pero alto en carbohidratos, como galletas de grano entero o frutas. Esto produce un surgimiento de triptófano, un aminoácido que activa el neurotransmisor del cerebro serotonina (mensajero químico) que promueve una sana respuesta de relajación.

Si, por el contrario, al final de la jornada se siente usted emocionalmente agotado y aun soñoliento, elija un bocado de bajo contenido de grasa y rico en proteínas, como una taza de yogur, un puñado de maní o un pequeño emparedado de pollo, atún, pavo, etc. Cuando se toma algo rico en proteínas se altera la estructura química del aminoácido tirosina y se estimula el grupo de neurotransmisores cerebrales conocidos como catecolaminas, que promueven aumento de la energía emocional y la vigilancia hasta por un período de tres horas.

Hay otras maneras de aumentar su aptitud emocional al terminar el trabajo del día y dirigirse a su casa. Yo recomiendo un sencillo "auditaje de transición". ¿La gran música le levanta el ánimo o le ayuda a descansar en medio del ruido del tráfico? ¿Cómo se siente cuando escucha un libro grabado en cinta? También puede hablar con un ser querido o un buen amigo por el teléfono celular; o usar una grabadora para dedicarse a un diálogo creativo acerca de un proyecto futuro o una oportunidad. Elija lo que más le acomode. Este desenganche mental y cambio emocional puede ser tan poderoso que lo lleve fácilmente hacia los ritmos lentos del hogar y llega usted más adaptable y lleno de energías.

El momento en que llegue a la puerta de su casa es el momento de prestar atención especial a sus sentimientos. Pocos se dan cuenta de que los primeros quince minutos pueden ser una zona de peligro para las relaciones, tiempo preferido para reconvenciones mutuas y en el cual se originan o se agravan la mitad de las disputas familiares. Hay una alternativa: ponerse de acuerdo por anticipado con el resto de la familia, para que los saludos sean distintos. Cuando alguno llegue a la casa, salude afectuosamente a los que ya estén allí, pero limite sus primeros comentarios a un medio minuto, más o menos, diciendo por ejemplo: "He tenido un día de muchísimo trabajo. Qué bueno es estar en casa", o algo por el estilo. En seguida tómese diez o quince minutos de tregua. Aplace hablar de los problemas del día (u oír los de su cónyuge, o sobre qué disputaban los niños, o qué aparato electrodoméstico se dañó, quién necesita dinero, etc.).

Esta especie de "zona amortiguadora" de transición le ayuda a recuperar el equilibrio emocional. Puede utilizarla para hacer algún ejercicio ligero, darse una ducha, ponerse una ropa casera cómoda, oír algo de música o relajarse con una taza de té o una copa de vino. En seguida ya puede hablar de los sucesos del día con sus seres queridos.

Esfuércese por introducir la mayor cantidad posible de humorismo. Recuerde el incidente más gracioso del día, compártalo con los demás y anímelos para que ellos procedan en igual forma. Conozco a muchos ejecutivos y empresarios que parecen tener miedo de divertirse. Yo mismo he sido uno de ellos durante ciertos períodos de mi vida profesional. Me parecía que si reía mucho o me relajaba mucho podía perder eficiencia; lo cual, según las investigaciones, no es cierto.

CREAR ALIANZAS DE APRENDIZAJE:
INTELIGENCIA EN SU VIDA

A medida que se amplía y profundiza el sentido de equilibrio entre trabajo y hogar, crea uno para sí mismo una base desde la cual responder y adaptarse no sólo a su propio crecimiento y a las necesidades cambiantes de la familia, sino también a su futuro. La aptitud emocional fortalece nuestro espíritu y condiciona la esencia sensorial del corazón para extender a otros un sentimiento de aprecio y apoyo.

Esto nos lleva a un punto importante. La inteligencia emocional no florece en el vacío. Una cosa es que por el momento se vea uno obligado por un empleador incomprensivo a trabajar sólo en su CE relacionado con el negocio; pero su vida fuera del oficio es otra cosa. Según mi experiencia, los ejecutivos, directivos y profesionales que han hecho el máximo progreso para desarrollar la inteligencia emocional son los que se han propuesto llevar la exploración y el desarrollo del CE al hogar y a su vecindario, a los grupos cívicos y religiosos y a las comunidades. Estos forman lo que yo llamo "alianzas de aprendizaje", asociaciones informales y grupos organizados dedicados a estudiar y discutir temas de interés. Interactúan para extender y profundizar el proceso de aprendizaje compartiendo experiencias y apoyo y forjando de paso fuertes amistades.

Yo recomiendo a los lectores compartir las ideas de este libro con sus seres queridos y sus amigos, y con todos los que estén dentro de su esfera de influencia, incluyendo a sus colegas en el trabajo, clientes, jefes, maestros y líderes de la comunidad. Piense en la posibilidad de organizar un grupo de estudios de CE. (Podría circular algunas copias de este libro y de *Inteligencia Emocional* de Daniel Goleman.) Como nos recuerda el profesor de la Escuela de Medicina de Harvard Robert Coles en *The Moral Intelligence of Children*, la experiencia diaria compartida entre adultos emocionalmente conectados parece ser el factor crucial para infundir un buen desarrollado sentido moral del carácter en los miembros de la familia de todas las edades. Dice: "La inteligencia moral no se adquiere únicamente memorizando reglas o en abstractas discusiones en el salón de clase. Crecemos moralmente como consecuencia de aprender cómo ser con los demás, cómo comportarnos en este mundo, aprendizaje que proviene de tomar a pecho lo que hemos visto y oído".

INTENCIÓN: PUENTE ENTRE EL SEGUNDO PILAR DEL CE Y EL TERCERO

En este segundo pilar de CE cada una de las cuatro competencias — presencia auténtica, radio de confianza, descontento constructivo y elasticidad emocional y renovación — contribuye a la aptitud emocional y crea un fuerte sentido de inspiración. La palabra inspiración significa "respirar hondo, llenarnos de un sentido animador de entusiasmo y confianza íntima. Poner en práctica la aptitud emocional requiere intención, la cual se puede ver como la conexión o "puente" entre el segundo pilar del CE y el tercero.

Profundidad emocional

Crea carácter e influencia,
y aviva su potencial, integridad y propósito

Uno de mis consejeros de negocios, hombre que surgió de la mayor pobreza y llegó a contarse entre los más distinguidos en su profesión, me decía un día que la vida y el trabajo parecen fluir como un río. A veces las aguas se arremolinan sobre una orilla y a veces, libres de viento y tormenta, fluyen mansamente llevadas por corrientes escondidas. Desde la orilla admiramos el espejo cambiante del agua, o en un bote o a nado cortamos la superficie pero poco aprendemos de lo que está en el fondo. En cambio, es posible que voluntariamente o debido a una tempestad u otra circunstancia nos veamos sumergidos bajo el agua, y desde ese momento o debido a lo que experimentamos y aprendemos ya no somos los mismos.

Mi amigo calló un momento y luego me preguntó: "¿Y usted? ¿Vive sólo en la superficie de su vida o se sumerg e en lo profundo?"

Muchas veces he meditado en estas preguntas. Cuando vivimos o trabajamos en un nivel emocionalmente superficial, las cosas pueden parecer relativamente fáciles y confortables, pero no hay una base sólida en que apoyarse. Acabamos por sentirnos vacíos y perdidos. La inteligencia emocional no puede medrar o expandirse sin profundidad emocional, tercer pilar del CE.

Cuando uno vive desde el fondo del corazón, cumple lo que dice, escucha la voz de la conciencia y no vacila en adoptar una posición. Su voz tiene el timbre de la verdad y es escuchada. Por la profundidad emocional descubrimos el potencial que define nuestro destino y nos conduce a la realización de nuestro propósito en la vida. Como dijo Emerson: "El carácter es más que intelecto".

John Shad, presidente que fue de la Comisión de Valores y Bolsa en la administración Reagan y después embajador en Holanda, donó a la Escuela de Negocios de la Universidad de Harvard (de la cual se había graduado en 1949) US$20 millones de su fortuna personal para fundar una cátedra de ética. La facultad se desconcertó un poco. ¿Ética? ¿Cómo se integra ésta en un curso de administración de negocios?

Al estipular que su donación se destinara en su totalidad a un programa de enseñanza de ética, Shad expresaba algo que para él era correcto y valía la pena. Actuó desde el fondo de su carácter y al mismo tiempo obligó a Harvard a mirar también al fondo de las cosas y cambiar. La facultad aprobó al fin el proyecto del curso y se esforzó por crearlo. Rápidamente el curso de ética se convirtió en uno de los más solicitados en Harvard. Se sigue dictando hasta el día de hoy, y con gran éxito.

Más tarde o más temprano todo líder se detiene a preguntarse a qué amplitud, profundidad y altura pueden llegar el corazón, la mente y el alma humana, para parafrasear las elocuentes palabras de Elizabeth Barrett Browning. Se puede decir que los dos primeros pilares del CE tratan de la amplitud emocional y el cuarto se referirá a la altura; pero este tercer pilar se destina a la exploración bajo la superficie de lo que uno es y lo que puede llegar a ser.

9

Potencial único y propósito

UNA DE MIS HISTORIAS FAVORITAS sobre potencial único y propósito interno es de la China en el siglo III a. de J. C. Es la historia de Sun Bin, cuya enseñanza, titulada *El arte perdido de la guerra*, duró perdida durante cerca de 2 000 años hasta que en 1972 se descubrió una versión casi completa, grabada en 232 pequeñas tabletas de bambú, en una antigua tumba en la provincia de Shangdong.

> Los más valientes son, sin duda, los que tienen el más claro propósito... y le salen al encuentro.
> **Tucídides**

La época de Sun Bin fue la de los estados guerreros, una época de caos y brutal competencia, no muy distinta de lo que ocurre hoy en muchas regiones del mundo. Según la tradicional antología conocida como *Estrategias de los estados guerreros*:

Usurpadores se instalaron como señores y reyes; estados manejados por pretendientes y conspiradores organizaron ejércitos para convertirse en grandes potencias. Se imitaban los unos a los otros y los que vinieron después siguieron el ejemplo. Con el tiempo, se derrotaron y se destruyeron unos a otros conspirando con dominios más grandes para anexarse dominios más pequeños, gastando años en violentas operaciones militares, inundando los campos de sangre.

Padres e hijos se enemistaron, los hermanos se peleaban unos con otros, maridos y mujeres se separaban. Nadie podía garantizar su seguridad. La integridad desapareció. Se llegó al extremo en que siete estados grandes y siete pequeños se disputaban el poder. Todo esto ocurrió porque los estados en guerra eran desvergonzadamente codiciosos y luchaban sin cesar por salir adelante.

Según antiguos documentos, el joven Sun estudió el arte de la guerra y la estrategia junto con un compañero llamado Pang Juan, que después llegó a tener un alto mando militar. El maestro era el misterioso sabio Wang Li, autor de un tratado clásico y muy sofisticado de estrategia. Cuando terminó el curso, Pang Juan fue contratado por la corte del estado de Wei donde le dieron el rango de general. Preocupado porque sus propias habilidades no eran iguales a las de Sun, Pang Juan conspiró para eliminarlo. Con ese fin lo hizo invitar a Wei con el pretexto de consultarle. Cuando Sun llegó, lo hizo arrestar y lo condenó a la tortura. Le cortaron los dos pies y le desfiguraron el rostro a fin de anularlo como un paria. Por eso desde ese día se le conoció como Sun Bin, "Sun el Mutilado".

Sin embargo, aquí no termina la historia. Sun Bin siempre había poseído un profundo sentido de su propio valer como persona y creyó que a pesar de su terrible experiencia podría continuar su vocación en la vida.

Estando aún en la prisión logró entrevistarse en audiencia privada con un emisario del estado de Qi. Su valor y sus conocimientos impresionaron grandemente al emisario, quien reconoció que el mutilado sería un aliado muy valioso y lo sacó clandestinamente de Wei para llevarlo a Qi. En adelante, la fortaleza y disciplina de Sun Bin le permitieron superar su deformidad física. Aprendió a expandir sus capacidades interiores. Fue nombrado estratega y asesor militar del famoso general Tian Ji, quien admiraba mucho su intuición y sus consejos en el terreno. Años después sus conocimientos estratégicos fueron inmortalizados en la popular obra *Estrategias extraordinarias de cien batallas,* del erudito militar Liu Ji de la dinastía Ming.

Las tácticas de Sun Bin se centraban en asegurar la victoria con mínimo daño y mínimo costo. Si fuera posible, ambas partes debían poner fin al conflicto sin humillación. Sus principios se pueden aplicar a muchos sucesos de la vida, distintos de la guerra. Si queremos remediar condiciones opresivas, por ejemplo, debemos entenderlas y cómo nos afectan. Tenemos que conocernos, conocer nuestros retos y saber dónde estamos y adónde vamos.

IDENTIFICAR SU POTENCIAL ÚNICO

Como lo sabía Sun Bin, todos quisiéramos dedicar nuestra vida a las cosas que son importantes, que son profundas. Esto requiere en primer término llegar a conocer nuestros talentos y ponerlos al servicio de nuestra vocación. Es lo que algunos líderes, y en particular Joseph W. Gauld, autor de *Character First*, denominan *potencial único.*

Esto es algo que rara vez se reconoce o se explora activamente en los negocios. Lo más común es que se pase totalmente por alto. En muchas compañías hay una regla no escrita: tratemos de corregir lo que anda mal y dejemos que nuestras capacidades se encarguen de sí mismas. La teoría es que si uno trabaja para corregir las

> Nunca es demasiado tarde para ser uno lo que habría podido ser.
>
> **George Eliot (Mary Ann Evans)**
> 1819-1880; novelista inglesa

debilidades de un individuo o equipo, el individuo o el equipo se harán más fuertes. Esto es como suponer que si usted escribe un ensayo sin errores tipográficos ni gramaticales, automáticamente será una gran pieza literaria. No es así. Análogamente, éxito no es lo contrario de fracaso. No todos pueden realizar lo que se proponen. Naturalmente, es muy bueno aspirar, pero, como nos lo han mostrado Sun Bin y otros líderes, la aspiración tiene que vincularse directamente con el potencial único y propósito de uno. Sólo entonces puede uno levantarse para hacer frente a los retos del éxito, pase lo que pase.

Si el potencial único de la persona se basa en sus aptitudes más bien que en sus debilidades, ¿qué pasaría si estudiáramos los aspectos buenos de la gente, en vez de los malos? Con esta pregunta se iniciaron más de 40 años de investigación continua sobre los pensamientos, sentimientos y conductas de las personas que han tenido éxito. La firma que lleva a cabo los estudios es SRI Gallup, firma de investigación y consultoría que ha revisado a fondo a más de 250 000 vendedores de éxito, gerentes, líderes, ejecutivos, maestros y otros profesionales.

Esta investigación sugiere que ejecutivos y personal directivo deben plantearse el siguiente interrogante: ¿Cuáles son mis mayores aptitudes y talentos? A la verdad, todos podemos hacer una o dos cosas mejor que cualesquiera otras diez mil personas. ¿Cómo define usted esas aptitudes que le permiten descubrir su razón de vivir, su potencial único y propósito? Considere estas características:

1. *Es un anhelo.* Uno lo siente; es algo que lo atrae a usted hacia una actividad más que hacia otra, como un imán.
2. *Es algo que le satisface plenamente.* "Le encanta hacerlo". Este tipo de satisfacción no se encuentra cuando faltan talentos o aptitudes.
3. *El aprendizaje es fácil.* Se aprende rápidamente y es emocionante aprender.
4. *Se sienten momentos de fluir.* Usted siente que es algo natural para usted y se ve a sí mismo desempeñándose bien en este campo.

Naturalmente, uno debe tener conciencia de sus lados flacos, pero principalmente para reconocerlos y manejarlos, no porque podamos necesariamente "corregirlos". Abraham Maslow nos recuerda que muchos "tendemos a evadir el desarrollo personal porque nos puede producir cierto temor. Así encontramos otro tipo de resistencia, que es la negación de nuestras mejores cualidades, nuestros talentos, nuestros mejores impulsos, nuestras más altas potencialidades, nuestra creatividad". La manera de ir más allá de tal resistencia es desarrollar nuestra inteligencia emocional y valorar y aplicar nuestras capacidades y talentos mejorando al mismo tiempo nuestra habilidad para manejar nuestros lados flacos. Don Clifton, presidente de SRI Gallup, y Paula Nelson cuentan la anécdota siguiente:

> David Brown, corredor de bolsa de Nueva York, se ganó en 1989 más de US$500 000 en comisiones, con lo cual se colocó entre el uno por ciento más alto de los corredores de valores del país. Pensó que si pudiera destinar el ciento por ciento de su tiempo a su capacidad primaria, que era trabajar con clientes, podría subir sus comisiones a US$750 000 anuales. Para lograr esto aisló sus áreas débiles: específicamente papeleo e informes y actividades que consumían más de un 30 por ciento de su tiempo. Adoptó nuevas estrategias para "manejar las debilidades" y quedar libre para ejercer sus aptitudes en el transcurso de los doce meses siguientes y realizar su meta. Que fue lo que hizo.

Antes de que hubiera un Boeing hubo un Wilbur y un Orville Wright; antes de AT&T hubo un Alexander Graham Bell; antes de Microsoft aparecieron Bill Gates y Paul Allen; antes de la CNN hubo un Ted Turner; antes de FEdEx hubo un Fred Smith. Toda nueva industria, producto, servicio y movimiento ha tenido sus fundadores creativos, visionarios que siguieron sus corazonadas, identificaron su potencial único, se comprometieron con un propósito e indicaron el camino para construir algo grande. La investigación muestra que la gente realiza su trabajo más creativo y eficiente cuando ama lo que hace —no sólo lo tolera o le gusta. Con demasiada frecuencia seguimos un rumbo no porque sea el que nos apasiona sino porque es lo que quieren o esperan otras personas. Puede que hagamos un trabajo eficiente o bueno por ese rumbo, pero sería muy raro que fuera un gran trabajo y virtualmente nunca es trabajo creativo. Un poco más adelante en este capítulo vamos a introducir varias maneras de explorar sus talentos e identificar su potencial único. Luego, como la aguja de una brújula, uno es conducido por rumbos de propósito y vocación.

Propósito es su brújula interna

Un propósito es más que una buena idea; es un camino emocional en su trabajo y su vida, que le ofrece orientación y dirección. Es la conciencia y guía que lo define a usted por lo que es y lo que más le interesa, más bien que por dónde se encuentra en el momento. Con esta vocación y propósito, para decirlo con palabras de Mary Catherine Bateson, es "como uno compone la vida". Propósito no es estrategia o meta, aun cuando atrae poderosamente estrategias y metas; es el fin fundamental de su existencia y de la existencia de su organización.

Un propósito, en el sentido más lato, es aquello a lo cual usted y las personas de su equipo o su compañía quieren contribuir. El propósito principal del trabajo es crear una empresa de su propia elección y en la cual uno cree. Como dice Kenichi Ohmae, estratega japonés de negocios: "Las estrategias de éxito no son el resultado de un análisis riguroso sino de un proceso que es creativo e intuitivo, más bien que racional". Y de ahí debemos "crear constancia de propósito", según recomendaba W. Edwards Deming en el primero de sus catorce puntos de transformación personal y corporativa. Él se contaba entre los que comprendieron que sólo identificando su vocación única como individuo y empresa puede uno descubrir su propósito. Sólo cuando nos dedicamos de todo corazón a ese propósito y lo conformamos con nuestro trabajo diario podemos crecer y tener éxito.

El compositor Michael Hoppé mostró desde niño marcada inclinación por la música, pero sus padres se burlaban de él llamándolo "el soñador" y le decían que los artistas eran egoístas, irresponsables, y que lo que debía hacer era dedicarse a los negocios. Él les obedeció y llegó a ser un alto ejecutivo de PolyGram, una de las mayores compañías grabadoras del mundo. Dotado de oído musical, llevó a su sello notables compositores y artistas. Sin embargo, él seguía componiendo secretamente su propia música, llevado a ello por una vocación irresistible.

Un importante productor cinematográfico le pidió una vez que le llevara muestras de lo que su compañía podía ofrecerle. Hoppé grabó una cinta con música de sus artistas y pasó largo tiempo escuchándola con el productor, que rechazaba artista tras artista. "No, no, eso no es lo que yo quiero —decía—. ¿No tiene usted nada que me sirva?"

En eso llegaba la cinta al final de la grabación y se oyó un trozo de una composición del propio Hoppé. Éste por equivocación había grabado la música de los otros artistas en una cinta donde tenía algunas de sus propias composiciones. Quiso parar la grabadora pero el productor exclamó:

"¡Este sí. Este sí es nuestro compositor!" En ese momento el potencial único y propósito de Michael Hoppé quedó libre. Desde entonces ha seguido la dirección de su brújula interior y ha escrito música para largometrajes que han sido premiados en los festivales cinematográficos de Nueva York, Houston y San Francisco, o han llegado a finalistas para el Oscar. Sus composiciones musicales han ganado 15 discos de oro y platino, y *The Yearning* fue elegida por los editores de *CD Review* como el disco condensado del año. Cuando yo la escucho, siempre me acuerdo de que según el criterio de otras personas no debía haber compuesto esas melodías.

Cuando estamos sintonizados con nuestros sentimientos tomamos mayor conciencia de las diversas partes de nosotros mismos y de lo que queremos y necesitamos. Algunas de estas cosas pueden ser contradictorias entre sí y sólo uno mismo puede discriminarlas, intuyendo lo que es más hondo y más importante.

> Vivimos en una época en que la mayoría de las personas creen que no llevan nada por dentro, salvo lo que los maestros, los padres y otros han puesto allí.
> **Michael Cassou y Stewart Cubley**
> *Life, Painting, and Passion*

El presidente John F. Kennedy contaba que unos muchachos irlandeses apostaban carreras por los campos de su país. Cuando llegaban a una cerca y no se atrevían a saltarla, se desafiaban a ver cuál era el primero que tiraba su sombrero por encima de la cerca para verse obligado a ir a recogerlo. Propósito es tirar uno el sombrero por encima de la cerca al futuro, para inspirarse a seguirlo. Hay aquí dificultad y magia.

Entre las muchas maneras tradicionales de formar carácter y liderazgo, la más profunda de todas es la formación de un propósito, de encontrar su verdadero centro en el trabajo y en la vida. Esto requiere muchísima dedicación y reflexión, pero se puede encontrar. Lo han encontrado grandes hombres y mujeres y organizaciones, y lo siguen haciendo. Frederick Buechner escribió que propósito, o "el lugar adonde a uno lo llama Dios", es "el lugar donde se encuentran la profunda alegría de uno y la profunda hambre del mundo".

Así pues, propósito es algo por lo cual siempre se trabaja aun cuando nunca se alcanza. Mientras no reconozcamos y vivamos de acuerdo con nuestro potencial único y propósito, la vida puede parecer un rompecabezas al cual le falta una pieza. Le falta la "profunda alegría" y razón de ser. Trabajamos y dormimos, ganamos dinero y lo gastamos, experimentamos nuestra cuota de placeres y dificultades y hasta podemos ser muy diestros para manejar proyectos y hacer que trabajamos, pero llevamos un vacío por dentro y hay un vacío en nuestras organizaciones.

Más tarde o más temprano, algo despierta un fuerte sentimiento que nos llama a un camino particular, como diciendo "esto es lo que tengo que hacer; esto es lo que yo soy realmente". Es una cosa que no se puede fingir; tiene que ser auténtica. ¿Puede usted afirmar con un *sí* de todo corazón la declaración: "Mi vida satisface mis más profundas necesidades"? Durante siglos hemos buscado el término exacto para designar esta vocación. Los romanos hablaban de *genius*; los griegos, de su *daimon*. Keats nos aconseja buscarlo en el corazón, no en la cabeza. Miguel Ángel, con su ojo intuitivo, percibía una imagen única en el corazón de la persona que esculpía.

> Qué nos espera y qué queda atrás son cuestiones de pequeña monta en comparación con lo que llevamos por dentro. Y cuando sacamos al mundo lo que llevamos por dentro, ocurren milagros.
>
> **Henry David Thoreau**
> 1817-1862. Escritor y naturalista norteamericano

Casi nunca es demasiado tarde en la vida para descubrir una vocación y dedicarse a lo que para uno es más importante, *un propósito*. Naturalmente, hay quienes seguirán jugando o ganándose una lotería, o arreglándoselas para enriquecerse en otras formas sin un propósito. Pero no oímos decir que se hayan realizado en la vida ni cuánto han crecido y aprendido; tienen dinero, nada más.

Reflexionando sobre el poder del propósito, Joseph Campbell escribe:

"Puede que usted tenga éxito en la vida, pero pregúntese ¿qué clase de vida fue? ¿De qué le sirvió si nunca hizo las cosas que quería hacer ni fue adonde su corazón y su alma querían ir? Cuando encuentre ese propósito, sígalo y no permita que nadie lo desvíe de él". Para encontrar ese sentimiento de propósito, empiece por imaginarse que puede hacer todo lo que quiera, todo lo que le parezca su mayor motivación o sueño. El propósito profundo es más grande que las necesidades y deseos. Es la brújula interior del corazón que lo mantiene en su verdadero rumbo, en la dirección de sus capacidades personales y su aporte a la humanidad.

Uno de mis métodos favoritos para descubrir potencial único y propósito es el de los *cinco porqués*, serie de preguntas que usaron nuestros antiguos mentores y han aplicado en años recientes los investigadores de negocios Jim Collins y Jerry Porras. En su esencia es esto: empiece con una declaración descriptiva: Yo me inclino a hacer X o yo tengo capacidades para Y, y luego pregúntese cinco veces: ¿Por qué es esto importante? Después de unos pocos porqués, sentirá que está llegando a un propósito fundamental. Luego reflexione y aclare lo que ha encontrado. Escríbalo. Póngalo a prueba. Siga preguntándose: ¿Me parece bien? Y si no, ¿por qué no? Los cinco porqués permiten a un individuo o a un grupo adoptar hacia su trabajo una actitud más creativa y significativa.

DESCUBRA SU POTENCIAL ÚNICO Y PROPÓSITO

He aquí una serie de consideraciones para iniciar el proceso y repasarlo de tiempo en tiempo, a fin de aumentar la claridad y el foco:

1. ¿Cuáles creo que son mis mayores capacidades y disposiciones personales, aquellas cualidades que constituyen mi potencial único? Recuerde que su propósito es crear algo, no corregirlo. Haga una lista de las capacidades y direcciones (que sus disposiciones le indican) que son naturales y espontáneas, las destrezas que más le guste expresar. Describa cada una en una o dos palabras. Encierre en un círculo las cinco aptitudes o disposiciones más altas que tenga. Escriba un resumen en una o dos frases. Mi potencial único es:_____

2. Si yo tuviera tiempo y recursos ilimitados, ¿qué eligiría hacer? Cuando reflexiono sobre mi vida personal, ¿qué actividades considero las de mayor valor?

3. ¿Cuáles son las relaciones más importantes de mi vida?

4. ¿Cuáles son los papeles más importantes de mi vida? Mucha frustración proviene del sentimiento de que tenemos éxito en un papel (por ejemplo, como ejecutivos, profesionales o empresarios) a expensas de otros papeles importantes, tales como los de padres o esposos. Equilibrio entre sus diversos papeles no quiere decir que tenga que concederles igual tiempo a todos; significa permanecer consciente de todos ellos y tomar medidas para enderezarlos a la realización de su propósito. Podría comenzar observando áreas en que sus pasiones en la vida son iguales o refuerzan las de otros miembros de la familia, y planear con ellos actividades en las cuales en lugar de sentir que están actuando sólo por cumplir con un deber todos encuentran un camino para el disfrute individual y compartido y para el crecimiento. Se opera así una sinergia, y aun cuando usted pueda destinar el mismo tiempo que antes a ese papel, ahora se siente más en sintonía con sus seres queridos y más conectado con ellos. Nombre una o dos cosas específicas que podrían influir significativamente en cada uno de sus papeles. ¿Cómo padres, esposos, hijo o hija? ¿Amigo o amiga? ¿Líder o empleado? Preste oídos a su intuición.

5. ¿En qué clase de trabajo reside mi pasión dominante? Estas son dimensiones de mí mismo con las cuales sueño y hacia las cuales quisiera poder canalizar más energía y tiempo. Cuando reflexiono sobre mi vida de trabajo ¿qué actividades considero las de mayor valor?

6. ¿Quién es la persona que tiene mayor influencia positiva en mi vida? ¿Qué hace excepcional a esa persona?

7. ¿De qué estoy más orgulloso en mi vida? Describa cómo ha ejercido usted una influencia fundamental en su negocio, su comunidad o su familia. ¿Cuáles son los mayores aportes que usted espera hacer? Proyecte esto hacia el futuro, digamos a 100 años. ¿Es este el legado que usted quiere dejar, la diferencia por la cual quiere ser recordado? Si no, ¿cuál es?

8. Empiece una página en un cuaderno. Escriba una o dos frases en tiempo presente, que evoquen la profundidad emocional de lo que a usted le interesa y quiere hacer. Como encabezamiento ponga: "Mi vocación personal y propósito en la vida es..."

Ahora empiece con el método de los cinco porqués. Pregúntese cinco veces: ¿Por qué es esto importante? ¿Aparece su propósito en una forma clara? Si no, no importa: tales imágenes suelen tardar un poco en tomar forma en el corazón y enfocarse. Fomente ese sentimiento y tenga paciencia con usted mismo. Cuando sienta que ya lo entiende bien verá que valía la pena esperar. De ahí en adelante su conducta y elecciones de día a día empezarán a armonizarse con ese propósito central. Podrá desarrollar metas de cambio o visiones a corto y a mediano plazo, imágenes que verá en su mente como deseables, factibles, enfocadas y comunicables, al mismo tiempo que compatibles con su propósito. En esta forma le será más fácil y menos dispendioso de tiempo generar nuevas estrategias, y como resultado, alcanzar y celebrar más triunfos a corto plazo —y también errores como fuentes de nuevo aprendizaje.

> Tenga la vista en el cielo, pero no pierda la conciencia de las flores que tiene a los pies.
>
> **Agnew Meek**
> Vicepresidente, 3M Company

Una pregunta final al considerar cómo poner en práctica su propósito: ¿Cuáles son dos maneras específicas en que me distinguiré de la multitud en el curso del próximo año, siendo fiel a mi propósito?

CE EN ACCIÓN
Corriente de Notas

Esta es una herramienta sencilla de CE, que puede traer muchas ventajas y economizar mucho tiempo. Una vez que haya descubierto su propósito fundamental y haya comenzado a concertar su programa diario y prioridades para avanzar dicho propósito, tómese varios minutos para hacer lo siguiente:

Haga una lista de los principales proyectos y metas que le parezcan realmente importantes en el curso de los próximos meses. Encierre con un círculo los que su intuición le diga que podrán generar el mayor valor para usted, para su compañía o para clientes escogidos.

Conexiones con Cuadro de CE: Potencial único y propósito

Véanse las siguientes escalas del Cuadro de CE como puntos de reflexión relacionados con este capítulo: sucesos de la vida, presiones y satisfacciones, conciencia emocional de sí mismo, intención, poder personal e integridad.

Ponga una estrella frente a los siete principales que dependan de usted y su iniciativa, más bien que de iniciativa ajena. Repase cada área prioritaria preguntándose: ¿Estoy seguro de que esta es una área práctica de desarrollo en que yo pueda progresar? Si no es así ¿qué recursos necesito? Asegúrese de que por lo menos varias de estas áreas prioritarias tienen una conexión a largo plazo con su propósito.

Tome una hoja de papel en blanco y ponga la fecha en la esquina superior. Divida la página en siete regiones grandes. Pueden ser cuadrados, rectángulos, triángulos o círculos —lo que más le guste. Varíe los tamaños como desee. En cada una escriba un breve encabezamiento que corresponda a las siete áreas prioritarias de trabajo. Podría pensar en generar una plantilla para su propia Corriente de Notas usando software de gráficas computarizadas.

Cuando termine, haga varias copias. Doble una y échesela al bolsillo. Ponga otra en su agenda. Meta una tercera en el cuaderno de apuntes que mantiene a mano durante reuniones o conversaciones telefónicas.

Cada vez que tenga una nueva idea creativa, o una corazonada o una inquietud, apúntela en la correspondiente área prioritaria. Cada vez que tome el teléfono o se siente en una conferencia o reunión, saque una copia de esta Corriente de Notas del mes y manténgala a la vista al lado de su cuaderno de apuntes. Cuando una reunión se empiece a desviar de su curso o se empantane, use su Corriente de Notas como apuntador visual para hablar, cambiar de enfoque y volver a encarrilar la discusión. Esto le permite permanecer en contacto con su propósito y prioridades no sólo de vez en cuando sino todo el día. Haga uso de su Corriente de Notas cuando:

- Su intuición se lo indique.
- Su conciencia le diga que debe ser fiel a su propósito.
- Piense en un nuevo ángulo, punto de apoyo o atajo para llegar a una mejora.
- Se entere de algo que pueda beneficiar a un cliente.
- Se le ocurra una manera inesperada de aumentar los ingresos o agregar valor.
- Quiera transformar una discusión aburrida en algo más interesante.

En suma, la Corriente de Notas tiene por objeto hacer conexiones y reunir sus ideas, preguntas e inquietudes. Si le falta espacio en las siete áreas, ponga un asterisco numerado al final del renglón, voltee la página y siga escribiendo. Puede también utilizar el reverso de la Corriente de Notas para ideas que caen fuera de las áreas prioritarias o para improvisaciones más largas.

En momentos claves del día repase sus apuntes. Evalúe su realidad actual en comparación con la dirección de su brújula interna. Actúe cuando esto sea lo indicado. Hágale a un colega una pregunta creativa. Póngase en contacto con un cliente clave para presentarle una idea novedosa. Trabajando con ejecutivos y profesionales en muchas industrias, yo he encontrado que el solo hecho de llevar una Corriente de Notas estimula permanecer fiel al propósito y ser creativos. También ahorra pasos y tiempo. Por ejemplo, en lugar de tratar de sacar algo en limpio de un puñado de apuntes sueltos y tarjetas de presentación, su Corriente de Notas le ofrece un lugar en que consolidar las ideas claves y enlazarlas con sus áreas prioritarias de flujo de trabajo. Es un método sencillo. Es intuitivo. Concuerda con su propósito.

Una vez que usted ha aclarado el potencial y la dirección de su vida y trabajo, el reto que se le presenta es ponerlos en práctica y concertar su esfuerzo diario con la aguja de su brújula interna. Esto requiere compromiso y valor, evocados y guiados por la voz de la conciencia y respaldados por la responsabilidad. Estas son características de la profundidad emocional que constituyen los temas centrales del capítulo siguiente.

10

Compromiso

RACHEL CARSON se crió en las orillas del río Allegheny en un pequeño predio rural comprado por su padre cerca de Springdale, Pensilvania. Desde temprana edad mostró gran amor por la naturaleza, fue una lectora ávida y una estudiante entusiasta. En la universidad se inclinó por la carrera de las letras, pero en su segundo año asistió a un curso de biología que dictaba una profesora brillante, Mary Scott Skinker. Esa clase despertó su potencial único y avivó su apasionada curiosidad por la naturaleza y la ciencia.

> Las futuras generaciones no nos perdonarán fácilmente nuestra falta de un prudente interés por la integridad del mundo natural que sustenta toda la vida.
>
> **Rachel Carson**
> *Silent Spring*

Después de graduarse obtuvo una beca para un curso de verano en el Instituto Oceanográfico de Woods Hole en Massachusetts, y otra para la Universidad Johns Hopkins en Baltimore. Cuando recibió su título profesional, murieron su padre y una hermana, y para ayudar a sostener a su madre y otras dos hermanas, consiguió trabajo en la Oficina Federal de Pesca. A la vuelta de un año había aprobado el examen civil con las más altas calificaciones y fue nombrada bióloga acuática de tiempo completo. Escribió los libros *Under the Sea-Wind* (1941), *The Sea Around Us* (1951) y *The Edge of the Sea* (1979), que constituyen una vívida relación de la física, la química y la biología de los mares y las costas.

En 1958 recibió una carta en que una amiga le informaba de los estragos que había causado en la reserva privada para refugio de aves que tenía en Massachusetts la fumigación con pesticidas utilizados en el programa estatal de control de los mosquitos. Rachel Carson, que desde hacía tiempo tenía clara conciencia de los peligros de las sustancias químicas tóxicas, comprendió entonces que tenía que hablar, o si no "no tendría paz en su vida". Bien sabía que la oposición sería aguerrida, sobre todo por parte de la industria agrícola, que se había habituado a depender de tales sustancias para aumentar el rendimiento de las cosechas, y de la industria manufacturera, generalmente indiferente a los efectos de los desperdicios químicos. Hasta la Secretaría de Agricultura de los Estados Unidos patrocinaba el uso de herbicidas y pesticidas.

Después de varios años de cuidadosa investigación en América y Europa, Rachel Carson escribió *Silent Spring*, que apareció en 1962. Allí pidió un nuevo y vigoroso debate sobre el problema ambiental y describió con profunda convicción la frágil existencia de todos los seres vivos, incluso el hombre, amenazada por el DDT y otros productos más tóxicos. Atacada por la industria agrícola, que montó una vasta aunque inútil campaña para desacreditarla, ella se mantuvo en su posición y propósito. El libro impresionó al presidente Kennedy, quien ordenó una reevaluación de la política federal de pesticidas. En 1963 la Comisión Presidencial Asesora de Ciencias respaldó la posición de Rachel Carson. Hoy todos reconocen que el moderno movimiento ambiental se inició con la publicación de *Silent Spring*. Un editor dijo: "Mil palabras de ella, y el mundo tomó una nueva dirección". Tal es el poder del propósito sostenido por un compromiso emocional.

Una cosa que yo he aprendido de la vida de Rachel Carson es que, cualquiera que sea el fin que uno persiga y cualesquiera sus aptitudes, sin una fuerte motivación para llevarlos a la práctica, es decir, sin compromiso emocional, no se llega muy lejos. "Nada grande en este mundo se ha alcanzado jamás sin pasión", dijo el filósofo alemán G.W.F. Hegel. Los ejecutivos y los líderes saben que la motivación es más vital que las destrezas intelectuales o técnicas. Al fin y al cabo, lo que nos mueve es el corazón, no la cabeza.

Hace poco tuve conocimiento de una historia largo tiempo perdida, de compromiso emocional, de valor y liderazgo que se opone al arquetipo del héroe perpetuado en nuestra cultura. Hacia el año 900 de nuestra era se inventó en la China un lenguaje secreto, llamado *Nu Shu* ("escritura de mujeres"), que se extendió por muchas regiones del país. Era cifrado, y en forma tan eficaz que nunca pudieron descubrirlo los poderosos gobernantes de aquella vasta tierra, quienes sin duda lo habrían suprimido. Apenas en 1950 —mil años después— unos arqueólogos encontraron un libro de *Nu Shu* en las montañas de Hunán, pero los criptólogos y lingüistas tardaron hasta 1982 en descifrarlo.

Todo indica que ese lenguaje se inventó en respuesta a la voz de la conciencia entre un grupo de mujeres chinas que, pese a milenios de dominación masculina, estaban convencidas de que ellas eran personas dignas y tenían derecho a educarse. Lo sentían tan hondamente que crearon ese método de lograrlo, de comunicarse de mujer a mujer con historias escondidas, escritas en las colchas que cosían, las cestas que tejían, la alfarería que diseñaban, las canciones que cantaban, los poemas que componían y en la mente de las familias que criaban.

El *Nu Shu* lo escribían en los márgenes o entre líneas en los escritos chinos, o lo cosían en los pañuelos, abanicos, prendas de ropa o servilletas que se enviaban como regalos inocentes. Con él se captan muchas percepciones de lo que se llamaba la manera sagrada de vivir. Esas enseñanzas entraban en la corriente diaria de la vida de millones de mujeres cuya conciencia las movía a exponer la vida por educarse. Las circunstancias las obligaban a sobreponerse en secreto a las crueles desigualdades de que era víctima su sexo en aquella sociedad. Con un sentimiento compartido de propósito, que a su vez les daba valor y compromiso, esas mujeres, cuyos nombres se han perdido, perseveraron y lograron triunfos notables para su causa.

Ese compromiso y ese ingenio son elementos esenciales de profundidad emocional. Yo creo que inspiran o contribuyen a activar lo que el psicólogo de Yale Robert Sternberg denomina *inteligencia práctica*: la capacidad de traducir esperanza o teoría en acción, e ideas abstractas en realizaciones prácticas. Inspiran igualmente la resolución de acometer la dura y peligrosa tarea de dirigirnos y dirigir a los demás en tiempos difíciles, de entrar en territorio inexplorado y aprender cuándo proseguir la acción.

AVANZAR CON VALOR Y COMPROMISO

Era un sábado de verano en 1960. Yo tenía nueve años. Mi abuelo y mi madre nos habían llevado a mi hermana menor, a mi hermano y a mí a nadar en el lago de la comunidad.

No hacía mucho que estábamos en el agua cuando los guardias empezaron a gritar y a ordenarnos que nos saliéramos todos. Minutos después, tiritando en la playa, vimos a mi abuelo entrar en el agua al encuentro de uno de los guardias, quien le entregó el cuerpo inerte de un muchacho adolescente. Toda la multitud dio un paso atrás del borde del agua mientras mi abuelo, médico y cirujano del pueblo, depositaba al niño sobre la arena para examinarlo. Inmediatamente empezó a hacerle ejercicios de resucitación.

Pero era demasiado tarde. El muchacho se había ahogado. Sus amigos sollozaban diciendo que ellos habían dado la alarma cuando vieron que no regresaba a la superficie después de haberse lanzado a la parte honda desde una balsa. Los guardias lo encontraron en el fondo del lago. Cuando mi abuelo al fin se levantó para hablar con los padres del muchacho que acababan de llegar, y con los empleados de la ambulancia, parecía extenuado pero su voz era firme y segura.

> El valor es nada menos que el poder de sobreponerse al peligro, el infortunio, el temor y la injusticia, y seguir al mismo tiempo afirmando interiormente que la vida, pese a todas sus penas, es buena; que todo es significativo aun cuando en un sentido superior a nuestra comprensión; y que siempre hay un mañana.
>
> **Dorothy Thompson**
> (1894-1961) Periodista
> norteamericana

Poco después volvieron a abrir el lago para los nadadores. Yo me quedé en la playa, no lejos de mi hermano y mi hermana que chapaleaban en el agua. Sin poderme quitar de la mente la imagen del niño ahogado, no me atrevía a volver a entrar en el agua. Mi abuelo se me acercó y poniéndome una mano en el hombro me preguntó cómo me sentía. Yo le confesé que tenía miedo.

—Sí —me dijo—, pero allá en el agua no hay más peligro que allá en la carretera. La verdad es que la gente puede morir en cualquier parte. Más tarde o más temprano todos moriremos. Pero muchos ni siquiera viven realmente.

—¿Cómo es eso?

—Lo que quiero decir es que no son muchos los que tienen fe y valor para asumir riesgos y hacer las cosas que quieren hacer pero que les dan miedo. Fe es lo que el corazón cree posible o verdadero aun cuando la mente no lo pueda demostrar. Cuando tú aprendiste a nadar, necesitaste fe para meterte en el agua y probar. Luego, cuando ya entraste en el agua honda, necesitaste valor para vencer el miedo. Empezaste a sobresalir. Muchas personas que habrían podido ser grandes en alguna cosa en la vida, como nadar y gozar de ello, se dan por vencidas. Algo les da miedo y no vuelven al agua. En este momento veo que tú tienes miedo; pero no tienes por qué avergonzarte. Lo que importa es cuánta fe y valor necesitas para volver a entrar en el agua.

—Yo no sé.

—¿Cómo lo vas a averiguar?

Mi abuelo no me dijo lo que debía hacer; me preguntó cómo lo iba a averiguar yo mismo. Me obligaba a responder de mi propia conciencia, de mi potencial único. ¿Qué habría pasado si en ese momento yo hubiera renunciado a la natación? Volví a entrar en el agua ese día en 1960; y años después, llegué a ser campeón de natación.

Yo les aconsejo a mis clientes profesionales y ejecutivos que reflexionen un poco sobre su vida y trabajo y escriban los puntos sobresalientes de las dos o tres veces en que hayan tenido que apelar a la fe o el valor, o hayan

> Valor es lo que se necesita para pararse y hablar; valor es también lo que se necesita para sentarse y escuchar.
>
> **Winston Churchill**

tenido que responder por sus mejores esfuerzos y se hayan comprometido emocionalmente, y cuál ha sido el resultado. Recomiendo también al lector que saque un cuaderno de apuntes en este momento y dedique algunos minutos a este sencillo ejercicio.

P x (C + R) > RC
Propósito x (Compromiso + Responsabilidad) > Resistencia al cambio

Piense que casi todo lo que vale la pena realizar requiere superar el nivel de resistencia al cambio —representado por RC en la ecuación anterior. Puede ser su propia resistencia interna que se interpone, o un adversario o una mentalidad de grupo o actitud organizacional arraigada. En la ecuación simbólica anterior, cada elemento de la izquierda se puede calificar de 0 a 10. P mide la claridad y profundidad de su propósito —ya sea su propósito en la vida en caso de una decisión importante sobre su carrera, por ejemplo, o su propósito específico de negocios en una situación dada. C es su nivel actual de compromiso para comportarse de acuerdo con dicho propósito, y R representa la profundidad de su responsabilidad personal o de grupo, esto es, hasta dónde está usted dispuesto a responder de su adhesión a su propósito y compromiso.

En un mundo perfecto, el producto más alto de multiplicar los factores de la izquierda sería 200. El más bajo, cero. Y ¿hasta dónde podría llegar RC? Juzgue por usted mismo. Digamos que el tope es 175, lo cual significa que casi siempre hay alguna manera de sobrepasarlo. Cualquiera que sea el valor de RC en una determinada circunstancia, a fin de progresar es preciso alcanzar un número más alto con P × (C + R). Esa es la razón por la cual yo creo que vale la pena estudiar esta ecuación. Si no tenemos claridad sobre nuestro propósito o no tomamos en serio el compromiso y la responsabilidad, o desoímos la voz de la conciencia y vacilamos en seguir adelante con valor, por lo general perdemos.

Decía Will Rogers: "Aun cuando uno esté en el buen camino, si se queda sentado, lo atropellan". Los líderes tienen que demostrar su compromiso con sincera convicción personal. Por ejemplo, anunciando abiertamente sus decisiones y haciendo visibles sus acciones subsiguientes ofrecen prueba tangible, inequívoca, de su compromiso con un propósito. "El compromiso emocional (o la falta de él) se huele desde una milla de distancia", observa Tom Peters, quien afirma que un líder que no esté apasionadamente comprometido con una causa no inspira ni obtiene mucho compromiso de los demás. "Yo escojo las personas con la nariz. No leo informes psicológicos. Me siento con ellas y sostenemos un diálogo", dice Paul van Vlissingen, presidente de SHV Holding Company, firma de US$11 000 de Utrecht, Holanda, que vende energía y bienes de consumo.

En lo que resta del presente capítulo vamos a explorar un poco el C y la R de la ecuación anterior, empezando con varios ejemplos de compromiso y valor en la vida de los negocios. El primero empieza hace más de 40 años, cuando un joven recién graduado de la universidad entró a trabajar en un pequeño departamento de una compañía japonesa. Trabajó de firme pero hizo algo más: en varias ocasiones se puso en contacto con los ejecutivos para señalarles deficiencias de la organización, dándoles siempre sugerencias específicas de cómo corregirlas, y oportunidades para mejoras y progreso, con ideas prácticas de cómo aprovecharlas.

Durante diez años, poca atención recibieron sus ideas, pero un buen día se le acercó un alto gerente, quien lo invitó a ir con él a la oficina del presidente. Allí le dijeron que una de sus ideas se iba a poner en práctica. El presidente le dijo que esperaba que esa idea salvaría toda una división que estaba al borde de la quiebra. Efectivamente, así sucedió poco después.

Aquel joven, Ryuzaburo Kaku, tiene hoy 69 años y es presidente de la junta directiva de la compañía que, gracias a su valor y persistencia, es hoy una compañía muy distinta, donde se acogen la creatividad y las ideas novedosas de todos: es la Canon, empresa de US$19 000 millones, fabricante de copiadoras, impresoras, cámaras, máquinas de fax y automatización de oficinas; emplea a 68 000 personas y tiene la mayor participación de mercado en casi todas las industrias en que opera. Está considerada como una de las empresas más prósperas e innovadoras del mundo, y sigue creciendo.

Lo mismo se puede decir de la firma suiza Swatch, fabricante de relojes, que se recuperó de tiempos difíciles. Su presidente Nicholas Hayek observa: "Estamos convencidos de que si cada uno de nosotros pudiera aportar su pasión y compromiso a un producto emocional, podríamos derrotar a cualquiera. Las emociones son algo que nadie puede copiar".

Ese es el tema central de otra de mis historias favoritas sobre compromiso emocional, valor y fe. Kye Anderson es presidenta de Medical Graphics, empresa de tecnología médica que ella misma fundó en St. Paul, Minnesota, y en la cual ha encontrado su propia manera única de expresar apasionadamente su vocación y propósito en la vida. A partir de 1979 Medical Graphics ha inventado y producido la mayor parte de lo que es nuevo en equipos para diagnóstico cardiorrespiratorio: presentación gráfica de información, técnica respiratoria para obtener resultados inmediatos, difusión por cromatografía gaseosa, el primer pletismógrafo totalmente computarizado y el primer sistema experto para diagnóstico de enfermedades de los pulmones oficialmente aprobado.

Cuando Kye Anderson tenía 13 años su padre sufrió un grave ataque cardíaco y murió a los pocos días. Por esa época, a fines de los años 50, el diagnóstico era más un arte que una ciencia pues los médicos disponían de poca información objetiva y no tenían cómo detectar a tiempo la enfermedad cardíaca para prevenir un ataque. La muerte del padre dejó a Kye anonadada y acabó por dar forma al resto de su vida. En la familia Anderson eran nueve hijos. Para proseguir sus estudios Kye consiguió empleo en laboratorios de los hospitales. "Cuando haga una prueba médica —le dijo uno de sus consejeros— imagínese que se la está haciendo a su padre".

Por el momento le pareció una crueldad que le dijera eso; pero hoy piensa: "Es lo mismo que yo les digo a los empleados de Medical Graphics. Imagínese que llevan a una niña a la sala de urgencias. Imagínense que es su hija y que tiene dificultad para respirar. La enfermera acerca un equipo Medical Graphics para averiguar por qué. ¿Qué es lo que usted quiere sentir en ese momento? Un sentimiento de alivio porque usted contribuyó a construir el mejor equipo del mundo, porque sabe que ese equipo da resultados significativos y precisos, porque puede salvar la vida de su hija".

Tal ha sido la energía que la ha guiado desde que fundó su empresa, un día de 1979 cuando la llamó por teléfono el Dr. Stephen Boros, del Hospital Infantil de St. Paul, para rogarle que inventara un aparato para salvarle la vida a un niño que se estaba muriendo de una enfermedad respiratoria. Le dio dos semanas de plazo. Ella llamó a proveedores en Holanda, en Kansas City y en Seattle. Por expreso de un día para otro le despacharon transductores, bombas, analizadores, computadores, calibradores y un neumotacógrafo para medir la velocidad del aire respirado. "Yo armé todo eso en mi mesa de comedor —recuerda Kye—. Lo que el equipo tenía que hacer era registrar exactamente el oxígeno y el dióxido carbónico en cada pequeña masa de aire espirado, traducir los resultados a información digital, introducir esos datos en un computador y entregar los resultados combinados con precisión, en secuencia, instantáneamente y en forma gráfica, que un médico, una enfermera o un técnico pudieran leer e interpretar rápidamente". Nadie había hecho esto antes. El solo diseño de la programación electrónica la mantuvo despierta hasta las cuatro de la mañana diez noches seguidas. Con el nuevo equipo, el Dr. Boros y sus ayudantes lograron estabilizar la respiración del niño, y éste se salvó.

Así nació Medical Graphics.

Desde entonces, naturalmente, ha habido alzas y bajas y Kye Anderson ha tenido que aprender a manejar eficientemente su empresa al crecer la demanda y las ventas. Una cosa que le ha permitido mantener una posición de liderazgo en su industria ha sido rodearse de asesores excepcionales, como Earl Bakken, quien inventó en 1957 el primer marcapasos transistorizado práctico, externo y de pilas, fundó la empresa Medtronic, Inc. para producirlo y la llevó desde su comienzo en un garaje a ventas de US$1 000 millones.

En 1968 murió mi abuelo paterno después de un quinto ataque cardíaco. Recuerdo que durante años todos nos sentíamos impotentes viéndolo deteriorarse, ataque tras ataque, cada vez más débil y paralizado, sin que los médicos pudieran hacer nada. Entonces no había instrumentos de Medical Graphics. Yo puedo apreciar la pasión y propósito con que la señora Anderson se dedica a su labor. Inventó una tecnología, convenció de sus ideas a los médicos y los inversionistas y creó una compañía que tiene 130 empleados y US$24 millones en ventas.

Su historia y la de Kaku me recuerdan que fue Einstein el que en sus escritos nos animó a tomar en nuestras manos el deber de progresar; a insistir en pensar y sentir nuestros propios pensamientos y sentimientos aun cuando estos no cuenten con la bendición de la multitud; y a rebelarnos contra la supuesta inevitabilidad u ortodoxia de ideas que no resisten la prueba de una mente y un corazón originales.

De tiempo en tiempo deténgase y pregúntese: ¿Soy partidario de las mejoras, de las ideas no convencionales que sirven los mejores intereses de los demás y de mí mismo? ¿Soy simplemente *partidario* de ellas o estoy abierta y apasionadamente comprometido con su realización, hablando, tomando notas, haciendo visitas y dialogando sobre ellas?

Valor es la voluntad de asumir una posición, levantar la voz, afrontar el dolor y el rechazo, actuar con dignidad bajo presión, sostener sus principios contra la oposición y el temor. Es también arriesgarse a fracasar, cometer errores y confesarlos, pedir ayuda reconociendo que uno no lo sabe todo y está dispuesto a aprender. Esto no es cerrar los ojos al hecho de que en la vida y el trabajo hay cosas que justifican cierta dosis de temor, cuando la voz de la prudencia demora un comentario reaccionario inapropiado o un acto temerario.

LA TRANSFORMACIÓN EMPIEZA POR UNA PERSONA

Hay una vieja teoría según la cual las organizaciones sólo se pueden cambiar de arriba abajo. Tiene mucho apoyo y por muchos aspectos parece ser válida. Pero hay una teoría contraria de que el mundo y las empresas las pueden modificar de abajo arriba un individuo valeroso o un pequeño grupo.

> Sabiduría es saber qué hacer; virtud es hacerlo.
>
> **David Starr Jordan**
> En la revista *Forbes*

Recordemos las historias de Rachel Carson y de Harriet Tubman y pensemos también en la de John Woolman, un individuo que vivió en Norteamérica en el siglo dieciocho. En su época muchos de sus ricos correligionarios cuáqueros eran propietarios de esclavos. Para él la idea de la esclavitud era intolerable, y con un fuerte sentido de conciencia y propósito dedicó toda su vida adulta a acabar con esa institución. Para ello se sirvió del arte de la persuasión. En un período de veinte años visitó a millares de cuáqueros, no para criticarlos sino para hacerles preguntas, tales como estas: "¿Qué significa ser una persona de firme carácter, una persona moral? ¿Qué significa ser dueño de un esclavo? ¿Qué significa regalarle un esclavo a un hijo de uno?" Perseveró valerosamente estimulando la reflexión con sus preguntas para que cada uno llegara a sus propias conclusiones y cambiara, confiando en que el mal se podía corregir por acción voluntaria. Visitó valle tras valle y granja tras granja.

Conexiones con Cuadro de CE: Compromiso

Véanse las siguientes escalas del Cuadro de CE como puntos de reflexión relacionados con este capítulo: presiones y satisfacciones, expresión emocional, conciencia emocional de otros, intención, conexión interpersonal, compasión, perspectiva, radio de confianza e integridad.

Para 1770, antes de la guerra de independencia y todo un siglo antes de la guerra civil, no había un solo cuáquero propietario de esclavos. En efecto, los cuáqueros fueron el primer grupo que renunció abierta y públicamente a la esclavitud. John Woolman, hombre resuelto y con visión y valor, transformó su iglesia. ¿Qué no habría sido posible si hubiera habido diez Woolmans, o ciento, recorriendo todas las colonias en el siglo dieciocho?

Hoy sabemos por la perspectiva de la historia que una pequeña disminución de las tensiones pudo haber evitado la guerra civil, que costó 600 000 vidas. Tuvo que haber John Woolmans en los Estados Unidos en ese tiempo, pero no tuvieron el valor de seguir su conciencia y propósito, de encontrar todos los medios posibles de rectificar una injusticia y dar forma a un futuro mejor.

Responsabilizarse por dar lo mejor de sí

John Woolman vivió valerosamente haciéndose a sí mismo y a los demás responsables por su propia verdad interior. En lugar de dar consejos, abrió su corazón, compartió con los demás su experiencia, hizo preguntas que los obligaban a reflexionar y que con el tiempo llevaron a muchos a cambiar de actitud y modo de proceder.

> Si no hay viento, rema.
> **Proverbio portugués**

Ejerció una profunda influencia y dejó un legado; pero ¿qué habría ocurrido si otros hubieran sentido tan intensamente como él y a su vez hubieran responsabilizado a los que les rodeaban? Si uno no se hace responsable por lo que experimenta, trata de echarle la culpa a algún otro o a las circunstancias. Y si lo que experimentamos no nos satisface, tratamos de cambiarlo manipulando a la otra persona.

Culpar a los demás y quejarse es por lo general un esfuerzo por responsabilizar al otro de lo que nosotros experimentamos y hacer que esa otra persona nos arregle las cosas.

¿En qué formas específicas asume usted la responsabilidad o la exige a otros? Por ejemplo, ¿tiene usted un confidente, un amigo íntimo o colega de toda su confianza con quien comparte con regularidad —tal vez semanalmente— sus más serios e íntimos problemas? Hay indicios de que entablar este tipo de diálogos puede mejorarle la salud y hacerle avanzar en su carrera. Los mejores confidentes se encuentran entre aquellas personas a quienes usted respeta y que conocen y aprecian su trabajo. Saben escuchar y no tienen miedo de hablarle con franqueza, hacerle preguntas de carácter y crecimiento, animarlo para que ponga atención a cosas que acaso está demasiado ocupado para notar usted solo, retándolo para que actúe y exigiéndole lo mejor de sí. Ya sea por su cuenta o con ayuda de un confidente, podría usted empezar a medir su progreso personal observando a intervalos regulares dónde se encuentra con respecto a cuatro amplias categorías de compromiso emocional y responsabilidad:

- Descaminarse
- Hacer que hacemos
- Hacer su mejor esfuerzo
- Aprendizaje transformador

Una de las maneras más sencillas y eficaces que conozco de educar o fortalecer nuestro sentido de responsabilidad es hacer promesas y cumplirlas; aprender qué somos capaces de hacer con nuestro potencial único y qué pueden hacer los demás con el suyo; y luego decir a qué nos comprometemos y comprometernos con lo que decimos. Así nos mantenemos conscientes de cuán profundo es nuestro compromiso emocional permanente y el de los demás. Si vemos que nos estamos descaminando, o simplemente haciendo que hacemos, paramos para considerar dónde estamos. El lado oscuro del compromiso es ciega perseverancia y martirio. Pero si actuamos de propósito y en concordancia con nuestro potencial único, encontramos que está bien renovar el compromiso de hacer nuestro mejor esfuerzo y aspirar muy alto rompiendo con las diarias rutinas, superándonos, aceptando el reto de crecer y sobresalir, generando así aprendizaje transformador —no simple repetición de viejos hábitos sino cambio efectivo de quién es uno al crear el futuro.

Este empuje emocional de nada a todo, de intermitente a continuo, determina en gran manera el grado de nuestra conformidad con nuestro potencial único y propósito. Nos llama a mantener el rumbo con valor y firmeza. Esto a su vez nos despierta el sentido de responsabilidad: estamos dispuestos a ser francos con nosotros mismos acerca de dónde estamos, y a ser comprensivos con los demás y esperar también de ellos lo mejor que puedan dar de sí. Esto no significa decirles lo que deben hacer, cosa que todos resentimos y rechazamos. Significa interesarnos lo suficiente para entenderlos mejor y compartir con ellos nuestra experiencia de luchar, buscar, comprometerse, caer y volver a subir.

Cuando Mahatma Gandhi salió del escenario del poder político en la India en 1946 para visitar las comarcas destrozadas por los motines, tenía 70 años. Se impuso una tarea agobiadora, recargada de compromisos. Trabajaba de 15 a 18 horas diarias y en seis días caminó 116 millas para visitar a las víctimas en 46 aldeas. En medio de un horroroso salvajismo caminó un hombre valeroso para cumplir su compromiso con la verdad y la no violencia. Eso es responsabilidad. Y sin una palabra de consejo de su parte, sino sólo por el poder de su presencia y su ejemplo, otros salieron a hacerse también responsables y unirse a él.

El compromiso emocional es no sólo un barómetro de iniciativa personal, responsabilidad y contratación acertada; es también una de las fuerzas subyacentes que nos ayudan en tiempos difíciles. Horst Schulze, presidente de la compañía de hoteles Ritz-Carlton, recuerda un período de recesión que perjudicó a su compañía y a la industria hotelera en general: "Uno de mis vicepresidentes me dijo hace unos días: Tal vez nuestra mayor realización en los últimos 10 años es que seguimos siendo buenos amigos. Agregó que yo había hecho lo que debía hacer, o sea darles constantemente energía a los demás. Lo que era más difícil, sin embargo, era dármela a mí mismo días tras día. A veces dejaba notas autoadhesivas por todas partes para recordarme que no podía darme por vencido, que tenía que seguir comprometido a hacer lo que había que hacer, no lo que fuera cómodo a corto plazo o lo que a los demás les pareciera bien".

Schulze asumía la responsabilidad. Algunos ejecutivos adoptan la expresión "Si ha de ser, a mí me toca", no con el sentido de una fe ciega o martirio ni para eludir la delegación de funciones, sino como una afirmación de responsabilidad. Este es un aspecto de la profundidad emocional que implica voluntad y motivación para mostrar el camino y responder uno de sus propios actos y principios y al mismo tiempo exigir a otros que respondan de los suyos. En algunas organizaciones esto se conoce como el principio de ser uno guarda de su hermano.

Es posible que esto venga de los escritos del Dr. Albert Schweitzer sobre medicina, música y educación, que ya eran famosos en 1913 cuando él fue a Gabón, en lo que era entonces el África Ecuatorial Francesa, a construir un hospital. A la pregunta que constantemente se hacía —¿Soy yo guarda de mi hermano?— él contestaba: "¿Cómo podría no serlo? Yo no puedo eludir mi responsabilidad". Insistía en que todos los seres humanos son hermanos y en que él estaba obligado a respetarlos, ayudar a los necesitados dondequiera los encontrara, aprender a conocerlos y hacerlos responsables de sus mejores esfuerzos.

Trabajar con la conciencia activa

Responsabilidad es una llamada de su conciencia que se puede considerar básicamente como la voz profunda de su intuición. Sus frecuentes incitaciones se sienten, ya como estímulos internos, ya como aguijonazos o punzadas, o para algunas personas como "la voz de Dios en el oído". Con corazonadas e intuiciones la conciencia nos manda atender a nuestro potencial único y mantenernos fieles a nuestro propósito e integridad. La conciencia se entrena mediante reflexión personal y exploración de la profundidad emocional. Pero sin compromiso con la honradez emocional, lo que algunos "oyen" en la cabeza como conciencia no es otra cosa que racionalización.

Muchos han crecido creyendo que la conciencia es remordimiento por no haber sido suficientemente buenos o no haber hecho algo bien. De eso no estamos hablando aquí. Hablamos de la conciencia que nos inspira y nos mueve para mantener la integridad y seguir la vocación de nuestra vida con valor y compromiso emocional.

> Todo ser humano tiene trabajo que hacer e influencia que ejercer, que son peculiarmente suyos, y que ninguna conciencia sino la suya propia puede enseñarle a atender.
>
> **William Ellery Channing**

La conciencia trabaja mejor cuando está respaldada por un sentido de fe, valor y responsabilidad. Cuando uno fracasa y cae o comete un error, la conciencia lo llama a levantarse otra vez, hacerle frente y preguntarse: "¿Qué puedo aprender de esto?" En las cuestiones importantes, para obtener una solución escuche a su conciencia, no sólo a la mente racionalizadora. El educador norteamericano John Sloan Dickey ha dicho: "El propósito de la educación es ver que el hombre sea un ser completo, tanto en competencia como en conciencia. Porque crear poder de competencia sin crear una correspondiente dirección para guiar el uso de ese poder, es educación equivocada. Es más: la competencia se desintegra al fin si no está acompañada de conciencia".

Hoy la mayoría de las personas viven y trabajan en lugares inundados de ruido, actividad, medios de comunicación y urgencia. Pierden la conciencia. O más bien, ésta se ahoga. Sólo cuando nos detenemos un momento para comprometernos a buscar hondamente, con un corazón sincero, volvemos a sentir la conciencia y su sabiduría.

Para demostrar el poder de la conciencia, haga el experimento siguiente. Busque un lugar tranquilo y durante varios minutos piense en las relaciones que le son más caras en los negocios y en su vida. Pueden ser sus relaciones con un buen cliente, con un socio, un jefe, un proveedor, un empleado, su esposo o esposa, un hijo o un amigo. Elija una de estas relaciones que a su parecer necesite mejorarse o fortalecerse. Al reflexionar sobre ella, apele a su conciencia y pregúntese: ¿Qué puedo hacer, específicamente, para mejorar o fortalecer esta relación?

Escuche la voz de su ser íntimo. ¿Oye la respuesta? Cuando la oiga, pregúntese: ¿Estoy seguro de que hacer esto mejorará la relación?

Yo he encontrado con profesionales y equipos ejecutivos que casi todos tienen un sentido inmediato de maneras prácticas de efectuar un cambio y se sienten seguros de que tal cambio mejorará la relación. A menudo no pueden explicar por qué, pero "saben" que eso es lo que se debe hacer y que dará buen resultado. Eso es la conciencia. Para estar más seguro pregúntese: ¿Está esa respuesta de acuerdo con mi propósito e integridad? Casi siempre encuentro que la respuesta es afirmativa.

Otra manera de profundizar y activar la conciencia es hacer una lista de cosas detestables que le hayan hecho a usted — o que usted haya hecho a otros. Pida a su conciencia que le ayude para no volverlas a hacer jamás. Haga otra lista de cosas que le hayan hecho y que hayan sido más significativas para su trabajo y su vida. Apele a su conciencia para ayudarle a observarlas para hacerlas en adelante a otros.

Del propósito, conciencia y compromiso emocional surge en forma natural un sentido de integridad. Esta es una cualidad de la profundidad emocional que sirve como coronamiento del carácter y es esencial para el respeto de sí mismo y credibilidad en los negocios y en la vida. Estos son algunos de los temas centrales del capítulo siguiente.

11

Integridad aplicada

UNA DE MIS PRIMERAS LECCIONES de integridad la aprendí con dolor. Cursaba el primer año elemental y mi abuelo paterno me había "contratado" para que le limpiara la hojarasca del jardín. Era un sábado por la mañana.

Yo quería terminar pronto la tarea a que me había comprometido porque, inesperadamente, mis amigos habían organizado un partido de béisbol y yo quería estar allí, no trabajando.

—Pronto quedarás libre —me dijo el abuelo—. Así es como se adquiere integridad.

—¿Qué es eso? —le pregunté.

—Tú te comprometiste a hacerme este trabajo. Viniste a cumplir tu palabra porque sabías que eso era lo correcto, aunque te pierdes parte del partido de béisbol. Eso es integridad. Ahora, manos a la obra.

> Primero tenemos que entender que no puede haber vida sin riesgo; y cuando nuestro centro es fuerte, todo lo demás es secundario, incluso los riesgos.
>
> **Elie Wiesel**
> Sobreviviente del Holocausto y Premio Nobel

Me puse a trabajar y él entró en la casa. Recogía brazadas de hojarasca y las iba amontonando para luego pegarles fuego. A los diez minutos sólo pensaba qué bueno sería ir a jugar béisbol en lugar de hacer esto. Mi integridad, fuera lo que fuera, tenía para mí una importancia secundaria. En vez de recoger brazadas completas empecé a echar parte de la hojarasca bajo la sombra de un bosque colindante. Después ya no llevaba nada al montón donde íbamos a hacer la hoguera sino que la esparcía toda en el bosque. Así acabé rápidamente y corrí a informar a mi abuelo.

Nunca olvidaré la mirada que me echó.

—Antes de pagarte, ven conmigo —me dijo, y cuando llegamos al borde del bosque agregó—: No has hecho el trabajo que me prometiste hacer.

Entonces comprendí que me había estado observando desde la ventana. Quise defenderme:

—Pero ya está limpio el jardín, ¿no era eso lo que querías?

—No, no era eso, y tú lo sabes muy bien. Te contraté para que llevaras toda la hojarasca que yo había sacado del bosque a un montón donde la quemaríamos. Lo que hiciste fue volverla a echar al bosque.

—¿Y ahora qué quieres que haga, abuelito?

—La cuestión, Robert, es ¿qué vas a hacer *tú?* Es una cuestión de integridad. Con integridad, lo que tú harías voluntariamente sería, primero, darme excusas por haber faltado a mi confianza, y prometerme que eso no volverá a suceder. Luego, irías al bosque y sacarías toda la hojarasca que echaste allí, y más aún. Finalmente, te negarías a aceptar la paga que te ofrecí.

Y eso fue exactamente lo que hice. Por fortuna para la formación de mi carácter, fui sorprendido en mi falta. Fue un humillante recordatorio de lo que está bien y lo que no está bien. Me perdí todo el partido de béisbol y no gané ningún dinero, pero aprendí lo que es integridad.

Lo mismo que cualquier otra persona, muchas veces en mi vida me he visto apartándome de la probidad, cometiendo por ello errores o perjudicando relaciones. Invariablemente siento un remordimiento de conciencia, recuerdo a mi abuelito como si lo estuviera viendo, y rectifico mi conducta.

Casi todos los gerentes creen que se comportan con integridad, pero en la práctica se les dificulta aplicar efectivamente un sentido de integridad en sus actos e interacciones. Algunos suponen que integridad es lo mismo que ciega lealtad y discreción o guardar los secretos. Unos piensan que se necesita una rígida conformidad, aun con una causa falsa o perjudicial. Otros creen que no es otra cosa que honradez, o no decir mentiras. Ninguna de estas ideas da en el blanco. En su esencia, integridad en los negocios significa aceptar plena responsabilidad, comunicarse clara y abiertamente, cumplir lo que se promete, evitar agendas ocultas y tener el valor de dirigirse a sí mismos y dirigir su grupo o su empresa con honor, lo cual implica conocerse a sí mismo y ser fiel a sus principios no sólo en la mente sino de corazón.

¿La integridad se puede cultivar?

Muchos dicen que a veces hay que posponer integridad y ética a las conveniencias del momento y las utilidades. Otros sostienen que el propósito del liderazgo no es escuchar y servir sino adquirir poder y privilegios. Se equivocan. En el trabajo la integridad requiere comprometerse a dialogar y evaluar lo que es correcto, no lo rutinario. Equivale a ser auténtico consigo mismo y con los demás, y hacer las cosas que uno dice que va a hacer. Según David Kolb, presidente del departamento de comportamiento organizacional de Case Western University, integridad es un concepto que describe la más alta forma de inteligencia humana. Sostiene que es una sofisticada conciencia integradora y un estado profundo de procesar experiencia en formas que comprenden creatividad, valores, capacidades intuitivas y emocionales, lo mismo que facultades racionales y analíticas. ¿Es posible cultivar la integridad? De acuerdo con los investigadores, la respuesta es que sí.

> He pensado muchas veces que la mejor manera de definir el carácter de un hombre sería buscar la actitud particular en la cual se siente más profunda e intensamente vivo y activo. En tales momentos se oye una voz interior que dice: "Ese soy el yo verdadero".
>
> **William James**
> *Cartas de William James*,
> 1878

La integridad puede verse como una expansión de la honestidad emocional. Revela un proceso unificador. Funciona. No es sólo una buena idea, es un obligante sentimiento íntimo basado en nuestros propios principios, más bien que un rígido código de conducta. A menudo se afirma que las emociones no implican juicio, pero yo me cuento entre los que creen, por el contrario, que las emociones y las pasiones son en sí mismas juicios intuitivos del tipo más importante, y de los cuales nace y se nutre nuestra integridad. Haciendo eco a esto, el filósofo Robert Soloman insiste en que nuestras emociones son juicios *constitutivos* de acuerdo con los cuales se da forma y estructura a nuestra realidad e integridad.

Por otra parte, es en virtud de este sentido fuertemente interior e intuitivo de integridad como surge una resonancia, o campo de fuerza, de energía, creatividad, orgullo y posibilidad. La integridad es también *interactuante* pues comprende el manejo de las relaciones entre un individuo y los que lo rodean, entre un grupo dentro de otros grupos.

TRES CARACTERÍSTICAS BÁSICAS DE LA INTEGRIDAD

La integridad (yo prefiero llamarla integridad *aplicada*) se puede ver como consultar uno con su conciencia y tener el valor de actuar de acuerdo con ella. Según Stephen L. Carter, profesor de derecho en la Universidad de Yale, la integridad requiere tres elementos centrales:

1. *Discernir* lo que es correcto de lo que es incorrecto.
2. *Actuar* de acuerdo con ese discernimiento aun a costa personal.
3. *Decir claramente* que uno actúa según su leal saber y entender de lo que es correcto y lo que es incorrecto.

El primer criterio capta la idea de que la integridad requiere lo que Carter llama "un grado de reflexión moral" en que todas las dimensiones de la inteligencia —CI, CE y otras— se coordinan y se hacen pesar sobre un problema.

El segundo criterio trae el ideal de una persona de integridad como firme, que hace claros compromisos y los cumple aun a riesgo personal.

Admiramos especialmente este aspecto de la integridad en nuestros líderes, confiando en que dirán lo que en realidad creen y sienten.

El tercer criterio subraya el hecho de que una persona de integridad no se avergüenza de hacer lo que considera verdadero y correcto y bueno, mostrando una firme devoción a sus principios y sin embargo estando dispuesta a suavizar esto con compasión, según las circunstancias.

No se puede tener integridad sin ser honesto, pero sí se puede ser honesto teniendo poca integridad. Quiero decir con esto que un individuo puede ser honesto sin dedicarse al difícil trabajo de discernir lo correcto de lo incorrecto en cada situación, o tomar en cuenta el contexto, los sentimientos o el tiempo oportuno. Bien puede expresar honradamente su creencia sin detenerse a confirmar que sea apropiada para esa situación específica. Como lo recuerda Carter, "el problema puede ser sencillo, como el de una persona que sin pensarlo dice algo ofensivo para un amigo; unos momentos de reflexión le habrían revelado la probabilidad de herir al amigo y la ninguna necesidad del comentario. O el problema puede ser más complejo, como cuando un hombre que se crió desde niño en una sociedad que predica el racismo declara su creencia en la inferioridad racial como un hecho, sin detenerse a pensar que acaso esté equivocado. Ciertamente el racista es honesto —dice lo que piensa— pero su honestidad no equivale a integridad".

Una de las mayores infracciones de la integridad consiste en decirse uno: "Sólo yo lo sabré". Sólo yo lo sabré si soy infiel a mis convicciones y valores. Sólo yo lo sabré si no soy ético con los que confían en mí. Sólo yo sabré que no tengo intención de cumplir mi promesa. La implicación es que su propio juicio no es significativo y que sólo vale el juicio de los demás. Pero esto no es verdad. Su corazón sí lo sabrá. Otros lo presentirán también y su integridad habrá desaparecido.

Considérese la siguiente historia que cuenta Jack Hawley:

Patrick, asesor que trabajaba con una compañía aparentemente próspera, presiente que algo anda mal. A pesar del éxito externo, la atmósfera en las oficinas ejecutivas es pesada y sin vida. ¿Qué está pasando?

Habla con los altos gerentes de toda la compañía, tratando de averiguar qué pasó con la energía de la empresa. Poco a poco la respuesta va tomando forma: "contabilidad creativa". Han venido siguiendo una política de llegar hasta el límite de lo que es legal con respecto a los impuestos; recientemente han cruzado ese límite unas pocas veces. Encontrando que eso es fácil, se han instalado al otro lado, y eso está sangrando su vitalidad.

¿Qué hacer? Patrick sabe que el proyecto de motivación para el cual lo contrataron no arrancará mientras reine en la compañía esa atmósfera lóbrega. Se toma el fin de semana para meditar esperando oír una guía de su verdad interior.

El lunes siguiente se presenta en la oficina del presidente y recomienda que la compañía solicite al gobierno una completa auditoría contable. "¿Una qué? ¿Está este hombre loco?" Pero ésta no es sólo la historia del valor de Patrick. Es también la historia del corazón del liderazgo. Después de discutirlo mucho y de mucho planear, los líderes de la compañía resuelven aceptar el consejo y piden una auditoría contable. Termina por costarles unos cuantos millones de dólares en impuestos atrasados y multas. Duele. Pero vuelve la vitalidad y con ella la creatividad. Las utilidades vuelven a subir grandemente.

Le mencioné esta historia al presidente de una compañía financiera. Su reacción fue inmediata: "Sí, fue una medida inteligente —me dijo— no sólo honrada sino también práctica". Me explicó la inmensa pérdida de dinero, tiempo y espíritu que causa la falta de probidad y cómo todo eso proyectaba una sombra sobre todo lo demás. Su recomendación fue: tener valor, confesar sus equivocaciones y respirar el aire puro de la integridad.

$$D \times (A + V) = I$$

Discernimiento x (Acción + Voz) = Integridad

Considérese esta ecuación de CE que yo he encontrado útil para animar a ejecutivos y grupos administrativos a reflexionar sobre las tres características centrales de la integridad. *D* es una medida del compromiso que usted tiene en este momento, de discernir lo que es correcto de lo que es incorrecto en una situación dada. Esto requiere prestar mucha atención a lo que usted siente y lo que está pasando en su alrededor. *A* representa su voluntad de actuar sobre la verdad personal que haya sentido y discernido. Y una vez que se haya comprometido a actuar, *V* representa el grado en que está dispuesto a reconocer esa verdad personal íntima y darle voz, compartiendo sus convicciones con los demás. El producto *I* representa un puntaje hipotético de su actual nivel de integridad aplicada. Calificando cada factor en una escala de 0 a 10, el puntaje más alto (reservado probablemente a los santos y los ángeles) es 200. El más bajo es 0.

Digamos que usted va a tomar la decisión de llamar a un cliente con una mala noticia. Se ha encontrado un defecto en uno de los productos de su compañía. Es una cosa pequeña, probablemente nada que vaya a causar lesiones ni pérdidas de vida, pero podría ser costoso si el defecto apareciera durante el ciclo de producción de la compañía del cliente. ¿Cuál es la probabilidad de que esto ocurra? El departamento de investigación y desarrollo dice que una en un millar, tal vez una en 10 000. ¿Qué hace usted?

Primero, considere la *D* de discernimiento en nuestra ecuación. Se encuentra usted al final de un largo día de trabajo y esto no era lo que quería oír. Sabe que es un producto relativamente barato pero los costos de reparación en el sitio o instalación podrían ser inmensos. Y el momento no podía ser menos oportuno: este ha sido un año financieramente difícil, la compañía y usted deben someterse en un mes a revisión de rendimiento y corren rumores de que habrá más despidos. Además, se trata de uno de sus mejores clientes. Si llama a la ejecutiva encargada y le da la noticia, ¿qué va a pasar? No hay manera de saberlo con seguridad; tal vez se pierda el negocio, o tal vez le exijan reemplazar inmediatamente todos los productos similares, aun aquellos en que no han aparecido defectos en ciclos anteriores de producción. ¿Qué tal si usted le da la noticia, le explica que casi no existe riesgo y le ofrece mandarle un equipo de técnicos para que se pueda hacer rápidamente un reemplazo en caso de que se presente un problema?

Ahora trate de callar el coro de voces de racionalización en su mente. ¿Qué es realmente lo que se debe hacer? Vuelva a la fórmula: *Discernimiento × (Acción + Voz) = Integridad*. Profundice más, y usando el anterior ejemplo hipotético califíquese en una escala de 1 a 10 para *D*, Discernimiento.

Una vez que haya distinguido lo que es correcto de lo que no es correcto, ¿está usted dispuesto a actuar sobre esa distinción, a hacer lo que sea necesario para llevarla a la práctica? Por ejemplo, ¿cuáles son las posibles consecuencias de su decisión para su empleo, su carrera y la compañía, y hasta qué punto permitirá usted que tales consideraciones le impidan actuar? Califíquese de 1 a 10 en la *A* de la ecuación.

Finalmente, ¿cuán comprometido está usted a dar voz —la *V* de la fórmula— a su discernimiento y acción? En otras palabras, usted hace un determinado esfuerzo para distinguir lo que es correcto de lo que no lo es y luego actúa sobre lo que encuentra correcto. En consecuencia, ¿tratará entonces de apartar inmediatamente de su mente y su corazón todo este asunto, y en efecto actuará con integridad inconscientemente? ¿O bien reflexionará activamente sobre lo que ha discernido y está haciendo, y compartirá esto abiertamente con otros interesados? Este es su verdadero puntaje para *V*. Ahora multiplique $D \times (A + V)$ para obtener un puntaje aproximado de su integridad en esta situación. Observe que para cada uno de los factores no hay una respuesta óptima general. La integridad es profunda y siempre personal.

Sin duda usted podría preparar una larga lista de "casos de prueba" de la vida real que examinen el $D \times (A+V)$ de su integridad personal; probablemente algunos han ocurrido en el curso de las últimas horas o del último día de negocios. Vivir y trabajar con integridad requiere que cada uno esté dispuesto a efectuar el duro trabajo de discernimiento; a explorar sus sentimientos y perspectivas, lo mismo que los de otros; y a hacer un esfuerzo considerable por determinar qué es lo correcto en una situación dada para cada uno como individuo y para un grupo. Es un proceso en que muchas personas toman parte de vez en cuando, pero con el cual parecen renuentes a comprometerse como una manera de trabajar. Requiere valor y diálogo en el cual hacemos difíciles preguntas, reconociendo que hay pocas respuestas perfectamente claras o fáciles.

Le recomiendo que en las próximas semanas haga un poco de aritmética cada vez que se vea ante una decisión que exija integridad. ¿Qué calificación merece cuando sólo usted y nadie más sabe si está actuando con integridad o no? ¿Cuál de los tres factores de la izquierda de la fórmula tiende a ser el más bajo? Ese puede ser un buen lugar para concentrarse en hacer mejoras. Sin alguna simple herramienta o técnica para hacer más explícita la integridad, ésta es imprecisa en la mente de muchos ejecutivos, un misterio, y es fácil pasarla por alto aun en los más altos niveles de una organización.

INTEGRIDAD EN LA PRÁCTICA

Una cosa es hablar de integridad, como hacen muchos en el mundo de los negocios. Pero ponerla en práctica requiere una fina percepción, intuición y conciencia, con el respaldo de continua reflexión. Por ejemplo, uno puede saber que engañar a los demás es una falta de probidad, pero sin embargo engaña para obtener una ganancia o salvar unas relaciones que no quiere perder. Tal vez sepa que lo correcto es mostrarse compasivo con los menos afortunados, pero no lo hace porque teme que le cueste prestigio o dinero. El profesor William Torbert, de Boston College, les enseña a sus estudiantes de negocios técnicas de auto-examen para que puedan madurar y desarrollarse. Sostiene Torbert que el secreto de la eficiencia es crear integridad mediante la observación constante de la falta de integridad de uno. La integridad no es una característica de la personalidad sino del carácter. Es fuerte e intencional. Es profunda y reflexiva.

Tome el lector lápiz y papel y escriba breves respuestas a las cuatro preguntas siguientes:

1. ¿Cuál es mi posición?
2. ¿Discierno conscientemente lo que es correcto de lo que no lo es, y digo abiertamente que actúo de acuerdo con lo que yo entiendo por correcto e incorrecto?
3. ¿Qué espero que entre todos como sociedad, grupo o compañía podamos realizar, ahora y en el futuro?
4. ¿Qué estoy dispuesto a hacer (y qué no) para alcanzar ese éxito?

Estas son preguntas como las que usa con éxito Robert Webster, vicepresidente regional de ventas en U.S.A. de SmithKline Beecham, compañía farmacéutica del Reino Unido que ocupa el quinto lugar en su industria en el mundo. Hace unos años me llamaron para diseñar un programa de desarrollo profesional para uno de los grupos de ventas de esta compañía, en momentos en que se llevaba a cabo una reestructuración y reducción de tamaño de su fuerza vendedora.

Los líderes de ventas se comprometieron a aclarar su enfoque y a proceder con "integridad total" al presentar sus productos a médicos, farmacéuticos y al público. Convinieron en cinco valores centrales: integridad, innovación, producción, personal y clientes. Todas las prácticas cuestionables de ventas que a lo largo de los años habían infestado la industria farmacéutica se examinaron sistemáticamente y se abolieron o se modificaron para conformarlas con el nuevo compromiso. Una de las metas de Webster era ampliar su radio de confianza. "Puede contar con nosotros" fue el tema central, respaldado por el compromiso de integridad total. La recompensa de la nueva política se vio casi inmediatamente y en los años siguientes las ventas y las utilidades siguieron subiendo. Webster anunció hace poco que había contratado 400 vendedores más.

Considérese también el ejemplo de Dee Hock, fundador de VISA International, quien poniendo la integridad ante todo produjo una de las más impresionantes historias de éxito de los últimos treinta años. Empezando en 1970, VISA ha crecido aproximadamente 10 000 por ciento, sigue expandiéndose a razón de 20 por ciento al año y opera con unos 500 000 clientes en 200 países. Este año se espera que sus ingresos pasen del billón de dólares. Hock aconseja: "Contrate y ascienda primero sobre la base de integridad; segundo, motivación; tercero, capacidad; cuarto, comprensión; quinto, conocimiento; y finalmente, experiencia. Sin integridad la motivación es peligrosa; sin motivación la capacidad es impotente; sin capacidad la comprensión es limitada; sin comprensión el conocimiento es inútil; sin conocimiento la experiencia es ciega. La experiencia es fácil de adquirir y rápidamente la aprovechan los que poseen las otras cualidades".

Esto es algo que aprendió bien Kathy Masera, presidenta del *California Job Journal* de Sacramento. Desde hace años concibió la idea de publicar un periódico dedicado a informar sobre empleos a todos los interesados. Estudió cuanto pudo encontrar sobre la materia e invirtió lo que tenía en fundar la empresa, pero no fue suficiente, de modo que apeló a los bancos y a las firmas de capital para especulación. Todos la rechazaron. Entonces buscó inversionistas privados y al fin obtuvo una audiencia con el último de su lista. Este la escuchó, le hizo muchas preguntas sobre su proyecto, estilo gerencial e integridad y le ofreció una suma muy inferior a la que ella consideraba necesaria.

En la segunda entrevista, estando el inversionista listo para darle un cheque, Kathy no quiso aceptarlo y le explicó que su experiencia le había enseñado que un negocio subcapitalizado tenía que fracasar. Después de discutir el asunto, convinieron en la cantidad completa que ella había pedido y se estrecharon las manos para sellar su acuerdo. El inversionista guardó silencio un rato. Luego abrió un cajón de su escritorio y sacó un papel amarillento. Sonriendo le dijo: "Todos los que tengo en esta lista, Kathy, se han vuelto millonarios". Y tomando una pluma añadió: "Voy a agregar su nombre a la lista". Le correspondió el renglón 41 y fue la primera mujer a quien él apoyaba con una inversión. Hoy ella y su marido manejan la compañía y tienen un negocio próspero con 30 empleados.

Infortunadamente, a diferencia de SmithKline Beecham, VISA International y Kathy Masera, muchas personas y muchas compañías parecen creer que la integridad es una cosa con la cual uno nace: o se tiene o no se tiene. No es así; y esto es cosa que aprendió Kevin Dolan cuando era profesional y ejecutivo de la agencia de publicidad J. Walter Thompson. Dolan cuenta esta anécdota de Norman Strauss, quien era presidente de la agencia a principios de los años 60:

> RCA le había mandado a Strauss una nueva grabadora de cinta para que la anunciara. Strauss se presentó en la oficina del gerente general de RCA y le dijo que el aparato molía las cintas y las dejaba como espaguetis. "El producto no funciona; no lo podemos anunciar", le dijo. El gerente de RCA le contestó: "Si esa es su opinión, traspasaremos a otra agencia toda la cuenta de RCA". Ya iba Strauss a tomar la puerta cuando lo volvió a llamar: "Espere un momento. Si usted está tan convencido que está dispuesto a sacrificar toda una cuenta, el producto tiene que ser malo. Lo modificaremos". Y así, J. Walter Thompson conservó la cuenta. Dolan quedó muy impresionado con la actitud de su jefe, que representaba la integridad de su compañía.

Aspecto sombrío de la integridad
y la inteligencia emocional

Una definición de la palabra *integridad* es "adhesión a principios morales y éticos; rectitud de carácter moral; honestidad". También se define como "el estado de ser entero, completo y no disminuido".

Consideremos esto por un momento. Para ser enteros y no disminuidos en nuestro fondo emocional, la integridad nos exige hacer frente y aceptar e integrar el aspecto sombrío y oculto de nuestra naturaleza con el aspecto luminoso y generativo. Esto plantea un tema vasto y vital que está en general fuera del alcance de este libro. Sin embargo, me parece importante que el lector reflexione un poco sobre el asunto. Como decía Mahatma Gandhi: "Los únicos demonios del mundo son los que nos corren por el corazón. Ahí es donde hay que dar la batalla". La voz de Gandhi nos invita a entrar, cada uno a su manera, en una necesaria batalla de crecimiento y aprendizaje. Podría uno empezar leyendo acerca del aspecto sombrío de la naturaleza humana y discutirlo luego con sus seres queridos y amigos íntimos, tal vez con un colega de confianza.

> Lo que no tiene sombra no tiene fuerza para vivir.
>
> **Czeslaw Milosz**
> Premio Nobel

Para empezar, es importante reconocer que todos tenemos una tendencia natural, muy humana, a querer vivir con nuestros valores y virtudes y evitar hacer frente a los contrarios en nuestro carácter. Desde luego, reconocemos esos elementos sombríos pero hacemos todo lo posible por echarlos a un lado, confiando en que así disminuirán o desaparecerán mientras nosotros atendemos a las cosas urgentes de realizar el trabajo y vivir nuestra vida. Sin embargo, más tarde o más temprano descubrimos que eso no basta. Así como el corazón *físico* se compone de cavidades que impulsan el flujo de la sangre, el corazón *sensible* se puede ver como una reunión de cavidades, algunas llenas de luz y otras de sombra, que generan una más profunda corriente de vida.

Todos experimentamos en el mundo del trabajo horas de frustración, cuando se reduce la financiación, se pierden empleos, la resistencia parece insuperable, nuestra confianza es traicionada o nos vemos ante una creciente oposición o inercia. Si tratamos de negarlos o desconocerlos, esos momentos oscuros cobran más fuerza y crecen los obstáculos que se presentan en los peores momentos. Pero si los afrontamos resueltamente, su poder disminuye y tenemos menos restricciones para avanzar hacia el futuro.

El punto es que la luz sin tinieblas no es integrada ni sana. Lo uno sin lo otro nos deja sin integridad e incompletos. En ese estado creamos menos, nos preocupamos más, amamos menos y dudamos más. Sin embargo, esto se ha vuelto una manera tan común de trabajar y vivir que casi ni la notamos, y ahí está el peligro porque es demasiado fácil decir: "Así es la vida".

Esto nos presenta un reto para desarrollar la inteligencia emocional y fue una razón principal para que al diseñar nuestro programa de entrenamiento profesional nos concentráramos en la aplicación del CE al trabajo real y a la vida real. Como parte central de ese esfuerzo, trabajamos con Prasad L. Kaipa, Ph.D., presidente de Knowledge Architecture y socio del Grupo CPR para usar un proceso de diseño conocido como Tecnología de Construcción de Pirámides, usado con éxito por altos ejecutivos de compañías como Ford, Boeing, Pacific Bell, el Instituto Deming y Xerox. Con la ayuda de Kaipa creamos no sólo una *Pirámide de CE en Acción* sino también una *Pirámide sombra de CE en Acción.* La verdad es que podemos aprender mucho sobre nuestro ser interior si nos proponemos detectar partes de nuestra sombra personal que se reflejan en los comentarios críticos que otros nos hacen. Por lo general tenemos mucha práctica en desviar o negar tales comentarios a fin de presentarnos a la luz más favorable. Piense cuántas veces ha oído usted comentarios de que otros lo ven tal vez como frío, egoísta, arrogante, desconfiado, indiferente, siempre triste, o dominante. Cuando oiga a varias personas repetir las mismas cosas, es tiempo de explorar más a fondo lo que usted lleva por dentro.

Tarde o temprano tenemos que investigar nuestro aspecto sombrío tan valerosamente como investigamos el luminoso. "Los seres humanos siempre han empleado un gran número de arbitrios ingeniosos para huir de sí mismos —observa John Gardner—. Podemos mantenernos tan ocupados, llenar la vida con tantas diversiones, atiborrarnos tanto la cabeza de conocimientos, tratar con tantas personas y abarcar tanto terreno que nunca tenemos tiempo para examinar el pavoroso y maravilloso mundo interior. Cuando llegamos a la madurez de la edad, ya somos diestros fugitivos de nosotros mismos", lo cual limita nuestra inteligencia emocional.

Los que llevan una vida plena y satisfactoria se enfrentan tarde o temprano con áreas de oscuridad o con vacíos dentro de sí mismos. La experiencia nos enseña que cuando nos abrimos a este aspecto de la naturaleza humana no sólo suprimimos gran parte de su poder destructivo sino que liberamos nuevas fuentes de energía o pasión, creatividad y confianza. Bien puede ser que en lo que al principio no aceptamos acerca de nosotros mismos —nuestras debilidades, temores y sombras— sea donde al fin descubrimos nuestra humanidad.

Muchos piensan que nuestro aspecto sombrío sólo contiene tinieblas, pero según Carl Jung, la esencia de las sombras es "oro puro". "No hay luz sin sombra —escribió— y no hay entereza psíquica sin imperfección. Para redondearse, la vida pide no perfección sino entereza. Uno no se ilumina imaginando figuras de luz sino haciendo la oscuridad consciente". En otras palabras, en los negocios no podemos dirigir a otros si no nos dirigimos primero a nosotros mismos; podemos hacer frente en los demás únicamente a lo que podemos hacer frente en nosotros mismos.

Viéndolo constructivamente, cuando hacemos frente al aspecto sombrío de nuestra naturaleza humana nos facultamos para:

- Realizar más crecimiento del lado luminoso del espectro de CE (la inteligencia emocional tiene un amplio tramo; para muchos sentimientos, cuanto más oscuras las sombras, más brillante la luz).
- Realizar una más profunda y genuina autoaceptación, basada en un conocimiento más completo de quiénes somos en realidad; en muchos casos esto es lo que nos libera para cambiar y crecer.
- Reconocer, experimentar y guiar las partes más restrictivas, oscuras y reaccionarias de nosotros mismos en vez de suprimirlas, caso en el cual estallan inesperadamente, a menudo en los peores momentos.

- Liberarnos de sentimientos crónicos de culpa, resentimiento, remordimiento o vergüenza que se asocian con los sentimientos del "lado oscuro".
- Mejorar o ayudar a sanar nuestras relaciones mediante valeroso auto-examen y más franco diálogo con los demás.
- Dejar lo que algunos llaman "exceso de equipaje", o lo que Robert Bly denomina el "saco invisible que vamos arrastrando". Según Bly, esto incluye todas las cosas que hemos ido metiendo ahí desde niños, cuando los maestros y los padres nos decían que teníamos que estarnos quietos, no enojarnos por nada, no discutir ni quejarnos, etc., etc. Este saco llega a ser muy pesado cuando uno llega a la edad madura y ya está cansado de arrastrarlo. Algunas veces aparecen síntomas físicos: cuando reflexione en la diaria dosis de dolores, angustias y aspiraciones, pregúntese:
  ¿Qué es lo que en este momento no puedo soportar?
  ¿Qué es lo que no puedo mover, llevar o tragar?

Su poder sobre el lado sombrío de las emociones descansa en no tener que actuar sobre sus sentimientos oscuros. En esta forma podemos ver que las emociones del lado sombrío no son algo esencialmente destructivo, sino sencillamente parte de nuestro ser más íntimo, que permanece escondido.

Volvamos un momento la atención al lugar de trabajo. Pregúntese: ¿Algunas políticas de la compañía me obligan a dominar a los demás, a desatender los sentimientos, decir mentiras "para bien de la organización" o sacrificar mi integridad en otras formas? En toda carrera y oficio desarrollamos ciertas competencias y enfoques de nuestro oficio y sentimientos relativos a él, al mismo tiempo que dejamos en las sombras otras capacidades y emociones. Esto parece funcionar bien hasta que un día el yo exterior, impulsado por el éxito, choca con una situación que nos pide responder desde nuestro fondo emocional escondido. ¿Qué pasa entonces?

> Preservar el alma significa que salimos del escondite al fin y llevamos más de nosotros mismos al lugar de trabajo. Especialmente aquellas partes que no "pertenecen" a la compañía.
>
> **David Whyte**
> *The Heart Aroused*

De igual modo, ¿qué es lo que les impide a muchos alcanzar todo lo que en el fondo creen posible? ¿Por qué algo interior al borde de nuestra conciencia salta a sabotear valerosos esfuerzos, minar esperanzas y aspiraciones o empujarnos a huir del éxito? Si uno se toma algún tiempo tranquilo para desentrañar este misterio verá que muchos lugares de trabajo han ahogado la expresión de su corazón y su alma. Podemos racionalizar que esto es necesario para conformarse. Pero eso no lo hace correcto ni de integridad.

Al ponerse en contacto con los aspectos luminosos de su fondo emocional, permanezca abierto para aprender también de sus sombras personales, inclusive sus varias corrientes de impulsos, hábitos y con- tradicciones y sentimientos de duda, autocompasión, ambición, marti- rio, celos, envidia, mentiras, inculpaciones, resentimientos y remordi- mientos, para nombrar sólo unos pocos. Al aceptar sus imperfecciones y faltas detectará también voces de cautela y sabiduría que saltan de la oscuridad.

Considere igualmente que todas las corrientes emocionales que se cruzan unas con otras dan a la vida y al trabajo su magia y su riqueza, su diversidad y energía. ¿Qué escoge usted entonces: sufrir o explorar? En años recientes he encontrado que hacerme estas preguntas de tiempo en tiempo tiene mucho que ver con mi propio desarrollo y mis relaciones con el trabajo, la familia y el mundo.

Deena Metzger, poetisa y psicóloga de Los Ángeles, sugiere una serie de preguntas para ayudar a fijar el terreno en que reside el yo sombra en quien reconocemos la continuación de nosotros mismos, nuestra otra cara: "¿Cuáles son aquellas cualidades o atributos de los demás que usted encuentra menos parecidas a usted mismo? Recuerde un momento en que sintió odio. ¿Hay algunos que le odien a usted? ¿Cuáles son sus prejuicios más arraigados? ¿Con qué grupo siente menos afinidad? ¿Quiénes son las personas que usted no querría ser porque le repugnan, lo ofenden, lo aterran o lo enfadan o porque están por debajo de usted o son grotescas? ¿En qué circunstancias se sentiría demasiado humillado para seguir viviendo? ¿Qué horror dentro de sí mismo encuentra usted intolerable?"

Conexiones con Cuadro de CE: Integridad aplicada

Véanse las siguientes escalas del Cuadro de CE como puntos de reflexión relacionados con este capítulo: conciencia emocional de sí mismo, conciencia emocional de otros, intención, elasticidad, poder personal e integridad.

Examinando nuestras respuestas a tales preguntas vemos que todos llevamos en el interior el potencial de ser a la vez destructivos y creativos, de amar y odiar. Podemos distinguir nuestros valores morales y principios éticos de las corrientes emocionales subterráneas que tiran de nuestros sentidos desde las sombras. Es allí donde podemos empezar a explorar el lado oculto de nuestra naturaleza haciéndola más explícita, menos volátil y fortuita.

Nuestra capacidad de sentir alegría, por ejemplo, es conmensurable con nuestra capacidad de sentir dolor o pena. Si evitamos el dolor, embotamos nuestra capacidad de alegría. Poco es lo que puede cambiar en nosotros a menos que lo aceptemos y le concedamos un lugar en la realidad de nuestra vida en vez de ocultarlo. Trabajando en nuestro fondo emocional es donde abrimos el camino a activos espirituales y creativos muy necesarios. Y lentamente vamos integrando las cavidades del corazón y las dimensiones integrales de nuestra vida.

La verdad es que ningún hombre o mujer al borde de las sombras interiores carece del anhelo de pasar esa etapa de crecimiento emocional y superarla. Ese no es el enfoque que nacimos para tomar. La existencia humana es la mitad sombra y la mitad luz.

CE EN ACCIÓN
Acuerdo de Tiempo de Integridad

Una de las herramientas que yo he encontrado más útiles al trabajar con ejecutivos y directivos es la que llamo Acuerdo de Tiempo de Integridad. Es algo que usted mismo escribe en sus propias palabras e incluye en su programa semanal, en conexión con el ejercicio de Apuntes de CE descrito en el capítulo 1.

Propósito: Destinaré el Tiempo de Integridad para sentarme tranquilamente y prestar atención a mi vida interior, que avanza hacia el futuro.

Me abriré a toda la amplitud y profundidad de mis sentimientos e imágenes, tanto luminosas como oscuras. Trataré de aprender más sobre la conciencia íntima que da forma a lo que siento, pienso, digo y hago.

Compromiso: Programaré por lo menos ___ minutos (no menos de 5 a 10) todas las mañanas durante las próximas ___ semanas (no menos de tres) antes de empezar el resto de mi rutina diaria. Me comprometo a utilizar este Tiempo de Integridad para reflexionar y explorar mi inteligencia emocional, tanto las sombras como las luces de mi corazón y espíritu, sabiendo que ambas son parte integrante de quién soy yo y quién llegaré a ser en la vida.

> Nuestro más profundo temor no es que seamos inadecuados, sino que tengamos un poder desmesurado. Es nuestra luz, no nuestra tiniebla, lo que nos asusta.
>
> **Marianne Williamson**

Firme y feche su acuerdo y déle entrada en su programa diario.

Imagínese por un momento qué sería posible si usted se comprometiera a vivir con integridad en todo tiempo, pasara lo que pasara. ¿Qué tal si todos en su departamento u organización se comprometieran a ser una fuente de integridad, cada uno conectado con los demás? ¿Qué ocurriría si toda la energía que se pierde corrigiendo las consecuencias de falta de probidad se pudiera usar en cambio para colaboración creativa, incluyendo descubrir toda forma posible de ir a la cabeza en su campo, beneficiar a la humanidad y al mismo tiempo competir por el futuro? ¿Cómo serían entonces su vida y su trabajo?

De una profunda experiencia de nuestro potencial único y propósito, respaldada por un compromiso con la integridad, es de donde proviene nuestra genuina influencia. Cuando se usa ésta sin coerción, viene a ser fuente indispensable de energía que da forma a nuestros sueños y realizaciones en el mundo real. Es esta influencia la que nos capacita para hacer sentir nuestra presencia en el vasto mundo interconectado de personas, problemas y posibilidades, de todo lo cual en alguna forma y a algún nivel usted forma parte. Los que triunfan en la vida y el trabajo aprenden a ejercer su influencia en formas creativas y respetuosas, sin rango, privilegio o autoridad. Y ese es el tema del capítulo siguiente.

12

Influencia sin autoridad

Václav Havel, poeta y presidente de la República Checa, observa: "Nunca deja de asombrarme cuánto estoy yo a merced de los directores y editores de la televisión, y cómo mi imagen pública depende mucho más de ellos que de mí mismo. Conozco políticos que se han habituado a verse a sí mismos sólo como los ven las cámaras. La televisión les ha expropiado su personalidad y su corazón y los ha convertido en algo así como la sombra de lo que eran. A veces me pregunto si hasta dormirán en una forma que se vea bien en la televisión".

Este es el nuevo riesgo no sólo para los directivos sino para todos nosotros. A medida que crece el poder y atractivo de los medios de comunica-

> En el interior de todos nosotros, cualesquiera que sean nuestras imperfecciones, hay un pulso silencioso, un complejo de ondas y resonancias que son absolutamente individuales y únicas, y que sin embargo nos conectan con todo lo demás en el universo.
>
> **George Leonard**
> *The Silent Pulse*

ción, más trabajo se realiza a distancia, por computador y videoconferencias. ¿Nos resistiremos a convertirnos en una cáscara vacía, imagen superficial de nuestro ser real? ¿O abandonaremos la inteligencia emocional por preservar la imagen que presentamos al mundo en los medios de comunicación o en la sala de juntas o en los *bytes* de sonido que nuestros clientes oyen? Estas son cuestiones que vale la pena meditar.

Desde hace más de doscientos años la gerencia se ha concentrado en análisis, poder externo y racionalismo técnico. Se puede decir que esta tendencia empezó con Voltaire y otros pensadores del siglo dieciocho y ha oscurecido otras características humanas, tales como espíritu, emoción, intuición y experiencia. John Ralston, ejecutivo e historiador, nos recuerda: "Racionalismo y razón no son más que estructuras. Y la estructura la controlan mejor los que se sienten libres del lastre que representan el sentido común y el humanismo. La estructura se acomoda mejor a aquellos cuyos talentos están en la manipulación".

Pero la inteligencia emocional ejerce mejor su influencia sin manipulación ni autoridad. Pocos gerentes negarían que la competencia se está intensificando en todo el mundo; pero los medios tradicionales de competir se están reemplazando por competencia mediante influencia. Lo que el viejo modelo lineal no tenía en cuenta es el ambiente en que hoy se llevan a cabo los negocios, ambiente que integra conflicto y cooperación, caos y colaboración creativa. El estratega James Moore denomina estos ambientes *ecosistemas de negocios*, especie de caos organizado y coevolución crucial parecida a lo que ocurre en los ecosistemas biológicos. Los profesores de administración de empresas Adam Brandenburger y Barry Nalebuff le han dado un nuevo sesgo a todo esto a través de la teoría que han llamado "coo-petencia", *(Coo-petencia*, publicado por Editorial Norma, 1997).

Su esfera de influencia

Muchos negocios encuentran que las antiguas líneas divisorias entre industrias se están desdibujando y en algunos casos han desaparecido por completo. Ejecutivos y gerentes tratan de entender y desempeñar nuevos papeles y relaciones de persona a persona y de compañía a compañía. Véase el caso de IBM, Microsoft e Intel: en algunos mercados son feroces competidoras; en otros son proveedoras de valor vital para su recíproca rentabilidad; y en otros aspectos de los negocios están creando, por el momento, el futuro en lo que parecen ser campos enteramente distintos. En todas las industrias, desde manufactura hasta energía, telecomunicaciones, cuidado de la salud y medios de información, vastas redes interconectadas de imaginación compartida, confianza e influencia se extienden a través de productos, mercados y fronteras geográficas, y activa y continuamente dan forma y redefinen el éxito para cada compañía y cada interesado.

La era de inteligencia en los negocios que está pasando estaba dominada por la física, por un modelo matemático que todo lo trata como inanimado y secuencial. El nuevo concepto de inteligencia en los negocios emplea un modelo biológico que trata a las personas, las ideas, las organizaciones y los mercados como únicos y vivos, capaces de cambio, interacción, sinergia y crecimiento. Los que están en sintonía con la información intuitiva y las voces de la inteligencia emocional encontrarán que pueden ejercer más influencia que los demás. ¿Por qué? Porque el ser humano analítico se concentra en ejercer influencia mediante poder externo, control, maniobras y manipulación. Con alta inteligencia emocional, por el contrario, tendemos a ser dirigidos más desde lo interior y tenemos acceso a una gama más amplia de competencias que con sólo el poder cognoscitivo, y esto se expresa en una forma de influencia que sería más propio llamar *resonancia* que autoridad.

El visionario líder Dee Hock, siendo vicepresidente de un pequeño banco de Seattle, se prometió que si algún día llegaba a crear una organización la concebiría como basada en conceptos y metáforas biológicas. En junio de 1970 se le presentó esa oportunidad. Después de dos años de diálogo, discusión, tormentas de ideas y planeación, fue nombrado presidente de National BankAmericard, Inc. (después rebautizada VISA International). VISA es uno de los ejemplos que citan los expertos para demostrar cómo se pueden aplicar a los negocios los principios dinámicos de los modelos biológicos y la teoría del caos.

En la frontera entre caos y orden

Los buenos sistemas adaptables siempre muestran tensión dinámica entre caos y orden, y en VISA, Hock fomentaba competencia e iniciativa lo más posible en toda la compañía (caos), creando al mismo tiempo mecanismos de cooperación ética, o sea orden. No fue fácil pero los resultados fueron extraordinarios y la influencia sigue creciendo. Según Hock, la esencia del liderazgo es esta: "Si usted espera dirigir, invierta no menos del 40 por ciento de su tiempo en autodirigirse: su ética, el carácter, principios, propósito, motivación y conducta. Invierta por lo menos el 30 por ciento en dirigir a los que tienen autoridad sobre usted, y el 15 por ciento en dirigir a sus iguales. Utilice el resto para persuadir a aquellos *para quienes usted trabaja* de que entiendan y practiquen esos principios; pues si usted no entiende que su deber es trabajar para sus mal llamados 'subalternos', no ha entendido nada".

Recuerdo que Gandhi a principios de su carrera estuvo en Sudáfrica, donde desarrolló un fuerte sentido de propósito. Un día llegó desde un país lejano un voluntario que quería unirse a su obra, y le preguntó: "¿No le sorprende que yo me presente así, de improviso?" "No", le contestó Gandhi, y le explicó que cuando una persona descubre lo que es correcto y se dedica a practicarlo, las personas y los recursos necesarios aparecen, como atraídos a la causa. Eso es influencia y es resonancia. Gandhi no tenía ninguna posición oficial en el gobierno ni en los negocios, carecía de riquezas, no mandaba ejércitos, y sin embargo inspiraba y movilizaba a millones de personas.

Cuanto más estudiamos los problemas y posibilidades de nuestra era, más nos convencemos de que no se pueden entender aisladamente. Están interconectados. Cada actitud, emoción y acción suya o ajena crea una influencia, una radiación que alerta continuamente nuestra fisiología y percepciones; durante este proceso influimos también en la función y crecimiento de las células cerebrales y nuestras relaciones con la vida. Desgraciadamente no reconocemos fácilmente que los problemas que encontramos forman parte de los sistemas en los cuales desempeñamos un papel activo. Nos inclinamos a tenerlos por cosas de "afuera" y a insistir en que los demás son los que tienen que cambiar.

Nuestra primera reacción es decírselo. Luego tratamos de obligarlos. La experiencia nos enseña que esto no sólo no tiene éxito sino que puede ser desastroso.

RESONANCIA EMOCIONAL:
ENERGÍA, INFORMACIÓN E INFLUENCIA

El punto que quiero recalcar es que el problema por lo general no está "allá afuera" sino "aquí", en nuestro interior. El sistema externo de que tanto nos quejamos existe en realidad dentro de cada uno. Somos, en efecto, transmisores y receptores de energía y valor. Las emociones son corrientes de energía que nacen dentro de nosotros, activan nuestros valores y dan forma a nuestra conducta, la cual emana hacia afuera e influye en los demás. Esto lo sentimos en el trato diario y debemos aceptar la responsabilidad de aprender y guiar esta fuente de conexión y efecto. Una sorprendente investigación científica sugiere que los sentimientos del corazón se pueden percibir desde una distancia hasta de tres metros; pero además, que el corazón humano responde a toda palabra que se diga, y en el diálogo el que escucha no sólo reacciona al hablante sino que en cierto sentido es parte de él.

Tengo sobre mi escritorio una pequeña placa que dice: "Da al mundo lo mejor que tengas, y lo mejor te será devuelto". Yo creo que cuando trabajamos con un propósito y a conciencia, tengamos éxito o no, ejercemos una influencia significativa; es decir, que aun cuando una iniciativa termine en fracaso, nuestros mejores esfuerzos crean otra dimensión de influencia, algo que los que nos rodean pueden percibir y valorar.

¿Recuerdan ustedes a aquel solitario manifestante que se enfrentó desarmado en Tiananmen Square a un tanque militar durante la represión del gobierno chino? Estaba condenado al fracaso, pero los que lo vimos desde el otro lado del mundo sentimos su valor. Su compromiso y esfuerzo resonaron dentro de nosotros. En alguna forma, aun sin que él lo supiera, su acción nos cambió a nosotros, nos conectó.

En esta forma subimos la escala del propósito. Todo sentimiento y pensamiento influye en nuestro ser e irradia a los demás. Esto es resonancia. Entenderla y responsabilizarse por ella es una clave de la profundidad emocional.

Y si bien es cierto que demasiada emoción puede confundir el proceso de raciocinio, en la mayoría de las situaciones de negocios el problema es el contrario: muy poca emoción, lo cual obstaculiza y paraliza el razonamiento. Muchos líderes y gerentes no entienden bien la naturaleza de su papel como generadores de valor y faros y receptores de inteligencia emocional; ni entienden que pueden guiar esa resonancia. No se dan bien cuenta de cuán estrechamente se les observa, aun desde lejos, y cómo hasta los más pequeños detalles de sus palabras, gestos y conducta se tienen en cuenta, se sienten, se interpretan y se recuerdan por todos los que entran en contacto con ellos.

> Si uno se queda en un rincón y no hace caso de los mil aspectos de la totalidad, si toma una cosa y desecha el resto, lo que alcance será poco y lo que domine será vano.
>
> **Lao-tse**
> *Entendiendo los misterios*
> (Siglo VI a. de J. C)

Tal fue el caso de una inesperada líder, Hwa Mu-Lan, en la China hace 500 años. En su larga historia, la China ha tenido muchas guerras y sus familias han mandado a sus hijos al combate. Durante una de esas épocas, vivía en una pequeña aldea una joven llamada Hwa Mu-Lan. En su familia no había hijos de edad militar. Su padre estaba muy débil y su hermanito era un niño. Para protegerlos de que los obligaran a prestar el servicio militar, ella se disfrazó de hombre, sentó plaza de soldado y se fue a la guerra. Era fuerte e inteligente, sirvió con valor como líder y llegó a ser general. Al principio se enganchó por pura compasión, sólo por proteger a su padre y su hermano, pero en esa circunstancia descubrió el camino de su vida y empezó a ejercer su influencia.

Lo mismo es cierto de muchos empresarios y líderes de los negocios. Una vez que se comprometen apasionadamente con un propósito, trabajan de todo corazón por aprender y sobresalir y luego tener influencia. Algunos han soñado con fundar algo o dominar un mercado o una industria, o últimamente la Internet, o amasar una fortuna. Pocos llegan realmente a realizar tales cosas y casi ninguno lo logra en nuestros días siguiendo las fórmulas tradicionales de los negocios. Los que sí triunfan ven su éxito como algo misterioso, escurridizo, hasta mágico, o como si fuera sólo la mano de la fortuna. Quizás sea así. Pero hay algo más.

Durante treinta años mi curiosidad persistente ha sido: ¿Qué hace a un gran líder? En busca de respuesta, he escudriñado estudios históricos y he estudiado a muchos líderes contemporáneos. Cuando se trata de fundar un imperio luchando contra fuerzas superiores, pocos líderes me han intrigado tanto como Songtsen Gampo. Permítanme contarles algo de su historia.

Fue hijo primogénito del gobernante de un pequeño reino. Tenía 12 años cuando a su padre lo envenenaron sus rivales y a su madre la mataron ante sus ojos. Lo que a él le salvó la vida fue, en una palabra, su resonancia. Aun a tan corta edad, había algo en él que los enemigos de su padre respetaban. En vez de matarlo y apoderarse de la corona, lo protegieron para que aprendiera a gobernar, lo cual era un reto monumental: eran aquellos tiempos peligrosos, violentos e imprevisibles. En las rutas comerciales, por donde circulaban todos los bienes imaginables del mundo, la lucha era feroz. Rebeldes y bandidos atacaban inesperadamente. Los canales del comercio se ganaban o se perdían de la noche a la mañana y los líderes se disputaban el poder. Intrigas y asesinatos eran cosa de todos los días.

Con todo, en los 30 años que Songtsen Gampo y sus consejeros gobernaron el Tibet, crearon un imperio que llegó a ser el doble del tamaño de la China y posiblemente mayor en extensión e influencia que los de César, Atila o Alejandro. Songtsen ganó incontables acciones militares contra fuerzas superiores y más experimentadas. Mediante una serie de brillantes estrategias hizo alianzas con sus poderosos vecinos. A pesar de que fue víctima de traiciones y atentados, se comprometió a aprender de ellos y adoptó la práctica de perdonar a quienes se le oponían. Aprendió los diversos idiomas, creencias y costumbres de los pueblos de su imperio, y así unificó a los centenares de clanes díscolos y revoltosos y a los tiranos de la región.

Más que sus brillantes estrategias, fue la profundidad emocional de lo que el pueblo llamaba su "auténtica presencia" lo que le ganó la confianza y lealtad de los gobernantes vecinos. Este sentimiento irradiaba hasta lejanos reinos y ciudades cuyos líderes llegaron a unirse a él en un propósito compartido que incluía mejor comercio, paz mediante fuerza unificada, educación y respeto por las diversas culturas y creencias. Quién era Songtsen Garmpo y qué representaba, resonó en el corazón de los demás. Aun aquellos que detestaban a los forasteros y no querían tomar parte en sus planes llegaron a reconocer el poder de su propósito y compromiso y su brillantez estratégica.

Durante su gobierno obtuvo el control de los pasos de las montañas, los ríos y las rutas comerciales. Construyó una nueva ciudad capital y comisionó una nueva forma de arquitectura que se reconoce y admira en todo el mundo. Honró las diferentes herencias culturales y acogió a individuos de distintas creencias y antecedentes, aprovechando la inspiración creativa que recibió de lejanas culturas desde el Imperio Romano, India, China, Persia y más allá. En los últimos diez años de su vida sus realizaciones fueron muchas: estableció un gobierno representativo, amplió el comercio mundial, promulgó un código de moral y defendió los derechos humanos. Comisionó el primer idioma escrito de su tierra y un plan de alfabetización nacional; formuló un sistema de cuidado médico basado en las mejores tradiciones de Grecia y de China; y promovió una cultura tan igualitaria que sus enemigos la llamaban "el reino de las mujeres". Luego, en medio de uno de los períodos más violentos de la historia, introdujo en su imperio el Dharma, el camino de la no violencia.

Songtsen Gampo vivió en el Tibet de 591 a 650. Poco se sabía sobre él fuera de su tierra nativa hasta que eruditos occidentales descubrieron un escondite de documentos del siglo siete (parecidos a los Pergaminos del Mar Muerto) enterrados bajo las arenas de Asia Central. Lee Feigon, director del departamento de estudios de Asia Oriental y profesor de historia en Colby College, dice: "En el pasado un Tibet independiente gobernó varias regiones de China, India, Nepal, Asia Central y hasta el Oriente Medio. Se ha escrito mucho sobre los estados pequeños rivales, pero ningún gran dominio es tan poco conocido como el que los primeros reyes del Tibet fundaron en las alturas de los Himalayas... Songtsen Gampo no fue simplemente un jefe militar; fue un sabio gobernante, imaginativo, capaz de prever las complejas necesidades de su imperio y las estructuras políticas y culturales necesarias para construir una nueva civilización".

Una cosa que yo he aprendido de estudiar la vida de líderes, incluso este hombre que vivió en el Tibet hace 1 300 años, es que todos ellos se han enfrentado a la resistencia, a menudo durante largos períodos de tiempo y en todos los frentes. Eso, sin embargo, no los detuvo. Algunos han prevalecido por la fuerza bruta, otros por la fuerza de voluntad o por un golpe de genio creador y acierto en el momento de actuar. Sin embargo, he llegado a convencerme de que muchos de los mejores prevalecieron o dejaron su legado debido a la resonancia emocional y su resultante influencia. Fue este tipo de intensidad a nivel del corazón en la búsqueda de Sócrates y en la llamada al destino de Martin Luther King, para mencionar sólo dos ejemplos, más bien que la supremacía de sus argumentos, lo que les dio su fuerza —la presencia que hacía que los que se ponían en contacto con ellos sintieran que tenían que cambiar de vida.

¿Cuáles son sus historias?

Una fuente de influencia permanente son nuestras historias personales; las historias de quiénes somos, qué representamos y qué llegaremos a ser. Una vez contadas y oídas, éstas resuenan dentro de nosotros, nos tocan el corazón, nos cambian. Muchas de las principales compañías del mundo que tienen una capacidad institucionalizada de innovación crean dicha capacidad mediante historias. Robert Coles recuerda que uno de sus mentores médicos le decía: "Los que vienen a vernos traen sus historias. Confían en poderlas contar suficientemente bien para que entendamos la verdad de su vida".

El médico y poeta William Carlos Williams, íntimo amigo de Coles, le decía: "Esas historias, la suya, la mía, son lo que llevamos por dentro en este viaje que emprendemos, y estamos en el deber de respetarlas y aprender de ellas". David Whyte, poeta nacido en Inglaterra, participa en los programas ejecutivos de Boeing y muchas otras compañías, estimulando a los líderes a compartir sus historias como medio de avanzar su inteligencia emocional y creativa.

Una de las ideas centrales en la investigación de Howard Gardner sobre liderazgo es que líderes son todas aquellas "personas que de palabra o por el ejemplo influyen notoriamente en la conducta, las ideas y sentimientos de un número significativo de sus congéneres". Por su liderazgo —los principios fundamentales por los cuales una compañía lleva a cabo sus negocios y la manera como trata a sus empleados, proveedores y clientes— la presencia de una organización resuena, como en ondas, hacia nuestras comunidades y sociedades. No hay manera de ser un líder eficaz o un profesional de éxito sin una clara comprensión de la compleja red de personas que lo rodean a uno, los talentos, los verdaderos intereses de cada uno, las diversas perspectivas de individuos y grupos, cómo ven el mundo, qué los hace sentirse apreciados y qué evoca su espíritu creativo y de colaboración. Toda esta información, mucha de ella vinculada con la inteligencia emocional, es vital para una eficiente toma de decisiones. "Hay un campo de energía entre los seres humanos", dice el psicólogo y filósofo Rollo May. "Existe una resonancia entre líderes y seguidores que los hace aliados en apoyo de una causa común", observa Warren Bennis.

Si como individuo o como líder usted encuentra una ligera resistencia a su presencia o ideas, entonces un leve cambio de punto de vista o alguna nueva información puede ser todo lo que se requiere para avanzar. Pero si la resistencia es más honda, la sola información no será suficiente para efectuar el cambio. Muchos líderes y gerentes, si ven que hay resistencia a su razonamiento, apelan a la "fuerza de la razón" y tratan de obligar a las personas a ver lo correcto de su visión de la realidad. Esto no funciona.

En los negocios, como en la guerra, tendemos a deshumanizar al enemigo. Nos aislamos. Reprimimos nuestros sentimientos y así bloqueamos toda posibilidad de entender al opositor. Songtsen Gampo no procedía en esa forma. Era conocido por el diálogo franco y por perdonar a los transgresores. Esto le procuró respeto y alianzas permanentes. Aprendió a no tratar de convencer a los demás de que él era el que tenía la razón y de que todos los que se le oponían estaban equivocados. Por el contrario, seguía esforzándose por discernir la humanidad de sus enemigos. Quería que todos se mostraran humanos entre sí y que lo siguieran en un propósito compartido, en lugar de debilitarse unos a otros en disputas y guerras.

Yo creo, sin embargo, que él sabía que sólo podemos crear el futuro si nosotros mismos crecemos mediante comprensión de los principios del cambio y la influencia sin autoridad. Cada uno da forma a una parte de ese futuro pero no podemos controlarlo: es inherentemente incontrolable, en parte misterio y magia, en parte evolución y redes de relaciones. Los grandes líderes dan voz a los anhelos informes y las necesidades hondamente sentidas de otros. Establecen conexiones por medio de resonancia y crean comunidades de visión, práctica e influencia compartidas. Cuentan historias que captan aspiraciones y ganan los corazones.

Una metáfora que se ha empleado para esto desde la antigüedad es la de círculos concéntricos, con el yo en el centro, rodeado de círculos que son la familia, amigos, grupo de trabajo, comunidad de trabajo, comunidad más amplia y el resto de la humanidad. Hans Ulrich, de la Escuela de Negocios de St. Gallen, en Suiza, ideó un modelo conocido en los círculos administrativos de Europa como el modelo de St. Gallen. Se basa en el concepto de la organización de negocios como un sistema social vivo e incorpora muchas ideas de la biología, la ciencia del cerebro, la ecología y la teoría de la evolución. W. Edwards Deming dice que la mayoría de los problemas de las compañías son los sistemas, no las personas.

> **Conexiones con Cuadro de CE: Influencia sin autoridad**
>
> Véanse las siguientes escalas del Cuadro de CE como puntos de reflexión relacionados con este capítulo: expresión emocional, conciencia emocional de otros, elasticidad, conexiones interpersonales, descontento constructivo, compasión, intuición y radio de confianza.

En los últimos años muchos líderes de negocios que yo creo son los más creativos y eficientes han modificado su manera de dirigir. En lugar de fiarse tanto de planeación y predicción, exploran los efectos del diálogo y la influencia, la anticipación de oportunidades y cambios, y acogen iniciativas de responsabilidad y propósito compartidos. Estos notables hombres y mujeres entienden que las ondas de inteligencia (emocional, creativa y práctica) tienen una resonancia que continuamente ejerce influencia en todas direcciones desde el yo hacia afuera y desde el sistema del cual formamos parte, otra vez hasta nosotros. No tejemos esta red de negocios y vida; cada uno es un hilo de ella. Todo lo que sentimos, pensamos o hacemos a los demás o a nosotros mismos, lo hacemos a la red.

CE EN ACCIÓN

Cómo los sentimientos pasan de persona a persona

En virtud del principio de resonancia, las emociones de una persona no sólo son sentidas sino también captadas por otras. Quiero decir que existe contagio emocional. Este es generalmente inconsciente y puede ocurrir en una fracción de segundo. Por ejemplo, si se le acerca un individuo con ánimo abatido, usted súbitamente también se siente deprimido; pero si el otro viene entusiasta y vibrante, usted se contagia de ese estado emocional. Esto subraya que uno de los fundamentos de la inteligencia emocional es manejar su nivel de energía (capítulo 2): cuando uno está tenso y cansado, los problemas y obstáculos le parecen más grandes de lo que son y además uno es más susceptible de ser "infectado" por la depresión anímica de otros. Por el contrario, si renueva sus energías y logra mantenerse tranquilo y alerta, este estado emocional le comunica "inmunidad" natural y puede también contribuir a que los demás se sientan menos agitados y mejore su estado de ánimo.

¿Lo deprime el solo hecho de estar cerca de ciertas personas? Tal vez no sepa por qué pero lo siente desde lejos. Son personas que tienen la manía de describir problema tras problema, agrandando las cosas triviales, exagerando y quejándose, con muestras de autocompasión y de ser siempre víctimas y mártires, tal vez con acompañamiento de suspiros y quejidos. Esta conducta la han llamado varios investigadores "descarga en cadena", observando que la persona descarga o acumula una serie de problemas sobre la cabeza del que la escucha. Esto es cosa muy distinta de franquearse con los demás, acto en el cual uno expresa con franqueza, con oportunidad y en debida forma, lo que piensa sobre una cuestión, idea, circunstancia o experiencia.

No se puede negar que todos tenemos nuestros días en que estamos alicaídos. Las razones no faltan, y no hay remedios rápidos. ¿Qué es, pues, lo más realista que se puede hacer en tales casos? He aquí algunas consideraciones.

- *Reconocer y respetar la distancia emocional.* Un gerente de alto CE entiende sus propias luchas con los demonios y las dudas interiores. Cuando percibe desánimo en un colega, jefe o empleado, no se lo apropia. Esto le permite dar a la otra persona campo para ensayar maneras de salir adelante. "No es posible resolver los problemas de la vida de los demás —dice el psiquiatra Ronald Podell, de la Universidad de California— ni darles el amor propio que les falta. Si se trata de hacerlo se corre el riesgo de unirse a ellos. ¿Qué hacer entonces? Actuar con empatía y fijar límites apropiados, no fría o vengativamente sino con cordura y propósito". Cuando sienta una caída de ánimo, fíjese si no será por estar en presencia de un quejicoso. Es importante conservar su energía y su presencia auténtica sin dejarse abatir, y ponerse en posición de dar ánimo a los demás con su presencia emocional y resonancia. Si las cosas se ponen realmente feas, podría ponerse un imaginario "impermeable" que crea la imagen de protegerse del aguacero de palabras depresivas. Haga preguntas aclaratorias, como "¿Qué va a hacer usted en esta situación?" y luego pase adelante. Si es preciso, retírese lo más cortésmente que pueda.

- *Hablar por experiencia propia, sin sermonear ni aconsejar.* Casi todos nos resentimos con los consejos o los rechazamos, pero apreciamos la oportunidad de aprender de experiencias ajenas parecidas a las nuestras. Cuando salga a asistir a otra persona, sobre todo a una que esté luchando con un reto o una circunstancia difícil, propóngase actuar con empatía y compartir algo significativo que haya aprendido en su propia vida y trabajo. Exprésele como algo que se debe considerar y que se ofrece amistosamente. Esto se toma en forma muy distinta de expresiones como: "Lo que usted está haciendo es un disparate... Lo que tiene que hacer es..."

- *Si el zapato le viene, póngaselo; si no, deséchelo.* Las salidas de tono suelen incluir fuertes críticas, casi siempre no pertinentes o falsas. Vale la pena recordar que cuando uno deja entrar en su interior y enconarse palabras irritantes o hirientes, se tortura a sí mismo innecesariamente. Practique reemplazarlas con otras más tranquilas, tales como:

"Vamos por partes. Tomemos un respiro y hablemos del caso". "Comprendo que él estaba irritado; pero no quiero olvidar sus muchas cualidades espléndidas".

"En este momento yo estoy molesto, pero creo que estas relaciones son básicamente sólidas y buenas".

La idea es convencerse de que el estado de ánimo de la otra persona probablemente no tiene nada que ver con uno. Permanezca flexiblemente optimista, como se vio en el capítulo 8. En esa forma será menos vulnerable al contagio de las emociones ajenas.

- *No deje que un problema se agrande en nombre de la "honestidad emocional".* Esta es una de las ocasiones en que decir lo que uno realmente siente puede ser contraproducente. Cuando sea apropiado, se puede tratar de aliviar las tensiones con un poco de humorismo, que es una de las maneras más rápidas de activar la creatividad y sacar a la gente del abatimiento. Evite hacer afirmaciones que culpan a una persona o la hacen sentirse mal, o la tachan de incompetente; y no amenace con que se va a retirar.

- *Continúe renovándose.* Cuando uno crea elasticidad emocional mediante renovación (capítulo 8), ella ayuda a inmunizarlo contra los aspectos perjudiciales del contagio emocional y le permite ejercer mayor y más firme influencia sobre los demás, sin necesidad de autoridad, rango o coerción.

CE EN ACCIÓN
La influencia y el factor equidad

En todas las relaciones, dentro y fuera del oficio, el proceso de toma y daca desempeña un papel importante en la influencia. Establecemos y sostenemos relaciones basadas en obtener influencia mediante intercambios que promueven respeto y valor para todos los interesados. Los que son diestros en esto están siempre preparados para ser los primeros en asumir el riesgo, en extender confianza a los demás sin saber con seguridad si les pagarán en la misma moneda.

"Detesto la palabra *equidad* —dice Al Zeien, presidente de Gillette—. Todos dicen: 'Sí, quiero ser tratado con equidad'. Yo digo que la palabra no es ésa, sino *apropiadamente*. Creo que es importante que la compañía trate a sus empleados apropiadamente". Zeien se preocupa por proteger y recompensar a los empleados que, como él dice, "llevan la antorcha".

"Todos necesitan saber qué significa el fracaso y necesitan saber que la organización los respalda. Eso es lo que yo hago".

> Uno puede comprar el tiempo del empleado; puede comprar su presencia material en un lugar determinado; hasta se le puede comprar cierto número de movimientos musculares por hora. Pero su entusiasmo no se puede comprar... su lealtad no se puede comprar... la devoción de su corazón no se puede comprar. Estas cosas hay que ganárselas.
>
> **Clarence Francis**
> *Fortune*

Esto ciertamente no es fácil: identificar la injusticia y luchar contra ella y hacer todo esfuerzo por ser equitativos y apropiados es un gran reto en medio de los prejuicios de la sociedad actual. Hay que observar que la envidia y el resentimiento envenenan cualquier iniciativa o empresa. Muchas repúblicas en la historia han fracasado debido a la envidia; envidia de una facción o familia contra otra, o de los pobres contra los ricos. Para tener larga vida una república tiene que vencer la envidia y el resentimiento. La mejor manera de hacerlo es generar crecimiento económico con diversas industrias, iniciativas y canales de oportunidad, de modo que toda familia tenga la oportunidad real de mejorar de condición. Esta esperanza realista de un futuro mejor es indispensable para todos los miembros de la sociedad, incluso los pobres. Sólo entonces puede la gente sentir en su corazón que el trabajo, la confianza, la fe, la buena voluntad, la creatividad y la perseverancia traen su recompensa. Sin esta esperanza realista, vienen el cinismo y el pesimismo, a veces hasta la hostilidad y la rabia.

Fred Smith, gerente general y presidente de FedEx, conoce bien este principio. La gerencia de FedEx sostiene su Procedimiento de Trato Equitativo Garantizado en toda forma posible —con dinero, tiempo, comunicación y seguimiento continuo. Pero la demostración más significativa de apoyo viene de Smith, quien asiste casi todos los martes a las reuniones de la junta de apelaciones (uno de los dos grupos judiciales), reuniones que a veces se prolongan todo el día. Los miembros de la junta informan que Smith tiene el mejor récord de asistencia.

En cualquier organización surgen de tiempo en tiempo cuestiones de equidad. Si no se reconocen y se resuelven, disipan la energía del grupo. Muchos aspectos de la equidad giran en torno del factor equidad, sistema de equilibrio oculto que guía e influye en lo que la gente contribuye a cualquier relación. Estos son algunos de los descubrimientos que se han hecho sobre dicho factor:

No obstante todo lo que se dice en contrario, un principio básico en las relaciones de trabajo es que el individuo da para recibir. Esto no arguye codicia ni egoísmo sino sólo una inconsciente expectativa de equidad y equilibrio. La frase "Después de todo lo que yo he hecho por ustedes..." es una simple expresión de sentimiento interno de que lo que uno ha dado no es igual a lo que ha recibido en cambio. A menudo lo que más cuenta no es nuestra intención o esfuerzo o el tiempo que hayamos contribuido a una relación sino la percepción que la otra persona tiene de estas cosas.

El personal de dirección quiere que sus colegas y empleados sean productivos y se apliquen al trabajo, pero a menudo se desilusiona cuando los ven llegar tarde a las reuniones, tomarse largos descansos, inflar las cuentas de gastos, llevarse propiedad de la compañía para uso personal y fingirse enfermos cuando todos sabemos que están sanos. Y con frecuencia nos sorprenden abandonando el empleo y yéndose a trabajar por su cuenta o para nuestros competidores.

Empiece con una simple auditoría del factor equidad: seleccione una importante relación de trabajo —con un subalterno, con su jefe o con un miembro clave de su equipo. Divida una hoja de papel en dos columnas. En la de la izquierda escriba "Qué doy" (insumo) y en la de la derecha "Qué recibo" (producto). Apunte en la primera todas las contribuciones que usted está haciendo a la relación, como, por ejemplo, paga, tiempo, enseñanza, desarrollo profesional, respeto, confianza, apoyo emocional, lealtad, consejo y demás. En la columna de la derecha escriba los beneficios que está recibiendo. Compare las dos listas. ¿Parecen iguales?

La percepción de insumo/producto es altamente personal. Encuestas hechas en todo el país indican que el 53 por ciento de los directivos y el 83 por ciento de los empleados en grandes compañías se sienten mal recompensados y resentidos. En muchos casos los "hechos" no justificarían estos sentimientos, pero eso no importa. Lo que realmente importa para los individuos es cómo perciben las cosas ellos mismos y qué sienten. Esto puede constituir más del 90 por ciento de su visión de la realidad. Una vez que empiezan a sentirse mal recompensados, pueden experimentar sentimientos de piedad de sí mismos o martirio, pueden sentirse no apreciados, incomprendidos y descontentos porque sus expectativas no se han cumplido. Recuerde que los hechos pueden decir lo contrario y usted como líder quizá no haya hecho nada para causar tales sentimientos. Sin embargo, el sentimiento es real. Tratar de afrontarlo directamente o de demostrar que está equivocado sólo sirve para avergonzar a la otra persona y puede provocar más enfado, resistencia, resentimiento y aun venganza.

Cuando el individuo cree que está dando más a una relación de lo que recibe en cambio, siente angustia y, según los profesores de administración Richard C. Huseman y John D. Hatfield, responde en una de las siguientes formas:

1. Reduce los insumos disminuyendo su contribución a la relación por uno de los siguientes medios: llegar tarde al trabajo, faltar a las reuniones, trabajar menos, hacer las cosas con descuido, quejarse, difundir rumores, fingirse enfermo, tomarse largos descansos, "olvidarse" de realizar tareas y sabotear su propio trabajo y el de los demás.

2. Aumenta los productos tratando de cambiar lo que recibe de la relación, pidiendo una o más de las siguientes cosas: más paga, bonificaciones, promoción, aumento de seguridad en el oficio, más prestaciones, traslado a un oficio distinto, mejores condiciones de trabajo.

3. Pone fin a la relación.

Una de las maneras más eficaces de restaurar la equidad en las relaciones es enterarse de qué es lo que la otra persona necesita y aprecia, y procurárselo. Este es el poder de la equidad en el intercambio: obtener lo que uno necesita y dar a otros lo que ellos aprecian y necesitan. Se pueden discutir opciones sin atacar la posición de la otra persona. Por ejemplo, si descubre que el problema es dinero, podría preguntar: "¿Qué tal que redujéramos la magnitud del proyecto para que encaje dentro de sus limitaciones presupuestales?" Se inicia una colaboración para encontrar soluciones mutuamente beneficiosas. También podría usted pedirle a la otra persona su consejo, que probablemente es lo que menos espera. En el fondo usted reconoce así la competencia y valor del otro.

He aquí algunas consideraciones:

- Empiece por suponer que la otra persona es buena y es un aliado potencial.
- Extienda su confianza para crear una buena relación.
- Verifique su brújula interna: ¿Tiene usted bien claras sus metas y prioridades en relación con esta persona?
- Determine los talentos de su aliado en potencia, sus intereses, prioridades, necesidades y deseos.
- Identifique cuáles de sus propios recursos y capacidades pueden ser de valor para esta persona.
- Solicite la opinión de su aliado. "¿Qué tal que...?" "¿Qué haría usted en mi lugar?" "¿Qué le parece equitativo?" Escuche las respuestas e ideas que recibe.
- Dé usted el primer paso: comprométase a una acción que demuestre aprecio por la otra persona.
- Sugiera un intercambio: ofrezca lo que usted tiene a cambio de lo que desea.

Lleve a cabo un proceso análogo de balance de equidad con sus compañeros de trabajo, empleados, clientes, miembros de familia y amigos. ¿Qué quiere de usted cada uno? ¿Cómo se sienten más apreciados y respetados? Encontrará usted las respuestas en el corazón, bajo la piel y más allá de las palabras. Responda de acuerdo.

Usted tiene que utilizar algunas de las anteriores estrategias para determinar lo que puede hacer por mejorar su alianza con esta persona. Los grandes jefes se forman por lo menos en parte por la manera como los demás contribuimos a formarlos. Los profesionales y los empleados tienen tanta responsabilidad de contribuir a hacer del jefe un buen líder o gerente, como el jefe tiene la de contribuir a que los profesionales y empleados se sientan tratados con equidad, apreciados y prósperos.

CE EN ACCIÓN

La compañía como una comunidad

Más allá de la equidad, hay otra dimensión de la influencia: la comunidad de la cual formamos parte. En épocas anteriores ésta era el pueblo o el vecindario en que vivíamos; pero hoy para muchos el lugar donde trabajamos constituye nuestra principal comunidad. Es allí donde pasamos la mayor parte de las horas del día. Es allí donde buscamos respuesta a los problemas de la vida; es allí donde hacemos amistades, donde esperamos ser apreciados y pertenecer, y donde podemos contribuir a la sociedad. Es también el principal lugar donde aprendemos a crecer y donde descubrimos el significado de nuestra vida. El filósofo John Dewey sugiere que el resultado principal de la vida organizacional no es tanto la producción de bienes como el desarrollo de las personas.

En su esencia, una organización puede verse como el reflejo de las creencias, principios, ideas, esfuerzos, sentimientos y conducta de las personas que la integran. Este es el viejo concepto de comunidad. Michael Dell, presidente de Dell Computers, explica así la manera como él lleva este concepto a la práctica:

> Cualquier actividad en que se pueda reunir a la gente para que se comunique es muy útil en nuestro negocio. Hay que echar abajo las barreras y promover la comunicación informal. Así se hacen amistades para la compañía, y los empleados empiezan a entender y piensan: "La compañía no se está aprovechando de mí; todos tenemos un interés común en ella". Una cosa que ha funcionado especialmente bien es que nuestros empleados toman parte en muchas actividades de voluntarios para la comunidad. Nosotros patrocinamos ferias de voluntariado y la compañía por medio de sus donativos para beneficencia dirige fondos a las actividades en que participan los empleados como voluntarios. Hacemos encuestas entre ellos para averiguar qué es lo que les interesa y dirigimos nuestros fondos hacia esas obras de caridad.

Cuando usted piensa en *corporación,* ¿qué sentimientos e imágenes evoca esta palabra?

Cuando piensa en *comunidad,* ¿qué siente y qué ve?

Según los estrategas organizacionales Juanita Brown y David Isaacs, las respuestas que la gente da a tales preguntas son sorprendentemente consecuentes: *corporación* evoca sentimientos e imágenes de autoridad, burocracia, competencia, poder, reglas rígidas, máquinas y jerarquía militar. *Comunidad* evoca visiones de voluntarios que se ayudan unos a otros, de juntas vecinales, cooperación, democracia, responsabilidad personal, compromiso, trabajo en equipo, creatividad y diversión. Recuerdo las palabras que escribió en su diario la escultora Jenny Read (1947-1976): "No es más luz lo que el mundo necesita; es más calor. No moriremos de oscuridad sino de frío".

En el curso de los últimos decenios muchos altos ejecutivos han empezado a prestar mayor atención a este sentido de comunidad y a la necesidad de llevar "más calor" lo mismo que luz a sus compañías, especialmente a medida que perdemos mucho contacto cara a cara en el paso hacia oficinas virtuales y trabajo a través de la Internet y las redes internas de las compañías. Wayne Calloway, como presidente de Pepsico (jubilado hace poco), mostró siempre un activo interés en el ser humano y en las familias y las comunidades, no sólo en las carreras, y en los problemas personales y las personalidades. Cada una tiene su propia forma de influencia o resonancia, conectadas unas con otras, y cuanto más sepa un líder sobre ello, dice Calloway, más puede ayudar a las personas a alcanzar la felicidad y motivación que mantienen girando lo que él llama el "círculo de creatividad y valor".

"A veces, explica, tenemos un empleado que tiene los valores correctos y sin embargo no funciona (quiere decir que su rendimiento no es satisfactorio). Entonces nos preguntamos qué podemos hacer para ayudarle. Quizá encontremos que su esposa estuvo incapacitada de un cáncer durante seis meses y el hombre no había podido dormir. Entonces una licencia de tres meses es lo indicado. Otras veces nos dicen: 'Este oficio no es lo que yo esperaba y no es lo que yo quiero hacer, pero no puedo renunciar porque tengo muchas deudas'. Tal vez nosotros les decimos: 'Le pagaremos sus deudas durante un año. Usted vaya y piense cómo hacer su trabajo más interesante'".

Este es en gran parte el resultado de entender la conexión y la resonancia, y el poder de ejercer influencia sin autoridad a fin de estimular a la gente para que aproveche las oportunidades que dice que quería. La adaptabilidad para responder a diferentes individuos y sus necesidades contribuye a crear un sentido de comunidad y confianza, dice Calloway, en lugar de decir: "¡Que se vayan al cuerno! No están rindiendo. ¡Fuera de aquí!" Eso no funciona.

Una cosa que sí funciona es crear un espíritu individual y comunitario de aprender en el trabajo. En 1994 el Banco de Montreal construyó para su Instituto de Aprendizaje un edificio de US$50 millones. En los amplios corredores hay gabinetes con ventanales, propios para las conversaciones informales y el sentido de comunidad. En el salón central hay un "muro de afinidad" en el cual los clientes escriben nuevas ideas y conectan hilos de diálogo. Se celebran foros abiertos para centenares de personas a la vez, empleados y gerentes de todos los niveles sin agenda planeada ni exposiciones formales. Los participantes se valen del diálogo para generar ideas innovadoras y crear a su vez su propia agenda.

Pregúntese: ¿Nuestra compañía congrega a la gente como una comunidad, no sólo como un lugar de trabajo? ¿Inspiramos a nuestros miembros la mayor motivación y participación voluntaria? ¿Estimulamos verdadero diálogo? ¿Aprendemos juntos las cosas que nos interesan, aun en tiempos de incertidumbre y dificultades? Peter Drucker nos recuerda que en cualquier empresa los mejores empleados son los voluntarios, los que tienen la oportunidad de hacer otras cosas en la vida, fuera de presentarse al trabajo.

CE EN ACCIÓN
Mentores y afectos

Nadie negará que el ascenso hasta la cumbre es largo y penoso. La gente se cansa, se distrae, se descorazona, siente la tentación de darse por vencida. El deber del líder es infundir ánimo a sus seguidores para seguir adelante, guiar de acuerdo con las hondas corrientes de propósito y visión. Esto no sucede sin ejemplo.

Los que han tenido éxito recuerdan a los que les sirvieron de modelo y les ayudaron a entender su potencial único que define un destino. En muchos casos esos individuos les ayudaron a salir del camino del fracaso y entrar por la vía del éxito. No basta, empero, con tener tales personas en nuestra vida; tenemos que aprovechar al máximo lo que ellas nos ofrecen. Y luego, a su tiempo, decidirnos a servir nosotros mismos de modelos.

> Interesarse por los demás, los más aptos y los menos aptos sirviéndose los unos a los otros, es la roca sobre la cual se construye una buena sociedad.
>
> **Robert K. Greenleaf**
> Harvard Business School

Según Robert Vanourek, "El verdadero líder se preocupa por la gente. Pone el bienestar de sus seguidores a la par con el suyo propio, de modo que el liderazgo iluminado requiere un sentido de inclusión y servicio, no egoísmo. ¿Y por qué se interesa el líder? Porque sabe que cada uno lleva en su interior un potencial. El líder quiere facultar a las personas, desencadenar ese potencial oculto. Esto lo sienten los demás intuitivamente. Saben que un verdadero líder merece su confianza. Así, se comprometen. Voluntariamente. En cuerpo y alma. Las grandes victorias se ganan en el corazón de la gente".

Seguramente ustedes sabrán que a Thomas Edison le concedieron 1 093 patentes y que está considerado como el padre de lo que hoy se conoce como investigación y desarrollo. Fue el inventor de la bombilla eléctrica, el fonógrafo y las películas habladas. Pero pocos saben que también se le atribuye el concepto de trabajo en equipo. Sus laboratorios fueron de los primeros que promovieron la colaboración entre profesionales; y como él era casi totalmente sordo, esa colaboración era más difícil e intuitiva.

Dirán los cínicos que eso de los mentores no es más que la vieja idea de los supervisores. No hay tal. Los mentores no "resuelven" problemas; cuando se les solicita proveen recursos y ayuda. En un reciente artículo de *Harvard Buiness Review* se lee: "Todo el que triunfa tiene un mentor". ¿Quiénes han sido los mentores de usted? Pregúntese: ¿Qué he hecho yo, específicamente, y qué estoy dispuesto a hacer para atender la llamada a ayudar a otro? ¿Cuál es mi verdadera influencia —inclusive mi resonancia emocional— en las comunidades más amplias de que formo parte?

En muchos casos los líderes se proponen formar otros líderes. William Peace, gerente general de Westinghouse, cuenta la historia de Gene Cattabiani que fue su jefe y mentor. En los primeros años del decenio de los 70 Cattabiani se hizo cargo de la división de turbinas de vapor de la compañía, en Filadelfia, que estaba en mala situación. Inmediatamente se vio obligado a reducir costos y subir la productividad, lo que afectaba los talleres, donde era grande la enemistad entre obreros y patronos. Varias huelgas habían degenerado en violencia y los directivos veían a los trabajadores como perezosos y egoístas. Cattabiani creía que la cooperación del sindicato era la clave para salvar la división y prometió tratar a los trabajadores con honradez y respeto. Contra el parecer del personal de dirección, resolvió exponer ante todos los empleados la verdadera situación de la empresa.

Quiso hacerles ver que la división se estaba hundiendo y que sus empleos dependían de una transformación de las relaciones obrero-patronales. Pero los trabajadores lo veían a él como el enemigo y lo abuchearon y lo insultaron. Él persistió, sin embargo, y además de estas sesiones informativas inició una serie de visitas personales a los talleres, cosa que ninguno de sus predecesores había hecho. Se propuso hablar directamente con los mismos que lo habían ofendido.

Al principio los trabajadores no querían oírlo, pero a la vuelta de un mes empezaron a escucharle y algunos hasta discutieron con él. No era posible odiar a este hombre. Poco a poco dejó de ser el Enemigo. Al final del segundo mes ya había adquirido algo de credibilidad y se estableció un diálogo que reemplazo la anterior hostilidad.

En los meses que siguieron, Cattabiani cambió grandemente la manera de manejar la división, y las

> El ser humano es parte de un todo que llamamos el universo. Se siente a sí mismo, sus ideas y sentimientos, como algo separado del resto —una especie de ilusión óptica de su conciencia. Esta ilusión es como una prisión que nos limita a nuestros deseos personales y a querer sólo a unas pocas personas íntimas. Nuestra tarea debe ser libertarnos de esa prisión ampliando nuestro círculo de afectos para abarcar a todas las criaturas vivas y toda la hermosura de la naturaleza.
>
> **Albert Einstein**

relaciones obrero-patronales mejoraron. Fijó altas normas de calidad y productividad, mayor flexibilidad en el trabajo, y en casos de absoluta necesidad despidió a algunos empleados. Cada cambio fue una lucha pero él persistió, manteniéndose accesible y arrostrando resueltamente las críticas. El rendimiento de la división mejoró lo bastante para asegurar su supervivencia y así se salvaron muchísimos empleos. William Peace, que estaba aprendiendo de Cattabiani durante estos cambios, dice que así él se preparó para hacer frente a sus propios problemas en el futuro. Hay muchas pruebas de que tener un mentor y una fuerte relación de colegas son dos aspectos cruciales del éxito.

¿Quiénes son actualmente sus mentores? ¿A quiénes les está sirviendo usted de mentor? ¿Dedica una hora a la semana, o varias horas al mes, a una relación de mentor de alto CE? ¿Qué valor tiene o podría tener tal compromiso para su vida personal y de negocios? Piense en adquirir por lo menos un nuevo compromiso de mentor en el año que viene.

Hace poco me llamó una amiga, Lynn Sontag, quien, habiéndose retirado de la dirección de desarrollo ejecutivo en 3M, acababa de encargarse de investigación y desarrollo para MenTTium, empresa que dirige un programa modelo de preparación para mujeres de alto potencial que estén a nivel de mandos medios. El propósito es encontrar para cada mujer que aspire a la alta gerencia un alto ejecutivo, en otra compañía, que le sirva de mentor. Más de 450 compañías patrocinan la participación de sus futuras líderes femeninas en el programa de MenTTium. Ya se han formado casi mil parejas y la evaluación indica que este ha sido un proceso que ha cambiado la vida, no sólo el trabajo, tanto de los mentores como de las asesoradas.

Muchos creen que tales iniciativas son indispensables para el amplio papel de los negocios en la creación del futuro. No sólo para tener éxito en los negocios sino para resolver los problemas más urgentes del mundo, incluso

> Cada uno tiene que resolver si va a andar a la luz del altruismo creador o en las tinieblas del egoísmo destructor. La pregunta más persistente y urgente de la vida es: ¿Qué está haciendo usted por los demás?
>
> **Martin Luther King, Jr.**
> 1928-1968, líder de derechos civiles y premio Nobel

desigualdad de oportunidades, violencia, hambre, miseria y desesperanza, se necesita el trabajo de individuos y grupos de mentores en muchos frentes, con tanto valor y sentido de comunidad como caracterizaron la lucha de Martin Luther King y otros contra la segregación, el apartheid y la amenaza de guerra nuclear.

EL PUENTE AL CUARTO PILAR DEL CE

En este tercer pilar del CE cada una de las cuatro competencias —potencial único y propósito, compromiso, integridad e influencia— forma el carácter y genera creatividad. Necesariamente empezamos también a integrar nuestro lado emocional sombrío con el lado luminoso, y a reconocer las voces del temor y la duda que siempre nos acompañan. En el próximo y último pilar del CE, alquimia emocional, ampliamos nuestra capacidad de encontrar soluciones, de innovación y transformación y damos un paso al frente para crear el futuro. Esas competencias no se pueden obtener por cognición y fuerza de voluntad únicamente. Requieren que *fluyamos* con la intuición, que nos dejemos llevar y permitamos que crezca nuestra capacidad de inteligencia emocional. En este sentido, *fluir* se puede ver como el vínculo o el "puente" entre el tercer pilar del CE y el cuarto.

CUARTO PILAR

Alquimia emocional

Presentir oportunidades y crear el futuro produce confluencia
—incluso innovación intuitiva, transformación situacional
e inteligencia fluida

El filósofo francés Jean-Paul Sartre escribió que las emociones son el origen de "transformaciones mágicas del mundo". En este cuarto pilar iniciamos una discusión exploratoria de la forma en que pueden verificarse tales transformaciones en el trabajo y en la vida. Por *alquimia* entendemos "cualquier facultad o proceso de transmutar una sustancia común que se considere de poco valor, en otra cosa de gran valor".

> En el límite florece la vida.
> **James Gleick,** *Chaos*

En virtud de una mayor conscientización y aplicación intuitiva de inteligencia emocional, nos convertimos de hecho en alquimistas. Aprendemos a reconocer y dirigir las frecuencias emocionales o resonancias que sentimos en nosotros mismos o en los demás, en vez de rechazarlas automáticamente. Aprendemos a aplicar nuestras corazonadas, entusiasmos, descontento y otras energías emocionales como catalizadoras del cambio y crecimiento, o como antídotos contra la rigidez y el estancamiento personales o de nuestras organizaciones. Es aquí donde empezamos a experimentar uno de los resultados claves de la alquimia emocional: la *confluencia*, que es la reunión de intuiciones y talentos dispares, propósitos y competencias, personas y posibilidades, en un todo unificado.

> El trabajo es un esfuerzo por encontrar una alquimia adecuada que despierte y al mismo tiempo satisfaga las raíces mismas de nuestro ser.
>
> **Thomas Moore**
> *Care of the Soul*

En este último pilar del CE, siguiendo nuestra exploración de la vida y el trabajo, introducimos algunas de las maneras útiles en que la inteligencia emocional nos capacita para *fluir* con los retos, *transformar* situaciones difíciles, *sentir* oportunidades, *explorar* territorios desconocidos, *cambiar* las reglas y *crear* el futuro. Seguimos reuniendo los hilos de la inteligencia emocional en formas que adelanten nuestra vida y trabajo, nuestro propósito y relaciones, nuestro aprendizaje y legado.

13

Flujo intuitivo

CUANDO LA INTUICIÓN se ha desarrollado grandemente, uno no necesita activarla: permanece activa, fluye. Es parte de la manera como el corazón reacciona ante toda experiencia y circunstancia. En medio de cambiantes ocupaciones, de un millar de detalles, un centenar de discusiones, una montaña de informes e incontables *megabytes* de datos de computador, apelamos a un sexto sentido para que nos lleve al sitio preciso donde debemos actuar —el punto clave en esta trama movediza que llamamos el trabajo, donde tenemos la mayor fuerza y donde nuestra presencia puede ser decisiva.

Ese sexto sentido es el flujo intuitivo. Casi todos lo hemos experimentado en algún momento, al dar nuestro máximo rendimiento o forzarnos hasta el límite de lo posible —en el arte, la literatura, la música, el atletismo, el liderazgo, o persiguiendo metas que nos son caras en los estudios, las relaciones o los negocios. Son momentos que suelen recordarse como los mejores de la vida. Un compositor los describe así:

Uno entra en un estado de éxtasis, al punto en que se siente como si no existiera. Yo he experimentado esto muchas veces. Mi mano parece que no me pertenece, que yo no tengo nada que ver con lo que está ocurriendo. Yo sólo observo, lleno de admiración. Y la música fluye por sí sola.

Centenares de descripciones por el estilo recogió en veinte años de investigación sobre flujo intuitivo el psicólogo Mihaly Csikszentmihalyi, de la Universidad de Chicago. Montañistas, bailarines, campeones de ajedrez, cirujanos, científicos, ejecutivos, deportistas, ingenieros, contadores y hasta oficinistas cuentan experiencias de flujo intuitivo. Entre sus síntomas figura un espontáneo sentimiento de júbilo y a veces hasta de rapto. El individuo se está desempeñando a un alto nivel de realización y alerta, se siente recompensado y aumenta su confianza. Está más allá de las diarias rutinas y preocupaciones. El flujo intuitivo le da un elevado sentido de mérito personal y satisfacción. Y hay pruebas de que podemos experimentar este estado a voluntad.

Yo he conocido algunos hombres y mujeres excepcionales que trabajaron con flujo intuitivo. Uno de los mejores ejemplos, que no es de los negocios, es el de Ab Taylor, maestro en el arte de buscar niños perdidos, en cuya compañía tuve la oportunidad de pasar algunos días, aprendiendo.

Durante treinta años, en los más difíciles terrenos y en las circunstancias más peligrosas, han llamado a Ab a buscar fugitivos de la justicia o niños extraviados de su familia en un campamento o fugados de su casa. La suerte de estos niños le toca el corazón. Cuando la policía y los socorristas locales han agotado en vano todos sus recursos, él es el que los encuentra, aterrados porque sus gritos pidiendo auxilio no han sido oídos, a veces durante muchos días. Algunos han muerto.

Ab es capaz de descubrir un rastro en cualquier punto y seguirlo días enteros si es necesario, en espesos bosques, día y noche. Aprendió a leer toda impresión que puede dejar un pie humano y toda sutil señal que deja una pierna o un brazo al atravesar el follaje. Su intuición descubre señas casi invisibles de movimiento y las combina tan claramente que podría ser él la persona perdida. Por un millón de indicios diminutos siente el pánico del niño que busca, su nivel de tensión y fatiga. Sabe lo que la lluvia y el tiempo pueden hacer con una huella. En el silencio de la noche o en el estruendo de una tempestad puede seguir una huella "vieja", incluso borrada bajo las pisadas de socorristas bien intencionados pero inexpertos.

Generalmente se documentaba por anticipado sobre la persona que debía encontrar, y se tomaba un tiempo para preguntarse: ¿Qué haría yo si fuera esa persona? ¿Qué sentiría corriendo o perdido? ¿Hacia dónde iría? Luego confiaba en su intuición más profunda y empezaba la busca. Casi al punto entraba en un estado de flujo intuitivo. Esa es una de las cosas que los investigadores han encontrado acerca de esta experiencia: flujo intuitivo no es una cosa que ocurra cuando uno está pasivo o mentalmente distanciado de una experiencia; ocurre cuando estamos totalmente comprometidos en esa experiencia y nos forzamos a realizar algo difícil o valioso. En otros términos, no es algo que nos ocurra a nosotros, o al azar; es algo que nosotros hacemos que ocurra.

Durante el tiempo que pasé con Ab Taylor, recuerdo haber pensado que sus dificultades ofrecen una buena analogía con lo que muchos tenemos que afrontar en la vida y los negocios. Buscamos algo que está adelante, en lo desconocido. La selva de la vida organizacional cambia constantemente. Es compleja e incierta. Tenemos que hacer acopio de todos los recursos disponibles, de todo instinto, todo tipo de inteligencia para salir adelante. No podemos perdernos ninguna señal ni salirnos del rastro. La mente racional no puede lograr todo esto. Necesitamos del corazón. Necesitamos flujo intuitivo como el de Ab Taylor.

Max Planck, padre de la teoría cuántica en física, decía que el científico pionero y el profesional tienen que tener "una vívida imaginación intuitiva para nuevas ideas que no se generan por deducción". En una ocasión visité un laboratorio del Instituto Max Planck en Alemania, y estuve conversando con científicos que hacían investigación sobre producción celular de trifosfato de adenosina, ATP, la energía de la vida. Nunca olvidaré la atmósfera de increíble entusiasmo que allí reinaba. Comprendí que lo que allí había era colaboración innovadora en el más alto grado. Flujo intuitivo, de un descubrimiento a otro, de una mente y corazón a otros. Aventura continua desde el límite de lo conocido hacia lo desconocido.

El director del instituto me dijo que los investigadores eran de diversas nacionalidades y que estaban encargados, individual y colectivamente, de diseñar y realizar investigaciones que otras instituciones no estuvieran llevando a cabo. Una vez que una iniciativa hubiera avanzado al punto en que una universidad u otra institución se encargaba del proyecto, los del Max Planck daban por terminada su labor y pasaban a otra investigación. Me informaron que cada estudio tenía que ofrecer la promesa de algo valioso para la humanidad. Aquí, en medio del rigor científico, pálpitos creativos parecían entrar en juego en todo momento, lo mismo que el buen humor. A pesar de las largas horas y la paga modesta, lo que parecía mantener a aquellos hombres y mujeres comprometidos en esa combinación de flujo intuitivo y análisis meticuloso era innovación *permanente*, no el ocasional destello de inspiración creativa de otras instituciones. Aquí era algo que se vivía todos los días. Y todos los años publicaban centenares de estudios sobre sus descubrimientos.

En otras ocasiones, trabajando con 3M y unas pocas compañías más, he tenido la misma sensación de asombro. ¿Pero qué empresa no se beneficiaría con más flujo intuitivo y avance creativo entre sus líderes y profesionales? A Ralph Larsen, presidente y gerente general de Johnson & Johnson, le preguntaron qué consejo les daría a los jóvenes de aspiraciones sobre toma de decisiones. Contestó: "Que sigan sus instintos, porque cuantas veces yo me he quemado, ha sido por no haber seguido los míos".

Yo creo que esos instintos intuitivos están al alcance de todos, en todos los campos.

CONOCIMIENTO DIRECTO, SIN USO DE LA RAZÓN

Thomas Edison tenía una manera intuitiva de contratar ingenieros. Al final de la entrevista le daba al aspirante una bombilla de luz eléctrica y le preguntaba: "¿Cuánta agua le cabe?"

Había dos maneras de averiguarlo. La primera era medir la bombilla con calibradores, apuntar las medidas en un papel y luego mediante un complicado método de cálculo matemático determinar su volumen. Tardaba hasta treinta minutos, o más. El segundo método consistía en llenar la bombilla de agua y luego verter el agua en una cubeta graduada.

Tiempo: un minuto. Los que optaban por este segundo método eran los que Edison contrataba.

Durante las épocas más negras de la guerra de independencia, George Washington confiaba en su intuición creativa para resolver sus problemas; y según su propio testimonio, esa misma intuición lo guiaba en sus decisiones

> Lo que es realmente valioso es la intuición.
>
> **Albert Einstein**

durante su presidencia. Lo mismo Abraham Lincoln. No podemos aspirar al éxito completo mientras la intuición no desempeñe un papel integral para guiarnos en nuestras decisiones.

Los líderes se refieren a la intuición de distintas maneras: como su modo interior de conocer; su sexto sentido; una corazonada; su ser profundo o su instinto; mientras que otros hablan de guía interna. El diccionario la define como la "facultad de comprender las cosas instantáneamente, sin razonamiento". Como se observó en el capítulo 4, es una de las cualidades más apetecibles en un empresario o un líder. Se relaciona íntimamente con la inteligencia emocional y va más allá. Nos mueve, y en un nivel avanzado aprendemos a entrar en un estado de flujo intuitivo a voluntad, no por casualidad. Nos ayuda a escuchar el corazón para distinguir oportunidad de vulnerabilidad, verdad de política, profundidad de movimiento. Intuición es una dimensión superior de la inteligencia emocional. Como dice el profesor de administración Weston Agor, "las señales intuitivas se transmiten en forma de *sentimientos*".

A lo largo de la historia muchos de los más grandes científicos, filósofos, músicos, artistas, empresarios y líderes, incluso individuos como Einstein, Churchill, Gandhi, Eleanor Roosevelt, Rachel Carson, Beethoven y Mozart, han reconocido que debieron sus mayores realizaciones a la intuición. Ya no es ésta el privilegio de unos pocos; hoy se reconoce como una habilidad humana natural y una dimensión clave del proceso creativo, la solución de problemas y la toma de decisiones.

En un caso clásico de que informa el Colegio de Ingeniería de Newark, los investigadores sometieron a ejecutivos a prueba de precognición —la capacidad de presentir o anticipar el futuro— y encontraron que los directores ejecutivos de firmas de éxito eran capaces de prever el futuro a una tasa que excedía en mucho las expectativas al azar. Los de firmas que perdían dinero sacaron puntajes inferiores al término medio y muy desviados de los niveles al azar.

> La sabiduría primaria es la intuición. En esa profunda fuerza, detrás de la cual el análisis no puede penetrar, todas las cosas tienen su origen.
>
> **Ralph Waldo Emerson**

"Cuando visito una fábrica, en cualquier parte del mundo, yo capto la atmósfera si paseo media hora por los talleres con el gerente —dice Jan Timmer, presidente de la firma holandesa Philips—. Les puedo decir si la fábrica funciona o no; lo sé por los ademanes de los trabajadores, la manera como reaccionan frente al supervisor y las respuestas que les dan a éste y a los gerentes, y si tienen o no tienen miedo. Y sin ver los números puedo salir y decirles a ustedes si la fábrica está ganando dinero o no". Eso es entender a la gente, las tendencias, las capacidades —con el respaldo de conocimiento, experiencia e interés.

Recuerde cuando usted empezó a trabajar en una compañía. ¿Qué sucedía si notaba que su jefe parecía disgustado al examinar las cifras de ventas del último mes o la proyección de crecimiento de una nueva línea de productos? Presintiendo algo importante, tal vez usted decía: "Lo veo preocupado, jefe. ¿Qué pasa?" Si aquel estaba solo y tranquilo, podía contestarle: "No es nada. Nada que valga la pena". Pero si estaban en un grupo, o si el jefe estaba cansado o tenso, lo pondría a usted como nuevo diciéndole que no se metiera en lo que no era de su incumbencia, que semejante insubordinación no se toleraba en esa compañía, etc. A veces basta con una experiencia de estas para ahogar en uno la voz de la intuición. Cuanto más a menudo ocurra, tanto más difícil será recuperarla más adelante.

Situaciones Tipo 1 y Tipo 2

Muchas personas de negocios todavía ven la gerencia como una serie de circunstancias que se repiten y se pueden analizar por anticipado, con soluciones que se pueden planear antes de que los hechos ocurran. Estas situaciones, llamadas de Tipo 1, constituyen el núcleo de los programas de entrenamiento gerencial. Pero una encuesta entre cincuenta de los principales directores ejecutivos de los Estados Unidos y otros estudios sobre la materia sugieren que hoy los ejecutivos, directivos y profesionales tienen que enfrentarse constantemente a un sinnúmero de problemas y oportunidades que están fuera del alcance de lo que aprendieron en la facultad o en el oficio. Compárense las siguientes situaciones:

Tipo 1	Tipo 2
Simple o analizable	Compleja, no analizable
Solución previsible	Solución imprevisible
Oportunidades obvias	Oportunidades ocultas
Condiciones estables	Condiciones cambiantes
Programable	No programable
"A" lleva a "B"	"A" puede llevar o no a "B"
Puede ocurrir de rutina	Nunca de rutina
Parecida a "XYZ"	Única
Se pueden hacer planes de antemano	No se pueden hacer planes de antemano

Debido al acelerado cambio social, político y tecnológico, la incidencia de las situaciones Tipo 2 está aumentando considerablemente y las compañías sólo podrán seguir teniendo éxito si sus líderes pueden dominar las circunstancias siempre cambiantes, que no se pueden tratar con las soluciones administrativas estándar. Estas condiciones requieren más que análisis técnico; requieren inteligencia emocional y, concretamente, flujo intuitivo.

Lo cual no es una cosa que se pueda conectar y desconectar. Es algo natural y continuo que le permite a uno, con algo de práctica, manejar en forma más fluida los retos de Tipo 2. El flujo intuitivo consiste, en su esencia, en dejarse guiar por sus sentimientos íntimos en lugar de tratar de controlar o forzar el flujo. Emerson llamaba la intuición el "impulso bendito" y el neurólogo Antonio Damasio la llama "el misterioso mecanismo por el cual llegamos a la solución de un problema sin razonar sobre él". Es una forma valiosa de conocimiento que fácilmente reconocen y aprovechan muchos ejecutivos.

Hace veinte años Henry Mintzberg publicó en *Harvard Business Review* los resultados de un extenso estudio de ejecutivos. Encontró que el mejor gerente o líder operando en condiciones caóticas o imprevisibles es un "pensador totalista que constantemente confía en pálpitos para resolver problemas demasiado complejos para el análisis racional", y que "la eficiencia organizacional no está en ese estrecho concepto que llamamos racionalismo, sino en una mezcla de clara lógica y poderosa intuición".

> Hay algo en nuestro interior que sabe mucho más de lo que nosotros sabemos.
>
> **Rochelle Myers**
> Coautora de
> *Creativity in Business*

Hace eco a las conclusiones de Mintzberg un reciente informe de la misma revista, que dice: "Las máxima expresión de comprensión es intuición altamente adiestrada: por ejemplo, la del veterano director que sabe instintivamente qué proyectos financiar y cuándo exactamente". O un gerente experimentado que está contratando, evaluando, planeando o interactuando. O un empresario en busca de una idea nueva, o un asesor de inversiones que comprende que las ordinarias reglas financieras prácticas sólo nos permiten calcular de 20 a 30 por ciento del riesgo de una inversión. Ed McCracken, gerente general de Silicon Graphics, dice: "Uno tiene que estudiar muy bien un asunto, pero luego tiene que seguir su intuición, sin dejar que la mente se le atraviese en el camino".

Una compañía que aprendió por dura experiencia a propiciar el flujo intuitivo fue 3M. Habiendo reaccionado después de estar al borde de la quiebra a principios del siglo, sus directivos y sus científicos se propusieron crear una cultura corporativa en que toda idea nueva fuera bienvenida.

Poco después de la Segunda Guerra Mundial 3M introdujo una cinta transparente de acetato de celulosa, con un revestimiento adhesivo por un lado. La llamó cinta Scotch de celofán y estaba destinada a remendar libros y papeles rotos; pero en las manos del público la cinta encontró centenares de aplicaciones imprevistas. La usaban para hacer paquetes, adornar superficies, pegar marbetes, fijar carteles en la pared o fotos en un álbum, y hasta para rizar el pelo y quitar motas a la ropa.

Los gerentes de 3M no pensaron que ninguno de estos usos fuera un fracaso de su plan de marketing, ni tampoco una simple cuestión de buena suerte. Tomaron nota de ellos. Captaron o sintieron la emoción del usuario y vincularon su intuición con nuevas ideas para explorar otros mercados y variantes del producto, manteniéndose siempre alerta a sorpresas y posibilidades. Hasta aprendieron a escuchar mejor. Disfrutaron de diálogos creativos con los clientes. Respaldaron cada nueva corazonada con riguroso análisis y, cuando les pareció acertado, con inversiones y procesos de desarrollo.

Kate Ludeman, psicóloga y directora ejecutiva de Worth Ethic Corporation, de Austin, Texas, cuenta el siguiente episodio:

En enero de 1991 me tomé un mes para descansar. Hacía un año que venía acariciando la idea de crear *software* patentado para llevar a cabo evaluaciones del personal y otros estudios. Cada vez que pensaba en esto sentía en el pecho el aletear que siento cuando la intuición me dice que debo actuar rápidamente. Lo malo era que un proyecto como éste es muy costoso y tendría que echar mano de mis propios recursos. Hablé con varias compañías para ver qué acogida tendría, pero las encontré muy tibias, pues nadie podía prever que tales evaluaciones serían populares pocos años después.

Resolví consultar mi idea con Ken Schroeder, presidente de KLA Instruments, que había sido mi mentor y entrenador en los años ochenta. Él me aconsejó con mucho empeño que siguiera adelante. Yo confiaba en Ken y confiaba en mi propia intuición de modo que resolví iniciar el proyecto. En 1991 gasté US$20 000 en desarrollar el producto. Después de haber invertido mi dinero y mi tiempo, Intel me dio US$15 000 para adaptar el software para su compañía, así que la inversión de mi bolsillo se redujo a US$5 000. Hasta el momento (otoño de 1995), el producto a traído ingresos por valor de US$3 000 000. Estoy profundamente agradecida con Ken por haberme ayudado a creer en el proyecto y en mi propia intuición.

> Si usted quiere ir de aquí allá en los negocios, no hay ninguna línea recta que lo lleve.
>
> **William Ahmanson**
> Presidente, National
> American Life Insurance
> Company

Todo eso está muy bien, dirán ustedes, ¿pero no tiene también su lado flaco el flujo intuitivo? En general, no; pero lo mismo que cualquier otro aspecto de la inteligencia emocional, tiene que desarrollarse con la práctica y aplicarse con discreción. Dicho lo anterior, agreguemos una palabra de cautela: en psicología social varios estudios cuestionan el valor de las intuiciones cotidianas referentes a las intenciones, pensamientos y sentimientos de otras personas. En otras palabras, percibimos a los demás a través del filtro de nuestros propios pensamientos, hábitos y sentimientos. Por ejemplo, si a usted se le ocurre que una persona lo menosprecia o no le dice la verdad, pregúntele si lo que usted cree es verdad. Muchas veces no lo es.

> **Conexiones con
> Cuadro de CE:
> Flujo intuitivo**
>
> Véanse las siguientes escalas del Cuadro de CE como puntos de reflexión relacionados con este capítulo: sucesos de la vida, conciencia emocional de otros, creatividad, intuición y poder personal.

Recuerde lo que dijimos en los capítulos 1 y 3 sobre el sistema reticular de activación del cerebro, que parece desempeñar un papel central para acentuar o agrandar las críticas y lo induce a uno a suponer lo peor cuando recibe señales ambiguas de otra persona. Por ejemplo, si cuando usted está explicando un asunto un individuo no pone atención, lo más probable es que la causa no sea usted. El individuo puede estar tensionado, cansado o preocupado con alguna otra cosa. Infortunadamente, tendemos a interpretar esas actitudes como una ofensa personal. Esa clase de "intuiciones" sí hay que cuestionarlas.

CE EN ACCIÓN

Ejercitar su flujo intuitivo

Una de las muchas cosas que se deben recordar es que en la mayoría de los casos uno no necesita más intuición, sino mejor intuición. Ésta hay que cultivarla y observarla, cuestionarla, extenderla y respetarla. No hay un "tiempo perfecto" para aplicarla, así que no espere; empiece en el punto donde se encuentre y siga adelante. Kabir dice: "Dondequiera que usted esté, ese es el lugar de entrada". Yo encuentro que esto no sólo es cierto sino que me economiza mucho tiempo en mi trabajo y mi vida. He aquí algunas maneras documentadas de facilitar la entrada al flujo intuitivo:

• **Sumérjase en la experiencia.** Flujo intuitivo es una capacidad humana natural, de manera que no hay que esforzarse para recibir impresiones. Uno lo permite sumergiéndose en cada experiencia con los sentidos sintonizados. Propóngase dirigir intencionalmente toda su atención a la tarea que trae entre manos, pues un estado mental y emocional muy atento es indispensable para el flujo intuitivo.

• **Estire sus capacidades.** La entrada en estado de flujo ocurre cuando uno se dedica a tareas que está aprendiendo a dominar, y luego aumenta el reto de manera que exija más de sus capacidades. Csikszentmihalyi explica: "El individuo parece entrar mejor en flujo cuando lo que se le exige es un poco más de lo corriente. Si se le exige muy poco, se aburre; si se le pide más de lo que puede dar de sí, se angustia. El flujo ocurre en la delicada zona entre el aburrimiento y la angustia".

• **Permanezca abierto a todas las posibilidades y no tenga miedo.** No se puede ser intuitivo si uno se esfuerza por tener la razón. No se preocupe porque sus impresiones sean correctas o no. Recuerde que el flujo intuitivo es un proceso interno de recoger información que lo acerca a uno a la verdad o el éxito. Las primeras impresiones que reciba no tienen que concordar unas con otras. Bien pueden ser contradictorias. Espere antes de emitir juicio; más tarde puede evaluar sus corazonadas y modificarlas.

Los que más experimentan flujo intuitivo son los que han aprendido a separarse de posiciones rígidas, creencias, prejuicios y opiniones sobre cómo son o cómo debieran ser las cosas. El miedo nos hace imaginar males que rara vez ocurren. Por ejemplo, muchas personas en medio de intenso tráfico o corriendo en un aeropuerto tienen visiones de que su automóvil o su avión se va a estrellar. Pero es muy raro que tales "pálpitos" sean intuiciones válidas. En el curso de su jornada de trabajo ejercítese en distinguir la sensación de temor de la voz de la intuición. De otro modo, mientras uno se preocupa por el qué dirán, sus competidores están creando nuevos productos y servicios, inventando brillantes campañas y soluciones ingeniosas.

Para mantener fluyendo su intuición, observe cuando aparece la barrera de autocensura. Es lo que el profesor de Stanford Michael Ray llama la "voz del juicio". Una manera de reconocerla es una débil sensación de temor y una voz que le susurra que eche pie atrás. Que no siga explorando. Es la voz del juicio negativo que dice: "Esto es una pérdida de tiempo", "Eso no funcionará".

• **Identifique el obstáculo y elimínelo.** A muchos se les dificulta mantener el flujo intuitivo cuando otras personas los interrumpen a cada rato o por teléfono. Si esto le ocurre a usted, haga todo lo posible por lograr varios períodos libres de interrupciones durante el día (de 10 a 15 minutos pueden ser suficientes), encaminando las llamadas al correo oral o a la máquina contestadora. Otras personas encuentran que los que les bloquea el flujo intuitivo es sentirse encerradas —necesitan estímulo externo y les puede aprovechar salir a ratos de la oficina y cambiar de ambiente con más frecuencia.

• **Extienda sus sentidos más allá de los negocios.** El flujo intuitivo en cualquier área de la vida puede reforzar también otras áreas. El teórico original de la ciencia de computadores Norbert Wiener, fundador de la rama científica de cibernética, se encontró una vez casualmente con Albert Einstein a bordo de un tren en Suiza. Wiener contaba que durante todo el tiempo que viajaron juntos a orillas del lago de Ginebra, no hablaron una sola palabra de física ni matemáticas, sino que estuvieron sumergidos en un estado de flujo intuitivo observando el intrincado juego de luces y colores de las nubes, el lago y las montañas. El mundo de la naturaleza se comunicaba y ellos escuchaban con gratitud y asombro, lo cual puede fomentar también una actitud receptiva y creativa al flujo intuitivo en otras partes de la vida y el trabajo. ¿Cuándo fue la última vez que una cosa así, fuera del trabajo, capturó *toda* su atención?

• **Preste especial atención a su primera reacción.** Con frecuencia el flujo intuitivo se pone en movimiento con una buena pregunta —incluso las que uno se hace mentalmente. Se pierde dicho flujo en el momento en que uno deja de ser emocionalmente honesto con uno mismo o quiere pasarse de listo o responde en una forma con que trata de impresionar a los demás. En muchas actividades diarias uno se hace innumerables preguntas: ¿Cómo lo estoy haciendo? ¿Qué viene en seguida? ¿Estoy aprendiendo algo? ¿Qué es lo que quiero en este instante? ¿Cuáles son las señales ocultas que me pueden ayudar a avanzar? Es una buena idea mantener estas preguntas lo más sencillas y directas que sea posible a fin de que puedan servir de catalizadoras que generan útil información intuitiva.

• **Observe cómo se comunica la intuición.** La intuición parece que entra por tres canales: palabras, imágenes y sentidos corporales. Casi todos la recibimos por los tres, pero mejor por uno de ellos que por los otros dos. Según los investigadores Gay Hendricks y Kate Ludeman, la mayoría de las intuiciones nos llegan en imágenes y corazonadas. Por eso vale la pena aguzar su conciencia de qué siente y qué imágenes evoca cuando se ve ante un problema o imagina el futuro. Por autoobservación puede aprender a detectar cuándo la intuición le transmite un mensaje.

• **Dedique todos los días unos minutos a los Apuntes de CE.** A fin de activar el flujo emocional, es preciso tomar medidas concretas para eliminar las minucias frustrantes que uno tiene en la cabeza y que no le dejan ejercer su poder creativo. Una manera de hacer esto es escribirlo en un papel. Existen pruebas excelentes de que escribir unas pocas páginas diarias de todo lo que a uno se le ocurra, aun cuando sea desordenado y burdo, ayuda a desarrollar la inteligencia emocional y a sanar agravios pasados. En el capítulo 1 introdujimos los Apuntes de

CE y el Diario de CE y confiamos en que el lector siga haciendo estos ejercicios. Ellos activan sus sentidos internos y pueden contribuir directamente a su flujo intuitivo durante el día. Escriba todo lo que se le venga a la cabeza: preocupaciones sobre su trabajo, el próximo automóvil que quisiera comprar, la comida de esta noche o la curiosa mirada de los ojos de alguno. Unas cosas pueden ser más profundas y más significativas, como por ejemplo:

"Tengo que cuidar mejor de mi salud".
"El instinto me dice que hay una oportunidad mejor a la vuelta de la esquina".
"Presiento que esta compañía está perdiendo su competitividad, pero no sé por qué".
"Siento que Fulano tiene algún resquemor escondido pero no quiere dejárselo conocer".

Los Apuntes Matinales y el Diario de CE tienen un propósito común: acostumbrarlo a usted a no juzgarse a sí mismo sino dejarse llevar, escribiendo unas pocas páginas a mano, a escuchar la voz de sus sentimientos y allanar el camino para el flujo intuitivo.

• **Agregue un nivel de confianza**. Uno de los puntos claves que hay que recordar es que la intuición agrega al buen juicio, no lo reemplaza. Hay muchas maneras útiles de aclarar la intuición. La investigación sugiere que en todo cálculo y decisión, por intuitivos que sean, debe entrar cierto nivel de confianza. Por ejemplo, digamos que en una reunión uno da un cálculo intuitivo, diciendo: "Creo que podemos vender entre 150 000 y 200 000 unidades de este producto en el mercado A". Si agrega "Me siento 80 por ciento seguro", esto da una idea distinta de su confianza que si dice "Estoy razonablemente seguro", lo cual podría significar 10-50 por ciento de seguridad. En los negocios, en que los números siempre son importantes y la exactitud es vital, agregar un nivel de confianza es una manera inteligente de combinar corazón y cabeza y de hacer la intuición más explícita.

A medida que se desarrolla su flujo intuitivo, otro de los sentimientos que puede experimentar es el de intemporalidad, de estar totalmente absorbido en lo que está haciendo. Pero ¿qué decir de aquellas ocasiones en que lucha por terminar una docena de tareas dispares y hacer frente a frecuentes interrupciones? En esas circunstancias debemos apelar a otra dimensión de la inteligencia emocional que yo llamo desplazamiento reflexivo en el tiempo, y que constituye el tema del capítulo siguiente.

14

Desplazamiento reflexivo en el tiempo

EN EL MUNDO DE LOS NEGOCIOS cuando alguien sale con una idea novedosa y creativa, o propone una manera no convencional para aumentar la eficiencia o resolver problemas, no falta quien pregunte: "¿Cómo se podría poner eso en práctica en esta compañía?" Es una buena pregunta. Les contaré lo que ocurrió cuando a mí me la hicieron una vicepresidenta y un editor de una importante casa editorial de Nueva York.

Estábamos en una reunión y yo acababa de contar algunas experiencias en la aplicación de un principio creativo llamado el Efecto Zeigarnick, se-

> El tiempo es la sustancia de que estoy hecho. El tiempo es un río que me arrastra, pero yo soy el río; es un tigre que me destroza, pero yo soy el tigre; es un fuego que me consume, pero yo soy el fuego.
>
> **Jorge Luis Borges**
> *Antología personal*

gún el cual en los proyectos importantes se deben mantener abiertas todas las posibilidades el mayor tiempo posible, en vez de apresurarse a cerrar la discusión. En cuanto se cierra ésta, lo más seguro es que se suspenda toda creatividad al respecto. Se acabó.

"Pero así es como se hacen las cosas aquí", dice la gente. Sí, pero probablemente no es el mejor trabajo. Cuando uno hace algo excepcional, casi nunca lo hace como administrador. Algo embarga su atención, siente más energía, se responsabiliza y exige también el mejor aporte de los demás. Explora nuevos terrenos hasta el último minuto posible y acaba creando algo más grande o aprendiendo algo valioso.

En la casa editorial yo les dije: "Piensen en las actividades importantes de este año y nombren una que su intuición les diga que se podría transformar para tener más éxito". Inmediatamente nombraron las conferencias de ventas de temporada. Estas están vinculadas con los catálogos semestrales de libros nuevos, y son la manera principal que tiene la editorial para motivar a los vendedores para obtener de los libreros pedidos por anticipado.

—¿Qué les dice su intuición que falta en los catálogos y en las conferencias de ventas? —les pregunté.

—Parece que no logramos reunir todas nuestras ideas creativas antes de que el catálogo entre en prensa y se celebre la conferencia de ventas —contestó el editor.

La vicepresidenta agregó:

—Sabemos que nuestros libros son los más importantes y los más interesantes, y que podríamos vender muchos miles de ejemplares más al año si lográramos explicar en los catálogos e informar a los vendedores de todas las excelencias que los libros contienen.

—A manera de ejemplo —dije yo— echemos un vistazo a los libros que se están despachando esta temporada, en este momento, a las librerías. Hace un año ustedes estaban preparando el catálogo y documentando a los vende-

> Cuando se adopta una nueva idea, un nuevo negocio, un nuevo producto, hay que hacérselo conocer a toda la compañía lo más temprano posible para que todo sector del negocio pueda promover o explotar su potencial en cualquier otro posible mercado, producto o contexto.
>
> **Michael Eisner**
> Presidente
> The Walt Disney Co.

dores sobre estos libros. Si pudieran volver atrás en el tiempo y cambiar cualquier cosa en el catálogo y la conferencia de ventas, ¿qué sería lo más importante? ¿Qué faltó?

—Podíamos haber reunido más temprano a los diseñadores y diagramadores del catálogo para discutir posibilidades para los libros que más nos interesan —dijo el editor.

—Y también habríamos podido interesar a los representantes de ventas —observó la vicepresidenta.

—Muy bien. Ahora desplacemos la atención a otra temporada de libros —propuse yo—. Tomemos los libros que ustedes acaban de editar, los que van a figurar en el próximo catálogo y la próxima conferencia de ventas. Supongamos que no hay limitación alguna de tiempo ni de recursos. ¿Qué les dice su intuición que deben hacer ya, este mes, para que la nueva lista de libros produzca nuevos records de ingresos? ¿Qué se puede hacer para que cada uno de estos libros, concretamente, tenga más éxito?

—En nuestras juntas semanales —contestó la vicepresidenta— una parte del tiempo que dedicamos ahora a hablar de los libros que están en las librerías lo podíamos dedicar más bien a crear más maneras innovadoras de vender los libros futuros.

—Sería una gran cosa si pudiéramos contar siquiera con dos meses más tiempo de preparación de los catálogos y las conferencias de ventas —dijo el editor.

—¿Alguna otra idea? —pregunté yo.

—Podíamos pensar en reunirlos a todos —diseñadores, personal de marketing, publicistas, vendedores, autores y editores— una vez al mes en videoconferencias, tal vez por la Internet o alguna otra manera eficiente de presentar ideas creativas sobre cada libro nuevo —sugirió la vicepresidenta.

—Sí —agregó el editor—, esa es una manera de lograr mejores métodos de promoción y marketing. Y con más tiempo de preparación podríamos descubrir muchos otros.

Nuestra reunión terminó. Uno de los asistentes salió diciendo: "En la reunión de la junta directiva la semana entrante voy a proponer algunos cambios en la manera como estamos haciendo las cosas aquí".

LIBERTARSE EN EL TIEMPO

El episodio anterior ilustra lo que yo llamo *desplazamiento reflexivo en el tiempo*. Este se basa en el hecho de que todos tenemos un sentido del tiempo y usándolo podemos dirigir a voluntad nuestra intuición creativa, llevándola de experiencia pasada a experiencia futura, y luego a experiencia presente. En esta forma cambiamos de perspectivas y podemos alternar entre prever nuevas oportunidades futuras, tomar conciencia de experiencias pasadas y lecciones aprendidas, o atender totalmente al presente. Con algo de práctica podemos hacer tales ajustes sensoriales en cuestión de minutos. Esto nos hace más sensibles y adaptables. Innovamos más fácilmente. Nos atascamos con menos frecuencia. Fluimos.

Albert Einstein era un experto en estos desplazamientos de reflexión intuitiva. El físico Banesh Hoffmann, que fue su ayudante en 1937, cuenta lo que ocurría cuando encontraban un obstáculo en su trabajo:

> Hacíamos una pausa. Einstein se ponía de pie y decía: "Lo voy a pensar un poco". Diciendo esto empezaba a pasear de arriba abajo o en círculos en la pieza. En tales momentos de gran drama todos guardábamos absoluto silencio, sin atrevernos a hacer el menor ruido por temor de interrumpir la corriente de su intuición o su pensamiento.
>
> Pasaban así algunos minutos y luego, de pronto, Einstein se relajaba, sonreía y el rostro se le iluminaba... Entonces nos daba la solución del problema, que casi siempre era la acertada. A veces era tan sencilla que nos podíamos tirar de los pelos por no haberla pensado nosotros mismos. Pero la magia actuaba invisible en lo recóndito de la inteligencia de Einstein.

Desplazamiento reflexivo en el tiempo es la capacidad de experimentar a fondo un momento específico y captar intuitivamente las conexiones y los sentimientos evocados *durante ese momento*. No es sólo la idea de algo futuro o pasado; es sentir —e imaginar aun cuando sea muy brevemente— que uno está realmente allí, sentir la experiencia por uno mismo o imaginarse que es la otra persona, y reflexionar sobre ello y posicionarse para hacer algo más eficaz y tal vez innovativo en el presente, algo basado en valores interiores más bien que en reacción u oportunismo.

El desplazamiento reflexivo en el tiempo es una dimensión de la alquimia emocional porque lo capacita a uno para afrontar lo mismo que otros en su alrededor están afrontando, pero con más fino instinto, y así responder con más cordura y originalidad porque sus sentimientos y sus pensamientos no están confinados por el tiempo. Desarrolla también una excepcional tolerancia por la ambigüedad y se mantiene abierto e imaginativo más tiempo que sus competidores.

Francis Crick y James Watson encontraron algunas piezas que faltaban en su trabajo sobre la estructura del ADN en la obra publicada de Linus Pauling, quien se perdió el mérito de haber sido el descubridor porque no pudo tolerar más tiempo la ambigüedad y se conformó con una estructura (la helicoidal) pero no precisamente la que era. Procedió como muchos que están desarrollando una idea creativa, pero cuando la situación se pone realmente incómoda se impacientan y se conforman prematuramente con algo menos que la mejor solución posible.

Proyección cronológica creativa

En las próximas páginas voy a cambiar de foco, del individuo al grupo, y a examinar algunas de las herramientas que he utilizado para ayudar a ejecutivos, gerentes y profesionales a desarrollar la capacidad de desplazarse en el tiempo y mantenerse abiertos más tiempo a los impulsos creativos. Varias ideas geniales han surgido de un proceso llamado diagrama de flujo o proyección cronológica creativa. En algunas compañías se emplea software muy sofisticado para exponer y vincular nuevas ideas. En otras se usan carteleras que se colocan en lugares centrales para que cualquier miembro del grupo pueda hacer su aporte anotando allí ideas para mejorar el negocio, o una queja o una inquietud intuitiva. Corresponde a la administración dar luego respuestas claras y comprensivas. Es un método sencillo pero muy eficaz de expresar sentimientos y captar la creatividad del grupo.

En otras compañías innovadoras se usan notas adhesivas Post-it grandes, cuadradas, o de colores vivos. Este método de diagramación de flujo es parecida a lo que se acostumbra en los departamentos de física en laboratorios y universidades, donde las paredes de los corredores están tapizadas de pizarras que facilitan el diálogo permanente entre científicos en busca de ideas y soluciones.

En los negocios se necesitan papelógrafos o un bloc grande sobre la mesa de conferencias, o grandes pliegos de papel que se fijan en la pared de la sala de juntas. Se escoge un problema del trabajo o una idea creativa y se escribe como encabezamiento de la hoja en letras grandes. Luego se empieza a hacer el diagrama. En hojas cuadradas o hexagonales autoadhesivas se escriben, por ejemplo, los elementos de un proceso reformado de trabajo, un diagrama de tiempo o una manera mejor de entrar en un mercado o implementar y probar una nueva idea. Las notas Post-It se van pegando una por una en el diagrama, conectándolas por los bordes.

Entonces todos empiezan a observar relaciones inesperadas, incluso eslabones perdidos, áreas de vulnerabilidad u oportunidades ocultas. La razón para emplear notas Post-It es que son movibles. Le permiten a uno salirse de pensar en líneas y casillas. Todo el que tenga que ver con un proyecto puede cambiar la posición de diversas notas, planteando interrogantes e insertando ideas, o estimulando desplazamientos multidireccionales en el tiempo y sacando a la luz las corazonadas. A medida que el diagrama se amplía, se van sintiendo, visual y emocionalmente, vínculos y posibilidades ocultas y esto acerca más a grupos e individuos para dar forma al futuro.

Con este diagrama de flujo uno se desplaza en el tiempo para situarse en el futuro e imaginar cómo se sentirían diversos resultados, y luego vuelve a las circunstancias actuales cambiando la posición de las notas Post-It y reacomoda el presente para encontrar un mejor resultado futuro. La proyección puede tomar una forma cualquiera y al fin involucra no sólo a su propia empresa sino también mercados actuales y potenciales, clientes, proveedores y colaboradores, amigos y familias, hoy y hasta en un futuro lejano. En cualquier momento uno puede pararse y rotar, mover o reemplazar cualquier nota. Se pueden usar distintos colores para distintos fines.

Pregúntese constantemente: ¿Cómo me parece esta imagen, esta conexión? ¿Qué falta o qué es posible? El diagrama nos estimula a ser flexibles no sólo en proceso sino en tiempo y facilita enlaces inesperados entre una idea y otra, un problema y una posibilidad. Al terminar la reunión se puede dejar el diagrama sin terminar para que sirva de estímulo visual para generar más ideas aprovechando el Efecto Zeigarnick.

En la firma Hughes Technical Management Systems toda propuesta se somete a "revisión en la pared" con un diagrama de flujo Post-It. "Los comentarios, y los comentarios sobre los comentarios, llevan a una propuesta mucho mejor", dice uno de los gerentes.

Mark Morgan, gerente del Programa de Calidad Total en Grumman Technical Services, puso a su equipo a desarrollar un diagrama de flujo que él llama un Árbol de Proceso. Empezaron por identificar las principales operaciones y procesos (contaduría y remuneraciones por ejemplo), servicios técnicos (equipo y sistemas, mediciones, etc.) y valor para clientes actuales y potenciales. Equipos de trabajo intervinieron activamente. Morgan dice:

Todo lo que hacíamos como organización se ilustró en un diagrama de 3 m por 1.80 m, en el cual se vincularon 850 tareas distintas. Lo fijamos en un salón de conferencias al cual entraba casi todo el personal en el curso de una semana, para asistir a alguna reunión. Todos se detenían frente al diagrama para estudiarlo y localizar en él el lugar que a cada uno le correspondía. Unos decían: "Ah, eso es lo que yo hago. Hasta ahora no había entendido cómo encajo en el proceso total".

Los empleados empezaron a pegar encima notas Post-it para corregir palabras y procesos, y cuando el comité de dirección buscó mejoras, tuvo un cuadro de la operación total. Vio cómo cualquier cambio tiene repercusiones por toda la organización. Antes le pedíamos a un equipo que examinara una parte del sistema y se sentían desconectados. Cuando hablábamos de hacer algo que afectaba a las utilidades, decían: "Nosotros no tenemos nada que ver con utilidades", o bien, "Lo que nosotros hacemos no influye en eso". Con el diagrama les mostramos su conexión con costos, investigación, servicio o medición de defectos, lo cual a su vez afecta a las utilidades.

Nuestros costos fijos han disminuido en un 18 por ciento, lo que nos permitió ganar un contrato de US$340 millones. Todos nuestros 12 indicadores claves muestran mejora continua; y la capacidad de nuestro equipo de contaduría para informar mejoró significativamente. Consolidó varios procesos y tuvo una mejora de 88 por ciento en el tiempo de ciclo para producir informes financieros.

Como actividad personal, varios jefes han colocado una pequeña pizarra blanca en un área de oficinas comunes, y están usando proyección cronológica para sus proyectos prioritarios e ideas creativas individuales o compartidas. ¿Cómo beneficiaría esta práctica el trabajo de usted?

EXTENDER SU HORIZONTE DE TIEMPO

Cómo vemos, el tiempo es muy importante. Hay pruebas de que cuanto más lejos en el futuro pueda uno situarse e imaginar a su organización, más competente se vuelve para manejar ahora la complejidad y los miles de responsabilidades e integrar tareas.

El neurocirujano ruso A.R. Luria descubrió que los lóbulos frontales del cerebro toman parte en un "programa que asegura no sólo que el sujeto reaccione a estímulos reales, sino que, dentro de ciertos límites, prevé el futuro sintiendo la probabilidad de que ocurra un determinado suceso, está preparado por si ocurre, y como resultado prepara un programa de conducta".

> Nuestro horizonte de tiempo es una cosa muy real. Define el alcance del mundo en que vivimos.
>
> **Elliott Jaques, M.D., Ph.D.**
> *The Form of Time and Executive Leadership*

Esta "ventana de tiempo" es de gran significado en las realizaciones humanas, dice Elliott Jaques, médico y psicólogo que ha pasado más de treinta años estudiando el desarrollo ejecutivo y las relaciones entre

244 of ALQUIMIA EMOCIONAL

tiempo y competencia en el oficio. Sus investigaciones establecen una relación significativa entre el horizonte de tiempo de una persona y su capacidad en el trabajo.

Con un horizonte de tiempo limitado, digamos menos de un año, el cerebro parece rígido y anclado en las reglas. El individuo tiende a las reacciones exageradas ante problemas pequeños y le cuesta trabajo prever las consecuencias a largo plazo de su conducta actual. En cambio, con un horizonte de tiempo de cinco a diez años o más, aumenta considerablemente su capacidad de funcionar en forma creativa y reflexiva durante períodos de caos, complejidad y paradoja.

Matsushita, el gran conglomerado japonés dueño, entre otras cosas, de la marca Panasonic, tiene un plan a cien años para prever las transformaciones de los negocios y mercados. No importa si ese mundo imaginario existirá dentro de un siglo; la recompensa proviene de estirar la intuición y los sentidos para percibir lo que podría suceder. Todos los ejecutivos de Matsushita desarrollan la capacidad de usar la proyección cronológica para traer el futuro imaginario a los actuales diseños creativos y procesos de trabajo. Al hacerlo así, están contribuyendo a *crear* el futuro.

Desplazamiento reflexivo en el tiempo es muy distinto de lo que en los negocios se denomina planeación estratégica. El estratega corporativo Gary Hamel observa: "Opera de hoy hacia adelante, no del futuro hacia atrás, asumiendo implícitamente, pese a las pruebas en contra, que el futuro será más o menos como el presente. Sólo un diminuto porcentaje de las convenciones de una empresa se cuestiona... Los límites de una industria se asumen dados; así que la cuestión es cómo posicionar productos y servicios dentro de esos límites más bien que cómo inventar nuevo espacio no disputado".

En muchas empresas la formulación de estrategia se reduce a un vacío ritual de calendario. No usamos inteligencia emocional para encender la imaginación y *situarnos* en el futuro experimentando diversas situaciones imaginarias y presintiendo un amplio panorama de posibilidades ocultas (de lo cual trataremos en el capítulo siguiente). Si la planeación es abstracta y se limita a hacer una lista de ideas, nos podemos engañar más fácilmente y más a menudo que si extendemos la intuición y los sentimientos mediante imaginación al pasado o al futuro y usamos la inteligencia emocional para experimentar activamente dichas ideas y probarlas en hipótesis.

CE EN ACCIÓN

Vistazo al futuro y retorno

Para estirar sus capacidades y desplazamiento reflexivo en el tiempo, le sugiero que empiece con los tres ejercicios siguientes, que he encontrado eficaces en mi trabajo con ejecutivos y personal de dirección. Siéntese cómodamente con lápiz y papel a mano.

Primer ejercicio de aplicación: Muchos directivos y compañías se consideran líderes del mercado. Pero estar hoy a la cabeza no garantiza que esa posición se conserve en el futuro, antes bien, lo puede dificultar.

> Mejor es para la mayoría de nosotros, a pesar del riesgo, saltar al futuro; y mejor más pronto que más tarde.
>
> **John P. Kotter**
> Harvard Business School

Conteste las preguntas siguientes, para *hoy* y cómo se imagina que las contestaría dentro de 10 ó 15 años.

Preguntas de desplazamiento en el tiempo	Hoy	Dentro de 10-15 años
¿Cuáles son cuatro capacidades específicas que me hacen muy valioso como líder o profesional?		
¿Quiénes son mis más importantes compañeros de trabajo y clientes?		
¿Hasta qué punto los conozco realmente como individuos con talentos únicos, potencial, pasiones y propósito?		
¿De qué maneras específicas les ayudo yo a alcanzar sus propósitos o metas?		
¿Cuántos individuos cuento en el círculo íntimo de mi entera confianza?		

Preguntas de desplazamiento en el tiempo	Hoy	Dentro de 10-15 años

¿Cuántos de ellos toman parte en mi trabajo?

¿Cuántos confían en mí incondicionalmente?

¿Quiénes son mis principales competidores?

¿En qué formas estoy trabajando por mejorar la condición humana, más bien que sólo para obtener utilidades?

¿Qué es lo más original y valioso de mi actitud hacia la vida y el trabajo?

Compare sus dos listas de respuestas. ¿Encuentra en ellas diferencias razonablemente detalladas y sustanciales? Si no es así, se puede creer que usted no realizará su potencial único ni su compañía podrá alcanzar o sostener una posición de liderazgo en el mercado. En cuanto a por qué se incluye una pregunta sobre mejorar la condición humana, varios investigadores de estrategia han encontrado que los ejecutivos que compiten con éxito por el futuro son los que comprenden las necesidades humanas básicas y luchan por mejorar la condición humana.

Conexiones con Cuadro de CE: Desplazamiento reflexivo en el tiempo

Véanse las siguientes escalas del Cuadro de CE como puntos de reflexión relacionados con este capítulo: conciencia emocional de sí mismo, conciencia emocional de otros, intención, creatividad y perspectiva.

Ahora el segundo ejercicio: Relájese, cierre los ojos y extienda sus sentidos hacia atrás en el tiempo, trayendo a la memoria alguna experiencia en que usted pensó, sintió y actuó en su mejor forma. Tal vez se sintió excepcionalmente entusiasta, o agradecido, o muy confiado y tranquilo. Practique a ver cuán rápidamente puede volver a entrar en ese estado emocional y traerlo al presente.

Por ejemplo, antes de entrar en una interacción con un grupo de clientes disgustados o competidores muy sabidos, haga una pausa por un momento y recuerde un sentimiento de gratitud por algún acto de gentileza que uno de ellos tuvo con usted en ocasión pasada. O podría recordar un sentimiento de confianza o creatividad para encontrar soluciones. En esta forma está reavivando y aplicando emociones que le ayudan a mantenerse tranquilo y curioso en vez de tenso y hostil si los ánimos se acaloran en el diálogo. ¿Se le ocurren otros usos específicos de este tipo de alquimia emocional?

Veamos el tercer ejercicio de desplazamiento en el tiempo: Siéntese en una silla cómoda y descanse, imaginando que todas las limitaciones se han suprimido, incluso las financieras, lógicas, científicas, de comunicaciones y racionales. Traslade al futuro su imaginación. Tome lápiz y papel. Elija varias de las experiencias siguientes:

- Esboce o haga una lista de características inesperadas de productos novedosos para el año 2015. Haga lo mismo para un nuevo servicio. En ambos casos pregúntese: ¿Cómo lo vería y lo sentiría si lo usara, lo recibiera o se beneficiara de él?
- Anote ideas o bocetos para el diseño de un computador de apuntes de alto CE para el año 2020. Seymour Cray, padre del supercomputador y diseñador del computador más veloz de todas las generaciones desde los años 50, siempre los diseña usando lápiz y papel, pues cree que el diseño general debe salir de la intuición de un individuo.
- Imagine el modelo de cuidado de la salud de la familia para el año 2050.
- Invente algunas características extraordinarias para el diseño del miniván Chrysler o el cupé BMW de 2025.
- Imagínese todo lo relativo a un diseño ideal de una reunión corporativa en el año 2040.
- Inicie su propia corriente de ideas en cualquier campo o mercado.

Ahora regrese al presente y reflexione sobre sus notas o bocetos. ¿Cuáles son los que más le intrigan, intuitivamente? ¿Cuáles podrían tener aplicación en su trabajo en los años venideros? Repita este ejercicio con regularidad: "vistazo al futuro y retorno", como lo llaman algunos de mis colegas. Fije sus ideas en algún lugar visible, donde puedan generar otras ideas, o téngalas a la vista en un cuaderno de apuntes en su oficina.

Las nuevas soluciones se presentan, no porque uno sea más eficiente que la competencia sino porque sea menos convencional y en consecuencia esté dispuesto a extender sus sentidos más allá en el futuro y a conectar su imaginación con las demandas y oportunidades del presente. Nadie puede predecir el futuro con seguridad, pero sí puede darle forma y ayudar a crearlo con su participación. El acto de extender la intuición y los sentidos progresivamente le permite ser más creativo y adaptable. Tal es el poder del desplazamiento reflexivo en el tiempo.

Finalmente, vale la pena recordar que los computadores tienen una tecla de "pausa". El médico Stephan Rechtschaffen sugiere que todos tengamos también un botón de pausa. Cuando empiece a sentir ansiedad o presienta una oportunidad, haga una pausa. En una fracción de segundo decida adónde dirigir la atención. Por ejemplo, si una cuestión o posibilidad parece no tener futuro, eche un vistazo adelante —un día, un mes, un año, diez años o lo que intuitivamente le parezca apropiado— y en seguida retorne. Haga una pregunta inesperada. Establezca un nuevo sentido de ritmo en el trabajo.

Resulta que nuestra capacidad de desplazamiento reflexivo en el tiempo puede ser en parte cuestión de ritmo. Bill Gates, fundador de Microsoft y uno de los hombres más ricos del mundo, se sienta en una mecedora durante las juntas y crea su propio ritmo y flujo creativo, arrastrando a los demás consigo. Tom Jackson, presidente de Equinox, firma de consultoría, inicia las reuniones con un minuto de silencio y reflexión. Utiliza este método para salir del ritmo del trabajo, de distracción y urgencia, y hacer la transición a un espíritu más creativo y de colaboración para la reunión que va a comenzar.

Al aumentar su capacidad de extender su inteligencia emocional intuitiva a cualquier punto de su horizonte de tiempo, una de las primeras recompensas que notará será un más elevado sentido del gran número de oportunidades que estaban ocultas y que ahora están a su alcance. Este es el tema del capítulo siguiente.

15

Percepción de la oportunidad

Cada problema o posibilidad genera una línea principal de fuerza que, o bien está dirigida *hacia* usted, como es el caso si se trata de un problema, crítica personal o ataque de un competidor, o bien es dirigida *por* usted, como cuando usted está activamente buscando conocimientos, soluciones u oportunidades.

Imagínese por un momento que usted está parado encima de una gran brújula, mirando al norte. Tomemos una vista aérea de su posición desde arriba. Supongamos que recibe una crítica directa y que la línea de fuerza viene de norte a sur. Si usted permanece firme en su puesto, experimenta de lleno el golpe de la fuerza, que lo puede derribar emocionalmente.

> Casi todas las compañías tienen inmensas minas de oro de ideas no descubiertas.
>
> **Hermann Simon**
> Presidente, Simon, Kucher & Co., Bonn, Alemania

Ahora imagínese que se debate con un nuevo reto o un viejo problema que viene de la misma dirección o persona. Sus viejos hábitos probablemente le dicen que se prepare para hacer frente al "ataque". Es un reflejo natural. Uno se defiende si lo atacan (el jefe, la esposa o el marido, el trabajo, las fechas de vencimiento). Al final del día se siente tenso y cansado, resentido o pesimista. Y cuanto más luche, mayor el riesgo de consumirse.

Pero volvamos al experimento. Digamos que usted está muy tranquilo, parado encima de la brújula, y siente que viene la fuerza como una discusión o un problema difícil. Desde el punto de vista geométrico, y a menos que reciba genuina retroinformación personal, el único ángulo que no le conviene usar es el actual, en este ejemplo la línea norte-sur, donde recibe en pleno el "golope" de palabras o imágenes del problema. Además, si no cambia de posición puede quedar o sentirse demasiado cerca del problema y perder perspectiva emocional; los árboles no le dejan ver el bosque.

Considere la alternativa. Si se mantiene en un alto grado de alerta (capítulo 2) y opera en un estado de flujo intuitivo (capítulo 13), dispondrá de un eficaz "sistema de alarma temprana" para detectar a tiempo muchos quebraderos de cabeza, antes de que se le vengan encima. Y una vez que los sienta venir, es más fácil cambiar de posición o actitud y moverse en cualquier dirección, excepción hecha de la que trae la línea de fuerza contra usted.

Con sólo hacerse a un lado deja de ser el blanco y se convierte en guía, pasando a moverse al lado de la línea de fuerza y extendiendo sus sentidos para detectar todas las posibles maneras de resolver el problema o contestar honradamente la queja. Si es necesario, tal vez prefiera desviar la fuerza que viene, alterando su línea de movimiento, respondiendo tal vez con algo tan sencillo e inesperado como una buena pregunta, y desplazando el resultado hacia nuevas opciones en vez de viejas complicaciones.

Séame permitido insistir un poco más en este tema. Percibir las oportunidades es extender uno su conciencia a la mayor distancia que pueda, usando sus tradicionales cinco sentidos e incorporando igualmente su "sexto sentido" intuitivo (capítulo 13) y sus instintos (¿séptimo sentido?), junto con todas las demás modalidades de percepción e inteligencia humana de que disponga. En esta forma puede permanecer completamente atento al presente pero al mismo tiempo presentir más allá.

Supongamos que usted recibe instrucciones de su jefe, o toma por su cuenta la decisión de afrontar un problema que se presenta, o formar una alianza crucial, o inventar un nuevo servicio o producto. Muchos de los ejecutivos con quienes yo he trabajado tienden a afrontar tales retos en una forma lineal, secuencial, como lo haría el comandante de una legión romana: una vez que se deciden, agachan la cabeza y atacan de frente. A veces esto funciona; en general, no; o por lo menos no produce la mejor solución.

Veamos el caso de Jim Clark, que era presidente de la junta directiva de Silicon Graphics en 1992, había llegado al tope de su profesión y no tenía para qué cambiar de oficio ni exponerse a ningún riesgo. Sin embargo, intuitivamente percibía muchísimas posibilidades que nadie más veía; y siguiendo sus corazonadas resolvió investigarlas. Como necesitaba un socio, también por intuición puso los ojos en Marc Andreessen, joven de 21 años, estudiante de la Universidad de Illinois, que tenía una habilidad increíble para el diseño de software y un raro sentido de futuras posibilidades.

> El descubrimiento consiste en ver las mismas cosas que ven todos los demás y percibir algo diferente.
>
> **Albert Szent-Györgyi, M.D., Ph.D.**
> Dos veces premio Nobel

Clark lo invitó a unirse a él y entre los dos fundaron Netscape con una visión sin paralelo de la Internet. De entonces acá la compañía ha regalado versiones del programa *Navigator* por valor de US$12 millones con la creencia nada convencional de que el poder de la Internet crecería grandemente. Clark y Andreessen respondieron a su visión regalando algo para recibir algo en cambio. "Si esto no funciona, la gente va a decir que yo soy la persona más estúpida del mundo", pensaba Clark. No se lo dicen porque Netscape domina hoy el 75 por ciento del mercado y ha colocado el *Navigator* en 45 millones de computadores personales, haciendo a Clark el primer multimillonario de la Internet. Andreessen ha ganado más de US$100 millones. Sus maestros y amigos lo recordaron en una entrevista reciente como un buen estudiante, especialmente en las clases que le gustaban; pero lo que a mí más me impresionó fue este comentario: "Marc parecía tener un sentido más amplio que todos nosotros. Hablaba de las cosas en una forma más completa, con más de un punto de vista. Y todos nos asombrábamos y asentíamos".

AMPLIANDO EL CAMPO SENSORIAL

La verdad es que todos estamos más cerca de lo que pensamos de nuevas oportunidades de aprender, innovar y triunfar. Yo creo que una de las características de los hombres y mujeres de alto CE es su capacidad de sentir más lejos y más profunda y rápidamente que los que se valen sólo del CI.

Veamos una manera no convencional en que uno puede ampliar su campo sensorial. Lo he tomado directamente de la biología humana. Piense que la *fóvea* es una área diminuta en el centro de la retina del ojo, un punto microscópico en donde están aglomeradas las células receptoras de luz, y es allí donde la percepción de la imagen es perfectamente clara. Yendo de ahí hacia afuera, hacia la visión periférica, las imágenes se van haciendo progresivamente más imprecisas. Por ejemplo, cuando usted mira esta página, la zona de claridad perfecta que ve la fóvea es apenas como 25 millonésimas de su campo visual total. Esto significa que probablemente puede abarcar de cinco a diez letras en foco perfecto. Esto lo puede comprobar usted mismo fijando por unos momentos la vista en la palabra *por* en esta oración. Observe que sólo una palabra o dos las ve claras.

La fisiología del ojo es tal, que a fin de transmitir imágenes útiles al cerebro la fóvea hace fijaciones como si estuviera tomando instantáneas unas cuatro veces por segundo. Así pues, los ojos cubren el campo visual en lo que se podría comparar a pequeños tragos. Debido a esto, por lo general sólo podemos leer una palabra por instantánea, o cuatro palabras por segundo, lo cual equivale a unas 240 palabras por minuto. Sin embargo, hay lectores que han aprendido a leer con increíble rapidez. No leen palabra por palabra sino que en cada fijación visual de la fóvea abarcan muchas palabras, frases, oraciones y hasta párrafos. Los más veloces entre ellos han llegado a leer 5 000 palabras o más por minuto, con excelente comprensión y retención.

Usted también puede aprender a hacer esto. Con unos pocos ejercicios sencillos, como leer columnas de letras en una página enfocando el centro pero abarcando progresivamente más letras y palabras, el área de foco perfecto de la fóvea se puede expandir. Yo soy testigo de que muchos gerentes y profesionales lo han logrado. Lo que es más interesante para el tema de este capítulo sobre percepción de oportunidades, es que esas mismas personas me han dicho que al mismo tiempo que ampliaban su manera de leer, otras cosas también se ensanchaban en la forma de interactuar con personas y circunstancias. Recuerdo que un alto ejecutivo me informó que ahora en sus conversaciones diarias tenía la capacidad de concentrar mejor la atención en su interlocutor, y al mismo tiempo su visión periférica abarcaba más del ambiente. Respondía a interacciones y al "horizonte de oportunidad" en un sentido más amplio.

De análoga manera, he oído suficientes informes de primera mano para creer que con la práctica se pueden ampliar otros sentidos, no sólo para obtener más información sino también para percibir más allá del campo normal de enfoque, para leer entre líneas e ir más allá de las palabras en las conversaciones de negocios. Por la intuición y los instintos aprendemos a observar cuándo necesita atención una persona que está luchando, a fin de ofrecerle una palabra amable de reconocimiento y asistencia. O podemos "sorprender a una persona haciendo las cosas bien", como dice Ken Blanchard, y ofrecerle inmediatamente elogios en lugar de esperar hasta que las cosas salgan mal (lo cual todos parecen notar) y empezar entonces las reconvenciones y las quejas. ¿De qué otras maneras específicas podría usted "estirar" sus sentidos de vista, oído, intuición e instintos? ¿Cómo podría desprenderse de viejas rutinas y disfrutar mejorando sus relaciones de trabajo y obteniendo más amplio acceso al campo de oportunidades? Obviamente esto no es un proceso de CE únicamente; involucra los cinco sentidos físicos, lo mismo que los instintos y el flujo intuitivo; sin embargo, yo creo que estos dos últimos son los que impulsan todo el proceso.

Extender su horizonte de oportunidad

James Kackley, alto ejecutivo de la firma Arthur Andersen, hablaba hace un tiempo de lo que había aprendido en el curso de los años acerca de la necesidad de distinguir claramente entre concentrarse en problemas y buscar oportunidades, y entre repetir hábitos arraigados e inventar conscientemente nuevas cosas, por ejemplo en la manera como enfocamos un reto o tratamos a otra persona o aprendemos.

Todos somos muy hábiles para encontrar las fallas de otra persona y nombrar problemas existentes, o para completar tareas y tomar decisiones de rutina. En los negocios nos enseñan a hacer esto. Pero nos podemos quedar allí empantanados.

Peter Drucker llama "el pecado mortal de los negocios" relegar a las mejores personas a corregir problemas. Dice que las oportunidades producen crecimiento mientras que resolver problemas es más bien como controlar daños. En Arthur Andersen, por ejemplo, los socios y los equipos profesionales continúan comprometidos con su larga tradición de excelencia en auditoría de estados financieros históricos, pero en años recientes ha habido una creciente demanda de una capacidad adicional: hacer auditorías hacia adelante, encontrar todas las maneras de ayudar a los clientes a mejorar su rendimiento comercial, lo cual significa en el fondo detectar intuitiva y analíticamente riesgos escondidos, lo mismo que descubrir toda fuente posible o dirección de nuevo crecimiento y valor que dé a los clientes una ventaja competitiva. Las compañías están respondiendo en todo el mundo.

En Hewlett-Packard, una de las compañías más admiradas de los EE. UU., gerentes y profesionales vigilan el mundo con lo que se llama *exploración*. Han desarrollado este hábito como una manera de percibir una amplia variedad de posibles futuros y la utilizan para inventar nuevas tecnologías, productos y servicios y mejorar procesos de trabajo. Lew Platt, presidente de la junta directiva, cree que la exploración ha sido una clave de la rentabilidad continua y progreso de la compañía.

La mayoría de las personas, sin embargo, siguen trabajando por rutina. Se resisten al cambio. No ven, por ejemplo, que es preciso comprender los sistemas económicos más amplios que se están organizando en nuestro alrededor y a los cuales es preciso encontrar manera de contribuir. De lo contrario, estamos desapareciendo, o ya hemos desaparecido, sólo que no nos damos cuenta todavía.

Einstein decía que la Luna no desaparece cuando nosotros cerramos los ojos. Piense un momento en cuántos inventos y servicios de la actualidad los tomamos como cosa común y corriente, pero que hace pocos años se consideraban imposibles. Las pocas personas que mantuvieron abiertos los sentidos explorando las oportunidades, los encontraron. Piense en el número total de obras que produce un artista durante su vida. La cantidad es asombrosa. De Picasso se dice que dibujó o pintó más de 10 000 cuadros. Esto es más o menos el mismo número de productos nuevos lanzados en las tiendas de software cada año.

Es interesante observar que Picasso siguió pintando hasta pasados los noventa años, y se dice que descartaba dos de cada tres de sus pinturas. No nos paramos a criticar las "fallas" creativas de Picasso; al contrario, sólo pensamos con admiración en sus éxitos. Lo mismo en el caso de Leonardo da Vinci. Yo mantengo un ejemplar de su cuaderno de dibujo sobre mi escritorio como recordatorio. Claramente él tenía un largo horizonte de tiempo y constantemente estaba imaginando nuevas posibilidades, muchas de las cuales se convirtieron en realidad después del siglo dieciséis, época en que vivió. Más conocido como pintor, se destacó también como escultor, arquitecto, músico, anatomista, botánico, ingeniero, geólogo y cartógrafo.

Compárese esto con la actual tendencia a especializarse en un solo aspecto o una sola profesión, y a pensar en forma incremental y a lo largo de líneas rectas y estrechas: lo que Thomas Carlyle en 1829 llamaba "intelectos de máquina de vapor". En algunas compañías esto significa no aventurarse jamás en territorios desconocidos. También significa tratar de evitar "fracasos" con ideas de nuevos productos, y por el contrario, concentrarse en sacar hasta el último céntimo de rectificar el tamaño de la empresa, reducciones del ciclo de tiempo y desplazamiento de recursos. No es que ninguna de éstas sea una mala idea, sólo es que yo nunca he conocido a nadie que se despierte por la mañana emocionado con la idea de ir a ganarse un centavo más, o a hacer una mejora incremental. Como nos recuerda Meg Wheatley, "lo que más tememos en una organización —fluctuaciones, perturbaciones, desequilibrios— son también las fuentes principales de la creatividad".

AFECTAR AL FUTURO

Según mi experiencia, cuando se pregunta a las personas en qué actividades se sienten más comprometidas y entusiastas, cuando desarrollan sus mejores esfuerzos en una serie de tareas desde las más humildes hasta las creativas, la tarea que obtiene la más alta calificación es: "diseñar o descubrir algo nuevo". No es el control de procesos estadísticos, ni generar informes, ni revisar lo viejo. Cuando se le da la oportunidad, y quizá algún entrenamiento o incentivo adicional, el individuo se lanza con brío, escucha su propio sentido interno de posibilidades y se apasiona por ejercer alguna influencia significativa en el futuro.

En esto la historia nos apoya. Recuérdese, por ejemplo, que hasta 1543 todos daban por sentado que el Sol y sus planetas giraban alrededor de la Tierra, hasta que Copérnico, siguiendo su intuición, se preguntó: ¿Qué tal que viéramos el universo desde una perspectiva distinta? ¿Qué tal que pusiéramos el Sol en el centro en lugar de la Tierra? Explorando otras posibilidades y dejando a un lado lo que en su día se tenía por sabido, Copérnico concibió un modelo mucho más útil y preciso de lo que hoy llamamos el sistema solar.

Benjamin Franklin fue a Boston en 1746 para presenciar una demostración de electricidad por el conferencista escocés, Dr. Adam Spencer. Se impresionó tanto con la electricidad estática de alto voltaje que resolvió comprarle a Spencer todo su equipo. Un amigo suyo en Inglaterra, Peter Collinson, le envió notas adicionales sobre los experimentos que se estaban realizando en Europa. Franklin inmediatamente cuestionó las teorías de los científicos europeos, quienes sostenían que había dos tipos distintos de electricidad. Nada de eso, pensó. Electricidad es electricidad, y fluye desde el punto de mayor carga al punto de menor carga. Creía además que se puede almacenar y liberarla cuando se hace saltar la chispa. La chispa es lo que nivela las cargas que habían estado separadas. Los experimentos de Franklin dieron mucho que hablar en Europa, pero eran irrefutables y revolucionaron el desarrollo de la electricidad.

Al comenzar el siglo veinte, Albert Einstein efectuó un cambio de percepción científica preguntándose: "¿Cómo sería correr al lado de un rayo de luz, a la misma velocidad de la luz?" Apelaba a su sentido intuitivo de que, al contrario de lo que generalmente se aceptaba, podía haber una relación distinta y más fundamental entre tiempo y espacio, y demostró que el paso del tiempo es relativo y que las propiedades de un objeto no son absolutas y fijas, sino relativas a la posición del observador.

La inteligencia emocional era parte de la creatividad de Einstein. Según dice Robert Dilts, autor de *Strategies of Genius*, "Einstein sostenía que él pensaba principalmente en función de imágenes visuales y sentimientos... y que la expresión verbal y matemática de su pensamiento venía después de que se había realizado el importante pensar creativo". Einstein atribuía sus realizaciones científicas a lo que llamaba un "vago juego" con sentimientos, señales, imágenes y otros elementos. "Este juego combinatorio —escribió— parece ser la característica esencial del pensamiento productivo". La energía emocional es el estímulo para buscar oportunidades ocultas y el combustible de la imaginación creativa.

> Nuestra compañía, es cierto, ha tropezado con algunos de sus nuevos productos. Pero no se olviden de que uno sólo se puede tropezar si se está moviendo.
>
> **Richard P. Carlton**
> Ex presidente de 3M, 1950

Einstein desafió la física newtoniana. Los antiguos vikingos desafiaron los mares. Los colonos norteamericanos desafiaron la dominación feudal y las restricciones estultas de la sociedad europea. Galileo, Copérnico y Kepler desafiaron la teoría geocéntrica del universo. Beethoven desafió su sordera como Milton su ceguera y Helen Keller ambas cosas a la vez.

"El único activo fabril de Microsoft es la imaginación humana", observaba el escritor Fred Moody en el *New York Times*. SmithKline Beecham le pagó US$125 millones a Human Genome Sciences, compañía cuyo único activo era un grupo de científicos brillantes (durante todo un decenio no tendría listo un producto). IBM no pagó US$3 500 millones por Lotus sólo para adquirir su software y su propiedad intelectual; también compraba el genio creador no aprovechado de un diseñador, Ray Ozzie, y su grupo, inventor del poderoso software *Notes* para intercambio de información por computador. Cuando los magnates de espectáculos Steven Spielberg, David Geffen y Jeffrey Katzenberg formaron la compañía Dreamworks SKG, ofrecieron a la venta la tercera parte de la empresa por US$900 millones. Estimaban el valor total de la misma en US$2 700 millones y su propio capital en ella en US$1 800 millones. Pero esto no se basaba en los tradicionales activos de capital, que no existían. Todo era arrendado: oficinas, computadores, copiadoras. Eso es genio creador cargado de emoción y respaldado por una fe apasionada en su propósito.

He aquí otra ilustración. ABB Asea Brown Boveri es una firma mundial de ingeniería eléctrica que suministra tecnología para la generación de energía, sistemas de transmisión y distribución y una gran variedad de equipos industriales movidos por electricidad. Su sede está en Zurich y sus propietarios son suecos y suizos. Negocia en 140 países y goza de mucha reputación por su liderazgo.

> O aprende uno a conseguir y cultivar gente creativa, o se lo comen vivo.
>
> **Leon Royer**
> Director ejecutivo, 3M

En 1994 Paul Kefalas fue nombrado presidente de ABB Canadá en momentos en que esa región sufría de un estancamiento de ventas. La manera tradicional de revivir ingresos habría sido concentrarse en mejorar los productos, buscar qué novedades podrían interesar al mercado y luego resolver cómo producirlas en condiciones rentables. Kefalas procedió en forma enteramente distinta. Pidió a la compañía que explorara lo que se podría llamar su horizonte de oportunidad, incluyendo el más amplio ambiente de negocios a que esperaba servir en el futuro. Lo que quería saber era: ¿Quiénes serán los que van a dar forma al futuro de la región? Con esa nueva percepción de las influencias e intereses que marcaban el rumbo de la industria canadiense, pudo dirigir a su equipo administrativo a buscar maneras de asociarse para aprender con esas importantes compañías, en forma que ABB pudiera contribuir a su éxito.

Esas compañías se escogieron por su influencia en el futuro, aun cuando no fueran clientes de ABB. A muchas de ellas no se habría podido llegar con las iniciativas corrientes de ventas centradas en el producto. Con las organizaciones que aceptaron su plan, ABB reunió equipos de expertos de sus propias unidades para que trabajaran con los líderes de la otra compañía e idearan entre todos maneras creativas

de aprovechar oportunidades inesperadas y realizar su visión de crecimiento. Hacer negocios en esta forma ha producido incontables oportunidades nuevas y corrientes de ingresos para ABB Canadá. Están en
marcha más de una docena de acuerdos de asociación con clientes,
incluyendo varias operaciones conjuntas, y las ventas han aumentado
significativamente.

$$Z \times (P + C + Pa) = PO$$

Zeigarnick x (Posibilidades + Conciencia + Participación) = Percepción de oportunidad

Esta ecuación de CE se puede usar para comprobar la expansión
de su capacidad de percibir oportunidades. Califique de 0 a 10 cada
factor de la izquierda. *OS* es la capacidad que usted posee en la actualidad
para *percibir oportunidades*.

P representa la totalidad de sus posibilidades actuales, incluyendo
las oportunidades disponibles, las reconozca usted o no. Por ejemplo,
si trabaja en un oficio que le parece limitante en una compañía de baja
inteligencia emocional, este número puede ser pequeño, tal vez sólo
2 ó 3; pero si trabaja en un ambiente flexible, creativo, en una compañía
de alto CE, puede ser ilimitado y por tanto se califica con 10.

C representa su conciencia de las oportunidades a su alcance. ¿Está
usted alerta a todo el campo de posibilidades, por amplio que sea, o está
en piloto automático y no está en contacto con él? *Pa* representa su
actual nivel de participación activa, hasta dónde se siente comprometido
a explorar las posibilidades disponibles en esta circunstancia específica.
Z es el Efecto Zeigarnick, que puede verse como indicador de su capacidad para mantenerse abierto y creativo el mayor tiempo posible,
hasta las fechas límite y los puntos de ejecución. Cuando Z es cero, esto
indica una gran urgencia de cerrar, de dar por terminado el asunto, lo
cual anula los demás factores de la ecuación y da por resultado cero
percepción de oportunidades. El puntaje máximo es 300; el más bajo,
cero.

Como lo han descubierto muchos individuos en 3M y otras compañías, para innovar constantemente se necesita un ambiente de trabajo
en el cual la percepción de oportunidades sea un proceso de todos los

días y no un suceso especial. Pruebe a despejar su escritorio, sentarse tranquilamente con lápiz y papel, y darse a sí mismo la orden de "crear algo". Esto no funciona. La innovación a solicitud no opera. No se puede abrir y cerrar como un grifo. Tenemos que mantenernos abiertos a todas las posibilidades a fin de poder captar nuevas oportunidades.

Digamos que usted va a tener que intervenir en un difícil proyecto de colaboración, en vísperas de una importante revisión de rendimiento personal, o que se prepara para tomar parte en una reunión de equipo después que su compañía acaba de perder un cliente muy importante, o que su jefe se ha dado cuenta de que se necesitan urgentemente nuevas ideas o fuentes de ingresos para evitar despidos o defenderse de un competidor. En esos casos, la reacción normal del cerebro es mantenerse menos abierto o adaptable y hacer más de lo mismo, sólo que con mayor intensidad. En el mundo de hoy, esa tendencia se convierte en un serio problema para el negocio y para el desarrollo de la carrera.

Utilizando el ejemplo hipotético de arriba, tómese unos momentos para calificarse en la ecuación de CE. Digamos que usted ha venido temiendo ese momento de la discusión o interacción que se aproxima. Siente un fuerte deseo de que el asunto se arregle de alguna manera y lo más pronto posible, así que su calificación en Zeigarnick es un 3. El campo real de posibilidades, la P de la ecuación, se siente muy limitado en ese momento y usted confía en que alguna otra persona tenga la solución. La calificación es otro 3. En cuanto a su conciencia de las posibilidades, C, usted cree que hay muy pocas probabilidades, y como está muy consciente de eso, asígnese una calificación de 7.

Por lo que hace al interés con que usted va a tomar parte en el proyecto o la reunión —Pa en la ecuación— usted encuentra que se siente relativamente vacilante. Se califica con 4. Puntaje total: 42, de un posible total de 300.

Al abrirse la discusión usted se siente en una posición desventajosa. No se le ve fin. Los ánimos se acaloran y otros ejercen el control. Usted consulta constantemente su reloj. Ojalá que estos quebraderos de cabeza se acabaran. ¿Qué sigue?

Volvamos a la ecuación. El factor de más influencia es Z, el Efecto Zeigarnick, que refleja su voluntad de demorar el cierre hasta el último momento y mantenerse abierto a la más amplia gama de posibilidades.

En muchos casos su puntaje original de 3 se puede mejorar a voluntad. Hay varias maneras: primero, quítese el reloj y guárdelo en el bolsillo o en la cartera. En seguida, propóngase mantenerse abierto y creativo el mayor tiempo posible desde este momento hasta el fin de la reunión, relajando deliberadamente la tensión física, dejando de levantar murallas alrededor de su posición o de lanzar dardos mentales contra los demás. Al mismo tiempo, usted resuelve dejar de buscar incesantemente el final o la solución y en cambio desplaza sus sentidos a preguntarse qué ideas no convencionales, o inesperadas, pueden existir, que están fuera del alcance de todos. Observe cómo se siente eso. Muchos ejecutivos y gerentes con quienes he trabajado informan que el desplazamiento de perspectiva puede ser casi inmediato.

Esto eleva su puntaje de Z, digamos a 8. Su puntaje de percepción de oportunidades que era antes 42 es ahora 112, con sólo haber cambiado una de las variables. Y esto produce también otros cambios. Por ejemplo, con un Z más alto, usted tiende a estar más tranquilo y alerta, lo cual mejora la precisión con que valora el campo de posibilidades (cuando se siente ansioso o tenso tiende a subestimar las posibilidades). En lugar de 3 es en realidad un 5.

Ahora hemos llegado a un total de 128. En lugar de sentirse obligado a protegerse y querer que termine la discusión, usted está tranquilo, lo cual levanta su nivel de participación (Pa), en este caso de 4 a 6, y puede subir aun más, una vez que inicie el diálogo y empiece a hacer algunas preguntas creativas que nadie más está haciendo. Estamos ahora en 144, que es un cambio significativo y a tan alto nivel que usted encontrará que explorar nuevas ideas y soluciones es más interesante, aun cuando haya en la reunión conflicto y descontento, y a su vez su apertura e influencia se sentirán y se apreciarán mejor por los circunstantes. Este es un ejemplo de una manera básica de usar una ecuación de CE para aplicar a su diario trabajo más capacidades y principios de inteligencia emocional.

Veamos ahora el caso de una compañía que tiene un espléndido sistema de percepción de oportunidades: la firma inglesa Richer Sounds, vendedora al por menor de equipos de alta fidelidad. Su tienda principal en Londres vende el equivalente de US$26 000 por pie cuadrado, cuando el promedio en el Reino Unido es US$1 000. Tiene 200 empleados e ingresos anuales equivalentes a US$38.5 millones, con 26 puntos de venta.

La filosofía del fundador y presidente, Julian Richer, se puede resumir en dos puntos: percepción no interrumpida de oportunidades y respeto por los empleados. "El respeto por el individuo siempre ha sido para mí un principio guía —dice Richer—. Hacer con los demás lo que quisiéramos que hicieran con nosotros es un precepto que se debe aplicar en el trabajo tanto como en cualquier otra área de la vida". Los empleados (a quienes se les dice "colegas") sienten este respeto todos los días en su trabajo.

En una industria donde es alto el índice de rotación de personal, Richer celebra la lealtad de sus empleados. A los que han estado con la compañía más de cinco años los invitan a un almuerzo con el más alto ejecutivo en uno de los mejores restaurantes de Londres. "La actitud de contratar y despedir no tiene cabida en una organización que toma en serio el servicio al cliente", dice él, observando que la rotación y las mermas (eufemismo por hurtos de los empleados) son mucho más bajas en Richer Sounds que en otras partes. La empresa mantiene un fondo de auxilios (1 por ciento de las utilidades) para hacer préstamos sin interés y donativos a los que estén en dificultades.

Cada mes se les dan a los colegas US$5 para que vayan a pasar un rato en una taberna pensando en nuevas posibilidades de mejorar el negocio. Las ideas van desde lo práctico hasta lo inspirado. Algunas han sido: tener reglas de medir para que los clientes puedan verificar las dimensiones del equipo; tener sillas cómodas, máquinas de café y algún bocado gratis en las tiendas; distribuir catálogos para ventas por correo; ponerles manijas a las cajas para que los compradores las puedan llevar cómodamente; y envolver las cajas de modo que un posible ladrón no pueda identificar su contenido. Cada trimestre el que haya hecho la mejor sugerencia se gana un viaje de vacaciones. Richard Sounds está reconocida en el Reino Unido como la compañía que produce más ideas por empleado, y Richer paga hasta la mitad de un viaje en avión a los Estados Unidos si el empleado regresa con ideas de cómo las técnicas de ventas al menudeo que se emplean allí se podrían aplicar en Richard Sounds.

Todo aspecto de la compañía se señala por incentivos y oportunidades creativas. Además de pedir informes de compradores misteriosos, encuestas telefónicas y directores asociados, en todos los recibos de las tiendas se imprime un formulario con porte pagado para que el cliente comente el servicio. Cada vez que el cliente marca "Excelente", el vendedor recibe una bonificación de US$5, cualquiera que sea el monto de la venta. Si el cliente dice que el servicio no fue bueno, al vendedor se le cargan US$5. Esta suma no se le descuenta realmente de su sueldo, pero al final del mes el que tenga un saldo rojo tendrá que dar muy serias explicaciones. Los puntajes de todas las tiendas se anuncian semanalmente y al final del mes las tres primeras en esta competencia ganan cada una un automóvil por un mes, dos Bentleys y un Jaguar XJS convertible. Son para que los usen los colegas como quieran, y la compañía paga la gasolina y un chofer de medio tiempo para los que no sepan conducir. Richer tiene la idea de que el trabajo debe ser interesante y de que todo el mundo debe trabajar menos. La compañía es dueña de cinco casas de veraneo en distintas partes del país y en Irlanda, y otra en proyecto en París. Cualquier empleado con su familia y amigos las puede utilizar. Los cupos se asignan por orden de las solicitudes y no hay preferencias. El personal de dirección no recibe ningún trato especial. Todo es cuestión de respeto e iniciativa creativa.

EXPLORACIÓN DE POSIBILIDADES

Como vimos en la anterior ecuación, hay varias competencias de inteligencia emocional que se pueden aprovechar cuando a uno se le atraviesan obstáculos en el camino. El siguiente ejemplo muestra cómo tomó este tipo de iniciativa un equipo de marketing.

Hallberg Schireson, firma de marketing, tenía la cuenta de una compañía conocida por sus barnices pero que también quería aumentar la venta de sus pinturas. Lo malo es que el precio era muy alto: 17 dólares el galón cuando otras parecidas se vendían a 14 dólares por galón.

¿Por qué?, preguntó Hallberg. "Porque usamos ingredientes más costosos", le contestó el departamento de investigación y desarrollo. Hallberg volvió a preguntar: "¿Por qué?" "Aquí hay un ingrediente que es mejor, pero no sabemos qué es lo que hace". Hallberg dijo: "¿Podrían averiguarlo?" I&D contestó: "No será fácil; lo que sabemos es que excede de alguna norma federal".

Los de Hallberg resolvieron entonces prescindir de I&D y estudiar ellos mismos los gruesos tomos de normas federales. Lo primero que descubrieron, con sorpresa, fue que 80 por ciento de los trabajos de pintura se hacen sobre superficies que ya han sido pintadas anteriormente. Pero descubrieron además que el ingrediente costoso hacía adherir la pintura mejor a una superficie ya antes pintada. Así, donde falló el departamento de I&D, la firma de marketing encontró la mejor razón por la cual la pintura Olympic era más cara y por qué valía la pena pagar la diferencia.

Las ventas se fueron por las nubes y han seguido en aumento desde entonces.

Veamos otros ejemplos. First Direct, un banco británico, es notable porque sólo por teléfono se pueden comunicar con él los clientes, las 24 horas del día. Sus fundadores lo crearon para obviar lo que percibían como el mayor obstáculo al desarrollo de un banco. El tiempo es oro, como lo es la comodidad, y a menos que se abriera una sucursal en cada esquina de la ciudad, cosa obviamente imposible, los clientes, que son profesionales ocupados, pierden ambas cosas para llevar a cabo operaciones de rutina. First Direct tiene medio millón de clientes, muchos de ellos trabajadores infatigables que mantienen en promedio saldos diez veces mayores que el promedio de los depositantes del Midland Bank, casa matriz de First Direct, mientras que los costos globales son 61 por ciento más bajos. First Direct es el banco que más rápidamente crece en el Reino Unido. A mediados de 1995 abría 10 000 cuentas nuevas al mes, lo que equivale a abrir dos o tres sucursales nuevas cada 30 días.

Richard Branson es otro ejemplo de un ejecutivo que ha trabajado mucho por desarrollar sus capacidades de intuición y percepción de oportunidad. Es el fundador del Virgin Group, muy conocido por su cadena de aerolíneas y tiendas de venta al por menor. Su manera de dirigir sus empresas ha hecho a Branson uno de los hombres más ricos del mundo, a pesar de sus muchos fracasos. Como dice el editor John Brown: "El secreto del éxito de Branson son sus fracasos. Sigue iniciando cosas y muchas de ellas fracasan pero a él no le importa un pepino, y sigue adelante".

Branson no tiene una sede fija para sus negocios y desprecia los privilegios y símbolos de posición y poder. Su última oficina era un barco anclado en el Támesis, aun cuando emplea a más de 6 000 personas en más de 16 países. La descentralización es su pasión y sostiene que cuando hay más de 70 personas en un edificio, se deben dividir en grupos más pequeños para que no pierdan su identidad y capacidad de creación.

> **Conexiones con Cuadro de CE: Percepción de oportunidades**
>
> Véanse las siguientes escalas del Cuadro de CE como puntos de reflexión relacionados con este capítulo: conciencia emocional de sí mismo, conciencia emocional de otros, creatividad, conexión interpersonal, perspectiva, intuición y radio de confianza.

En Virgin Group reina la informalidad (en el vestido, la falta de jerarquía, el ambiente confortable y el no conformismo) y un verdadero diálogo permite a todo el mundo participar en la busca de oportunidades. La comunicación es abierta, franca y lateral, pues Branson ve la compañía como una organización sin fronteras. Detesta las estrechas definiciones de oficios y estimula a todos para moverse de una parte a otra. Cree en crecimiento orgánico y rentabilidad, no en atacar a otros negocios para quitarles su participación de mercado. En el fondo de su filosofía de trabajo está la idea de que cuando alguien tiene una idea creativa, se le debe dar acceso completo a recursos que puedan llevar esa idea a su feliz realización. A todos los estimula para que asuman riesgos inteligentes, para adaptarse y crear constantemente. Los errores no lo asustan; le encanta aprender de ellos y dice que es mejor pedir perdón que pedir permiso. Recompensa a los que ofrecen ideas creativas: reciben parte de las utilidades. Hacerlos millonarios es su manera de conservar en Virgin Group a los mejores en lugar de que se vayan a trabajar por su cuenta.

¿Su compañía no tiene una filosofía parecida? Recuerde las historias de Rachel Carson, John Woolman y muchos otros mencionados en este libro. Muchos cambios importantes se han iniciado en la ingeniosidad y dedicación de un individuo. Le recomiendo igualmente discutir con sus más íntimos y desarrollar algunas de estas competencias de la inteligencia emocional, y llevar éstas a la práctica una por una. Mirando adelante, tales acciones pueden cambiar y aun salvar a su organización.

CE EN ACCIÓN

Percepción de oportunidades

Para aumentar su capacidad de percibir oportunidades, considere lo siguiente:

• **Propóngase dejarse sorprender todos los días por algo nuevo.** Si se ciñe a la rutina, nunca percibirá la riqueza de posibilidades que lo rodean. Haga preguntas que no habría hecho antes o exprese una honda creencia. Preste atención a lo que cuente un extraño. Camine entre grupos distintos o por un parque o corredor. Perciba lo que es único en ellos. ¿Qué es diferente? ¿Qué está cambiando? ¿Dónde están las posibilidades ocultas? Aprenda todo lo que pueda sobre ellas. Si usted es un líder, hable de las oportunidades, de las recompensas por aprovecharlas y de las deficiencias actuales del equipo o la organización para buscarlas.

• **Propicie disconformidad creativa**. Muchos descubrimientos vitales se han hecho por métodos totalmente heterodoxos. Los hermanos Wright descartaron la idea de construir una máquina voladora estable y sólo tuvieron éxito cuando adoptaron la idea de un aeroplano "inestable". Como nos recuerda Roger Schank, director del Instituto de Aprendizaje en Northwest-

> Nuestra propia pericia nos hace demasiado confiados. Suponemos que sabemos todo lo que hay que saber y dejamos de aprender. No producimos nuevas ideas y no queremos considerar las de otros. Mientras tanto, el mundo nos ha dejado a un lado.
>
> **Robert J. Sternberg**
> Yale University

ern University: "Si una idea no se ha demostrado, la mayoría de los científicos no les dan a otros científicos la oportunidad de tratar de probarla. Uno tiene que mostrar que algo es práctico para que lo dejen trabajar en ello. Los científicos son por lo menos tan rígidos como todo el mundo. La triste verdad es que la mayoría de los científicos nunca han hecho nada nuevo en su vida. Simplemente siguen las reglas y hacen lo que se supone que deben hacer".

Edison trató en vano de hacer una lámpara eléctrica con centenares de compuestos antes de dar con el que funcionaba. Muchos otros buscaban la misma meta pero todos trataban de hacer la lámpara basándose en sus teorías de electricidad, metales y lámparas. Querían estar ciento por ciento seguros de que su teoría funcionaría, antes de ensayar en la práctica cosas nuevas. Edison siguió experimentando en su banco de trabajo con muchas cosas, guiado por su intuición, aprendiendo de paso, empeñado en encontrar algo que funcionara.

• **Lleve un "diario de posibilidades".** Imite a Leonardo da Vinci cuyos cuadernos de notas fueron una continua fuente de inspiración para imaginar lo "imposible". Usted podría empezar por anotar todas las noches la experiencia más sorprendente o emotiva del día y su reacción a ella. Después de una semana, vuelva a leer sus notas y observe patrones de interés que puedan señalar nuevas ideas para el futuro.

> Si usted sólo ve en una situación dada lo que todo el mundo puede ver, se puede decir que usted es a tal punto un representante de su cultura que es una víctima de ella.
>
> **S.I. Hayakawa**
> Senador de los Estados Unidos y educador

• **Suprima todos los "candados mentales" que inhiben el proceso creativo.** En muchos casos se puede contribuir al flujo natural de la innovación suprimiendo los obstáculos, o "candados mentales", que se expresan diciendo: Todo está bien; hay que seguir las reglas; no nos podemos equivocar; jugar es frívolo; eso no me incumbe a mí; seamos prácticos; y yo no soy creativo. Además, trate de pasar más tiempo en los *espacios creativos* que estimulan el flujo de ideas. Chiat/Day tiene en su sede de Nueva York "cuartos para equipos y procesos" en lugar de oficinas privadas, y un "área de conversación" en vez de una sala de juntas. Steelcase y Herman Miller, firmas de muebles de oficina que se especializan en tales espacios, usan metáforas como "bahías", "oasis", "vecindarios" y "actividades" para evitar la esterilidad jerárquica.

• **Aproveche la conexión ejercicio-CE-innovación**. Tal vez le sorprenda saber que el ejercicio puede aumentar la percepción de oportunidades y generar creatividad. A esta conclusión llega Thomas Backer, profesor de la Facultad de Medicina en la Universidad de California. "Trabajando con millares de personas creativas, recomiendo un programa regular de ejercicios como la mejor manera de aumentar la resistencia a la tensión y facilitar la creatividad". Como se vio en el capítulo 2, el ejercicio hecho con regularidad también contribuye a la energía y elasticidad emocional.

• **Codéese con gente muy creativa**. Hallmark, la gigantesca firma de tarjetas de felicitación, anima a sus artistas a visitar museos en cualquier parte del mundo, a fin de estimular su creatividad. Samsung, firma electrónica coreana, envía a sus ejecutivos a visitar la firma de diseño IDEO de Palo Alto, California, para que absorban espíritu creativo. Evalúe su propio ambiente: ¿Le permite aprovechar al máximo sus talentos e intereses? ¿Qué cambios significativos, aunque sean pequeños, podría hacer en su ambiente de trabajo? ¿Cómo podría crear sus propias oportunidades en lugar de verse limitado por las circunstancias en que se encuentra?

• **Cambie de actitud**. El psicólogo Abraham Maslow decía: "Si la única herramienta que usted tiene es un martillo, tiende a tratar todas las cosas como clavos". Haga una lista de oportunidades, grandes y pequeñas, que estén a su alcance y al de su empresa. Fíjela en un lugar visible. Pregúntese constantemente: ¿Estoy buscando oportunidades con el mismo vigor creativo y recursos que dedico a corregir los problemas cotidianos?

• **Evoque las mercedes recibidas**. Una manera inesperada que he encontrado de ampliar el campo de mis oportunidades futuras se basa en imaginación y gratitud. Me la comunicó Anees Sheikh, director del departamento de psicología en Marquette University, quien aconseja, basándose en años de observación y experiencia profesional: "No se contente con contar las mercedes con que ha sido bendecido, *imagíne-selas*". Recomienda escribir una descripción breve de unas diez y recordar dos o tres más cada semana. Una vez al día, tal vez durante los cinco minutos que está escribiendo sus apuntes matinales de CE (capítulo 1), evoque y sienta vivamente cinco de ellas durante diez segundos. El Dr. Sheikh informa que en muchos casos ha visto que este sencillo ejercicio transforma toda la relación de un individuo con su trabajo, pasando de sentirse impotente y mártir a buscar oportunidades y a mayor elasticidad. Además, tiende a tener más conciencia de las cosas buenas, los sucesos positivos y las oportunidades creativas de la vida diaria que hasta ahora no había notado.

16

Creando el futuro

CUANDO HABLAMOS DE CAMBIO, nos referimos por lo general al incremental, resultado de análisis racional y planeación ordenada.

El cambio incremental es a corto plazo, su alcance es limitado y tiende a ser reversible. Lo podemos abandonar y volver a las viejas maneras de hacer las cosas. Controlándonos a nosotros mismos y a los demás y controlando las circunstancias, nos quedamos del lado de sombra de este pilar del CE. Robert Quinn, de la Escuela de Administración de la Universidad de Michigan, llama esto el "dilema de la muerte lenta".

> El futuro no ocurre porque sí; es creado.
>
> **Will y Ariel Durant**
> *The Lessons of History*

Es más fácil quedarse en la zona de confort y certidumbre. Buscamos un arreglo indoloro. Nos conformamos. En el mejor de los casos y si todo va bien, acabamos siendo mediocres. Hacemos los ademanes pero en el fondo hemos dejado de afrontar los retos más hondos y las posibilidades. Recibimos la paga y no hacemos caso de los mensajes urgentes del instinto que nos llama a hacer cuanto sea posible por transformarnos nosotros mismos y las circunstancias.

Los buenos líderes, por el contrario, cuestionan permanentemente los supuestos que otros aceptan. Estos hombres y mujeres no actúan en una forma fija cuando se enfrentan al statu quo: lo desafían percibiendo los riesgos y limitaciones y en muchos casos encuentran la manera de superarlo. Tienen el valor de asumir riesgos creativos. Se permiten y permiten a los demás cometer errores y explorar nuevos territorios. A veces caen pero se vuelven a incorporar y siguen explorando. Saben que el futuro no es algo que esperamos sino algo que debemos contribuir a crear activa y apasionadamente. Y la inteligencia emocional desempeña un papel vital.

Principio unificador de la transformación

El crecimiento es el proceso que unifica los sentimientos, pensamientos, acciones y energías de todos los seres vivos. Las células (de las cuales tenemos billones en nuestro organismo) y lo que llamamos la naturaleza humana no son finitos sino que están en un proceso continuo de transformación. El ser humano se determina a sí mismo por la manera como elige crecer —en virtud del principio unificador de la transformación, como lo llama el biólogo George Land. Por eso uno de los principales resultados de este cuarto pilar del CE es la confluencia: la reunión de nuestras capacidades, talentos, sueños e impulsos en una fuerza unificada para el cambio y crecimiento como persona, miembro de familia, profesional de los negocios y ciudadano de la humanidad.

En las organizaciones, cuando los líderes les piden a los empleados que cambien y sean más creativos, eso puede parecer una buena idea, pero en el fondo puede ser desconcertante o asustador porque ser creativo es reconocer que así como se puede tener éxito, también existe la posibilidad de fracasar. Se

> Lo que necesitamos es más gente que se especialice en lo imposible.
>
> **Theodore Roethke**
> 1908-1963, poeta y educador norteamericano

necesita inteligencia emocional para emprender el proceso conocido como transformación creativa.

La transformación creativa, que en su esencia es un cambio en la formación de uno mismo, de una idea, un producto, un servicio o toda una organización, puede influir significativamente en el futuro y tiene poco que ver con creatividad en los buenos tiempos que depende de largos períodos de pacífico aislamiento y por lo general desaparece sin dejar huella en presencia de un conflicto. Nosotros sostenemos que la verdadera, honda creatividad relacionada con CE requiere simultáneamente pensar y no pensar y suele tener su origen en alquimia emocional. Ocurre progresivamente a lo largo del tiempo y del espacio. Es allí donde puede ocurrir el verdadero crecimiento de las personas y su espíritu. Es allí donde se necesita su sentido del humor. Es allí donde uno encuentra hasta dónde se pueden extender sus capacidades prácticas y creativas.

En física se habla de un campo de electrones; en forma análoga las ideas operan en un campo colectivo. Aplicando flujo intuitivo y las demás competencias del CE, uno puede explotar mejor ese campo de oportunidades inexploradas, desplazar perspectivas y percibir maneras inesperadas de transformar circunstancias complejas en algo valioso.

Hace poco Ayman Sawaf fue contratado por una firma nacional de marketing y ventas que estaba en dificultades. Entre sus vendedores, que eran varios millares, reinaba una consternación cercana a la rebelión. Las ventas habían bajado en siete años de US$50 millones a US$5 millones. Una política de economías le había costado caro a la compañía, que había perdido algunos de sus mejores vendedores. Había pocos productos nuevos en desarrollo. Muchos de los vendedores que quedaban estaban resentidos, temerosos de más recortes y parecían haber perdido todo sentido de misión. Las reservas de caja y líneas de crédito permitían intentar una recuperación en tres meses; pero si no se lograba, lo más seguro era la quiebra.

Lo primero que hizo Sawaf fue realizar una investigación de CE entre los directivos actuales y antiguos y entre el personal de ventas. Descubrió ante todo una general falta de confianza. Muchos representantes de ventas habían estado con la compañía varios años y creían tener derecho a elevados márgenes y prestaciones, lo cual había desaparecido.

Las utilidades de la compañía seguían bajando. Las demoras en los despachos eran grandísimas. En la oficina central no se hacía caso de las ideas que venían de abajo. Las quejas no se atendían. Todo el mundo se sentía menospreciado. El personal directivo y de despachos estaba resentido. Algunos directores de ventas se sentían como mártires y esto los ponía furiosos mientras que otros se creían víctimas de las circunstancias. Todo el mundo parecía estar a la espera de alguien que arreglara el problema... pero nadie se sentía responsable de arreglarlo.

A Sawaf le dieron poderes de gerente general por tres meses y él organizó un equipo de entrenamiento que viajó de una región a otra del país celebrando reuniones abiertas de diálogo creativo con grupos de vendedores, a quienes infundieron entusiasmo y esperanza a la vez que introducían cambios. Afrontaron la verdad sobre la compañía tal como la veían los vendedores; escucharon atentamente, lo cual era un cambio inesperado para estos, muchos de los cuales dijeron que era la primera vez que se sentían valorados por la compañía, y las ventas aumentaron inmediatamente. Todo porque un equipo de liderazgo les prestó oídos y tuvo el valor y el talento de reunir un grupo interdisciplinario, problemas de desarrollo de productos y entregas, y factores del mercado, en un todo unificado y original aun cuando contencioso. El nombre científico de esta capacidad es *imaginación esemplástica*.

En el término de un mes Ayman Sawaf recibió más de cien ideas de gerentes y vendedores sobre cómo transformar la compañía con un presupuesto exiguo. Algunos vendedores hasta volaron a su propia costa a las oficinas centrales para tomar parte en los "diálogos de mesa redonda" que instituyó Sawaf. Por primera vez la gente hablaba con toda franqueza. La decepción y la frustración se canalizaron en gran parte en acción constructiva. Se implementaron maneras de rebajar los costos fijos y acelerar el servicio. La gerencia anunció en una teleconferencia de carácter nacional que la compañía abandonaba el pantano de la injusticia y la decadencia, empezando con el compromiso de dar rápida respuesta a las preguntas que vinieran de las sucursales, aclarando viejas promesas no cumplidas y malentendidos, y poniendo fin a la práctica de esperar que los vendedores contribuyeran con excesivo tiempo y energías sin la debida compensación. Se anunció y se implementó una nueva estrategia de remuneraciones.

"Hemos perdido la confianza de ustedes —reconoció de entrada el director ejecutivo— y vamos a recuperarla otra vez, paso a paso". En este proceso se aprovecharon muchas de las ideas que aportaron los vendedores, incluso conferencias semanales entre la gerencia y cada grupo regional de vendedores, una nueva serie de audiocintas de ventas y presentaciones por vídeo de todo producto nuevo. En 40 días los equipos de desarrollo tenían listas cinco nuevas líneas de productos a muy bajo costo. A solicitud de Sawaf, los contadores abrieron sus libros para que los líderes de ventas pudieran verlos y entender que se pagaban comisiones equitativas. Nada quedó oculto, la confianza volvió y más vendedores se unieron al esfuerzo de transformación.

Sawaf comprometió a los directores de ventas a trabajar con él en preparar y dictar cursos de entrenamiento para grupos de 100 a 200 personas cada uno. Las sucursales reformaron sus declaraciones de propósito y se dedicaron a conseguir nuevas cuentas. Los individuos volvieron a estimarse unos a otros y a sentirse orgullosos. En tres meses los ingresos aumentaron en casi US$1 millón; en seis meses se habían duplicado y seguían en aumento al escribir este libro.

¿Qué historias conoce usted de personas que se hayan visto en situaciones que parecían sin esperanza y las superaron poco a poco siguiendo sus instintos? A propósito, piense en la posibilidad de referenciar las capacidades creativas de su compañía, departamento o grupo de trabajo. Puede empezar informalmente con una auditoría de innovación, examinando el porcentaje de ingresos que se deben a productos y servicios de menos de cinco años, de menos de dos años y medio, y de menos de un año, y comparar estas cifras con las de la competencia en cada mercado. Se crea así una sencilla escala de evaluación para saber hasta qué punto está transformando problemas y oportunidades en productos y servicios generadores de ingresos que captan participación de mercado y aumentan su valor como organización profesional.

PUNTOS DE CAMBIO

En el transcurso de los años he oído a muchos líderes hablar sobre lo que aprendieron de los "puntos críticos" en su carrera o la de su compañía —aquellos momentos en que todo parecía perdido, en que se había acabado el impulso o el dinero o las ideas chocaban contra una muralla de incomprensión. Un número sorprendentemente grande de tales situaciones acaban en triunfos. No es que aquellos hombres y mujeres hayan tenido menos problemas que los demás, sino que encontraron más soluciones.

Lo que aprendemos de la transformación creativa es que aunque no logremos hacer *esta* venta o cerrar *este* negocio, o aun cuando perdamos algo de dinero y tiempo, no debemos desanimarnos. Sentimos que si aplicamos nuestra inteligencia creativa podemos encontrar la manera empresarial de superar las dificultades, reformándonos a nosotros mismos y nuestras organizaciones para quedar mejor que antes. Y tenemos el instinto de saber cuándo perseguir una meta solos si es necesario.

En un seminario a que asistí en la facultad de posgrado, una conocida autoridad en metodologías de investigación nos dijo que sus últimos estudios los había tenido que financiar él mismo. Nos dio también otros ejemplos de esto entre científicos en muchos campos, inclusive los negocios. ¿Por qué? Nadie quería financiarlos porque lo que se proponían realizar los llevaba a un campo nuevo y distinto del tradicional. La investigación revela, sin embargo, que los individuos realizan su trabajo más creativo cuando aman lo que hacen. Si a uno le gusta trabajar dentro de una pequeña casilla o a lo largo de una línea estrecha, muy bien; pero si descubre que no le gusta estar encerrado en una casilla, tiene que escoger: o les permite a otros mantenerlo encerrado, o se escapa como se escaparon los muchos que siguieron lo que les apasionaba y se hicieron famosos en otros campos o inventaron soluciones para problemas "insolubles".

Cuando pienso en personas que siguieron lo que les apasionaba recuerdo a mi amiga Esther Orioli, fundadora y presidenta de Essi Systems, Inc., firma de San Francisco especializada en medición de rendimiento corporativo y entrenamiento. Cuenta Esther que hace 14 años invirtió todas sus economías (unos US$100 000) en fundar su empresa y desarrollar su StressMap. Pronto tuvo cincuenta clientes corporativos y generaba US$90 000 en ventas mensuales, pero estaba agotando su inventario y no tenía dinero para desarrollar nuevos productos. Consultó con sus asesores financieros y elaboró un plan de negocios para solicitar un préstamo en uno de los principales bancos de la región. Le dijeron que necesitaba un fiador.

Eso no es problema, pensó Esther. Uno de sus asesores era un multimillonario que ya se había comprometido a firmar como codeudor un préstamo de US$300 000. Pero otra vez el banco lo negó, con el pretexto de que el fiador no era miembro de la administración de la compañía. "Lo nombraremos miembro de la directiva", dijo Esther, y así lo hizo.

Pero el banco volvió a negar el préstamo. "Queremos esperar dos años, a ver cómo van sus ingresos", le dijeron. El millonario llamó al banco. La verdad era que a Esther no le querían hacer el préstamo por ser mujer. Lo mismo le ocurrió con otros cinco bancos. Apeló entonces a los grupos de capitales de especulación, pero estos exigían que les entregara el 80 por ciento de la compañía y lo primero que iban a hacer era reemplazarla a ella con un hombre como presidente. Esther no aceptó.

De la última entrevista salió furiosa, se fue a su oficina, redactó un prospecto de su compañía y sus circunstancias y lo envió a centenares de amigos y conocidos. A la vuelta de pocos días le empezó a llegar dinero por el correo. Lo cual es otro ejemplo del poder del descontento constructivo. La gente sentía su pasión y potencial y retiraba fondos de sus cuentas de ahorros. Esto le dio una idea: fundar su propio banco.

Así lo hizo. El banco se llamó PlayBank. Esther aceptaba dinero de inversionistas individuales, pagaba el 20 por ciento de interés anual y reembolsaba el principal en un año. Ahora hay una larga lista de personas que quieren invertir en PlayBank. Esther nunca ha tenido que acudir por préstamos a los bancos comerciales, aunque muchos se los han ofrecido. Essi Systems tiene 2 000 clientes corporativos en los Estados Unidos y 400 en el Canadá y ha vendido cerca de 500 000 StressMaps, uno de sus muchos productos de medición del rendimiento.

Eso es transformación creativa.

Lo mismo en la siguiente historia, que se refiere a uno de mis mentores. En 1966, a la edad de 17 años, Nido Qubein salió del Líbano con el equivalente de 50 dólares en el bolsillo, sin saber inglés pero resuelto a triunfar en los Estados Unidos, donde no conocía a nadie. Su único plan era viajar 11 000 kilómetros para ir a estudiar en Mount

Olive College, en North Carolina, y trabajar mucho y muy creativamente, que fue lo que hizo. Trabajando parte del tiempo mientras estudiaba, ganó su primer título universitario en relaciones humanas y posteriormente un máster en administración de negocios de la Universidad de Carolina del Norte.

En 1971 inició una pequeña firma de consejería y ediciones, Creative Services, Inc., con US$500 de economías. Trabajó diligentemente para perfeccionar su dominio del inglés y en 1973 empezó a actuar como conferencista y consultor. Se dijo que no permitiría que ningún obstáculo se interpusiera en su camino. Una y otra vez se transformó a sí mismo aprendiendo a ayudar a tener más éxito a innumerables clientes, desde pequeñas compañías hasta la General Electric y AT&T.

> Al futuro no le dan forma personas que realmente no creen en el futuro.
>
> **John W. Gardner**
> *On Leadership*

En el transcurso de los años ha publicado una docena de libros, se ha destacado como uno de lo más distinguidos conferencistas sobre temas de negocios, es socio de una riquísima firma de bienes raíces y de McNeill Lehman, firma de relaciones públicas y publicidad. También es director y accionista mayoritario de Southern National Bank Corporation, firma de cartera bancaria que ha crecido de US$100 millones a US$22 000 millones en activos. A la edad de 24 años creó un fondo de becas que ha levantado casi un millón de dólares para prestar asistencia a estudiantes universitarios meritorios. Hoy es presidente de la división de desarrollo económico de la Cámara de Comercio de High Point (Carolina del Norte).

La verdad es que individuos de todos los antecedentes y compañías de todos los tamaños se están dedicando a transformación creativa para ponerse a la cabeza en sus respectivos campos de acción. Considérese, por ejemplo, cómo no hace mucho tiempo Intel, la mayor productora mundial de fichas para computador, se salió del negocio sobre el cual se fundó y enfocó sus esfuerzos en construir una nueva identidad y en un negocio totalmente distinto, todo esto en medio de una crisis de proporciones gigantescas. Eso es transformación creativa.

Lo mismo la historia de cómo 3M, compañía hoy de US$14 000

millones de dólares, empezó su vida en 1904 debido a una grave equivocación, cuando los planes iniciales de explotar una mina de corindón
fracasaron y algunos individuos notables salieron a salvar la compañía.
Los fundadores de 3M estaban resueltos a no abandonar la empresa y
al fin la junta directiva aceptó la sugerencia de abandonar la minería y
convertir la compañía en una fábrica de papel de lija y ruedas de esme-
rilar, lo cual tenía sentido en vista de las grandes cantidades de arena
de baja calidad que producía la fracasada mina. Durante decenios 3M
luchó con problemas de calidad, escasez de fondos, bajos márgenes y
exceso de existencias. Luego, en 1914, la compañía ascendió a William
McKnight a gerente general. McKnight, que no llegaba aún a los 30 años
de edad, tenía una sólida formación e instinto para la trasformación. Una
de las primeras cosas que hizo fue reservar un pequeño cuarto de 1.50
por 3.50 metros e invertir US$500 en un vertedero y herramientas para
hacer experimentos y pruebas, creando así el primer "laboratorio" de
3M. Después de meses de experimentación, 3M introdujo un nuevo
producto de mucho éxito, un adhesivo de tela, tan rentable que generó
el primer dividendo de la empresa.

Modesto en lo externo y casi tímido, McKnight llevaba en su
interior fuertes características de CE: una curiosidad insaciable, aguda
intuición, confiabilidad, una devoción inquebrantable a su sentido de
potencial y propósito, y un impulso apasionado por la innovación y el
progreso, buscando siempre nuevas posibilidades. Buscaba tanto las
oportunidades que estaban a la vista como las que estaban escondidas
dentro de los problemas, como se ve por estos ejemplos:

En enero de 1920 recibió una carta que decía:

Sírvanse enviar muestras de todos los tamaños de arena que
usan ustedes en la fabricación de papel de lija, a Francis G.
Okie, fabricante de tintas de imprenta, polvos de broncear y
líquidos para tintas doradas, Filadelfia.

McKnight era curioso: 3M no vendía materias primas, de modo que
ahí no había ningún negocio. Pero buscando siempre nuevas ideas que
pudieran impulsar a la compañía, se preguntó: ¿Por qué quiere el Sr.
Okie esas muestras? Por esa sencilla pregunta 3M encontró uno de los

productos más importantes de su historia, porque el Sr. Okie había inventado un papel de lija revolucionario, a prueba de agua, que sería de inmenso valor para los fabricantes de automóviles y los talleres de pintura de carrocerías en todo el mundo. Okie había solicitado muestras a varias compañías de minerales y papel de lija, pero ninguna otra se había tomado la molestia de preguntar por qué las quería. 3M adquirió los derechos a la tecnología y empezó a vender el nuevo papel de lija. Pero McKnight transformó la organización una segunda vez; no se contentó con firmar un convenio con Okie sino que contrató a éste y Okie se trasladó a St. Paul, donde pasó a ser un socio clave en el desarrollo de nuevos productos para 3M hasta su jubilación 19 años después.

Esto nos lleva al siguiente gran ejemplo de transformación creativa en 3M. En 1924 la compañía introdujo una línea de ceras y pulidores para automóvil, pero resultaron un costoso fracaso y hubo que descontinuarlos. Visitando un día un taller de pintura, un joven empleado llamado Dick Drew, contagiado del espíritu innovador de McKnight, oyó que los trabajadores maldecían. La pintura de autos en dos tonos era popular, pero los pegantes improvisados y las cintas adhesivas que separaban los dos colores no sellaban adecuadamente y dejaban bordes desiguales y manchas.

—¿Nadie nos podrá dar algo que sirva? —gritó un pintor.

—Sí, nosotros podemos —contestó Drew—. Les aseguro que podemos adaptar algo que sirva.

Pero en el laboratorio de 3M Drew descubrió que no había nada listo. Entonces, fiel al espíritu de la empresa, él lo inventó: la cinta protectora 3M, que resultó de un éxito extraordinario como respuesta a una oportunidad escondida dentro de un problema —estrategia de transformación que en adelante se repetiría miles de veces. Cinco años después, Drew repitió su triunfo. Respondiendo a quejas sobre mala calidad de las cintas de empacar, Drew mejoró la tecnología de su cinta protectora y creó la primera cinta a prueba de agua, que tuvo gran éxito. Pero no tenía ni idea de que ésta la usarían los clientes en centenares de maneras inesperadas; y, prestando 3M cuidadosa atención a la pregunta de McKnight, *¿Por qué?*, la cinta de empacar se expandió en una línea de cintas que constituyeron el producto más importante de la compañía. Hacia mediados de los años 30 era conocido en todo el mundo: la cinta Scotch de celofán.

El punto es que esto no fue planeado. Un obstáculo reveló una oportunidad, la cual llevó a otras oportunidades, las cuales plantearon más interrogantes sobre qué es posible, pusieron a prueba la adaptabilidad emocional e iniciativa de todos los interesados, y terminaron por revelar muchas maneras de soslayar problemas y producir ideas sobre cómo se puede adaptar un producto para nuevos mercados.

Este tipo de innovación está vivo en 3M y ha sido adoptado en varias formas por muchas otras organizaciones de todo el mundo. Hasta EDS, la gigantesca firma de servicios de computador, con US$12 400 millones en ventas en 1995, está empeñada en un esfuerzo de transformación iniciado por su director ejecutivo Les Alberthal, para crear una nueva identidad como la compañía de servicios más sensitiva del mundo.

A partir de 1994, Alberthal sometió a todos los gerentes de EDS a una serie de sesiones de entrenamiento sobre transformación, que profundiza en el dominio de los sentimientos y la creatividad a fin de estimular nuevas ideas y mayor sensibilidad en colegas, empleados y clientes. Dean Linderman, confidente de Alberthal, que supervisa el desarrollo de liderazgo, dice: "En una organización con una historia de evitar toda sensiblería, ahora no sólo decimos que el corazón y el alma son importantes, sino que son requisito previo para llevar la corporación adonde queremos ir". En EDS se dice que varios gerentes están escuchando sus sentimientos no por diversión sino porque es lo que se requiere para ampliar las relaciones de confianza y generar ingresos futuros.

> Escuche a todo el que tenga una idea original. Estimule a la gente, no la hostilice. Déjela que avance con sus ideas.
>
> **William McKnight**
> Gerente general de 3M, 1914-1955

> Lo que lo hizo a usted tener éxito en el pasado no le servirá en el futuro.
>
> **Lew Platt**
> Presidente, Hewlett-Packard

El humor y la inteligencia emocional

Una de las cualidades que he observado en el personal de dirección y ejecutivos de alto CE es su sentido del humor. "El humor —explica el Dr. Edward de Bono— es sin duda la conducta más significativa de la inteligencia humana". Los estudios muestran que una infusión de alegría hace más que aumentar su energía: fomenta el flujo intuitivo, lo hace a uno más dispuesto a ayudar a los demás, mejora los procesos de la inteligencia, como el juicio, la solución de problemas y la toma de decisiones en circunstancias difíciles. Es una gran ayuda para la transformación creativa.

En cuanto a conexión, no hay nada como la risa para formar lazos entre las personas. Los que han cultivado un espíritu jovial son más capaces de ser creativos y reaccionan más rápidamente de circunstancias difíciles. "La persona que tiene sentido del humor no sólo es más relajada frente a situaciones potencialmente tensionantes, sino que es más flexible en su enfoque —dice el filósofo John Morreall—. Aun cuando no esté sucediendo mucho en su ambiente, su imaginación e inventiva la mantienen fuera de la rutina mental y le permiten estar contenta, y evitan el aburrimiento y la depresión".

Infortunadamente a muchos gerentes les parece que en la vida corporativa ya no hay campo para la jovialidad espontánea. Richard Branson es uno de los jefes ejecutivos que comprenden esto. Ha trabajado para que Virgin Group sea una comunidad de personas que se ayudan unas a otras en forma creativa y al mismo tiempo sienten entusiasmo y regocijo. Branson ha encontrado que a la larga los que viven contentos son más abiertos con los demás, más creativos y trabajan más.

Herb Kelleher, presidente de Southwest Airlines, ha encontrado más o menos lo mismo. Su compañía mantiene el humorismo vivo como uno de sus valores centrales. Southwest, que tiene ventas de US$2 600 millones, gana siempre los premios de la Secretaría de Transportes por el mejor servicio, la mayor puntualidad en los vuelos y espléndido manejo del equipaje, y Kelleher fue nombrado el mejor presidente corporativo estadounidense por la revista *Fortune* en 1994. Ese mismo año hubo 125 000 solicitudes para 3 000 vacantes que había en Southwest. El secreto del éxito lo explica él mismo: "Se pueden duplicar los aviones.

Se pueden duplicar las instalaciones portuarias. Se pueden duplicar todas cosas materiales, las cosas tangibles. Pero los *intangibles* son los que determinan el éxito. Estos no se pueden duplicar. Nosotros tenemos los intangibles". Esos intangibles de Southwest Airlines y muchas otras compañías importantes significan personal inspirado. En el caso de Kelleher, él "quiere y respeta" a sus 18 000 empleados y su "amor" le es retribuido en lo que él llama un "espontáneo desbordamiento de emoción".

En Southwest el buen humor reina a todos los niveles. Averiguar si un individuo posee esa inteligencia emocional empieza cuando los entrevistadores observan cómo tratan los solicitantes a la recepcionista. Si se dan ínfulas y exigen atención, "no serán contratados", dice Kelleher. Es más: a los que buscan empleo, desde pilotos hasta mecánicos, se les pregunta como cuestión de rutina: "Cuéntenos cómo se ha valido usted del buen humor para salirse de una situación embarazosa", y "¿Qué es la cosa más chistosa que le ha ocurrido a usted en su vida?" Y por lo menos en una ocasión los solicitantes fueron puestos a prueba para ver cómo reaccionaban ante una broma pesada.

Un buen sentido del humor infunde a las duras experiencias de trabajo una carga de sana energía y crea flexibilidad y adaptabilidad a las circunstancias cambiantes. El estratega corporativo Gary Hamel dice:

> Siempre es divertido hacer lo imposible.
>
> **Walt Disney**

"La nueva meta de nuestra sociedad es alegría de uso. Queremos que nuestros productos y servicios sean caprichosos, táctiles, informativos y sencillamente divertidos. Cualquier compañía que sea capaz de comunicar tales atributos a un producto o servicio común y corriente tiene una buena posibilidad de revolucionar su industria". Veamos el ejemplo del supermercado más rentable de los Estados Unidos, Trader Joe's, que es una mezcla de salsamentaria para gourmets y bodega de descuento. Su director general John Shields lo llama un "minorista de comidas de moda". Aprovechando un segmento del mercado virtualmente sin competencia, sus 74 tiendas hacían un promedio de ventas anuales de US$1 000 por pie cuadrado en 1995, lo que es el doble de lo corriente en los supermercados. ¿Qué es lo que atrae a los clientes a Trader Joe's?

Parece que van tanto por divertirse como por hacer el mercado. Las tiendas ofrecen una variada existencia de alimentos inusitados —por ejemplo salsa de frambuesas, arroz de jazmín y hamburguesas de salmón—, lo mismo que un completo surtido de los alimentos corrientes a precios de competencia. Transformando la experiencia rutinaria de hacer la compra en una aventura culinaria que es divertida para personas de todas las edades, Trader Joe's ha duplicado sus ventas en los últimos cinco años hasta un nivel de US$605 millones.

Los pensamientos humorísticos, y sobre todo la risa, operan milagros despertando y distrayendo la mente racional, al mismo tiempo que abren el corazón y nos dejan sintiéndonos alerta pero despreocupados. "Siempre hemos dicho que en Silicon Graphics la tecnología se hace divertida y utilizable —dice el director ejecutivo Ed McCracken—, y eso significa que trabajar aquí tiene que ser una diversión. Demasiadas corporaciones en los Estados Unidos y el Japón han suprimido la alegría de su negocio... La alegría y la irreverencia también hacen el cambio menos atemorizante". Los científicos tienen la teoría de que la risa y un buen sentido del humor estimulan la producción de catecolaminas y endorfinas que afectan a los niveles hormonales del organismo, algunas relacionadas con sentimientos de gozo, alivio del dolor y un mayor sentido de creatividad y perspectiva.

> **Conexiones con Cuadro de CE: Creando el futuro**
> Véanse las siguientes escalas del Cuadro de CE como puntos de reflexión relacionados con este capítulo: conciencia emocional de sí mismo, expresión emocional, conciencia emocional de otros, intención, creatividad, elasticidad, descontento constructivo, perspectiva, intuición, radio de confianza, poder personal e integridad.

Considérese el siguiente ejemplo de transformación creativa que tuvo éxito por razón del humorismo, no a pesar de él:

Este cuento se difundió una vez: Los ingenieros de la compañía Mercedes, que habían insistido en que se produjera un motor mucho más potente, hicieron "desaparecer" un sedán Benz durante unos pocos días. Después volvieron con él, pero tenía la tapa del motor cerrada con cadenas y el sonido del motor era impresionante. Unos cuantos magnates de la corporación lo condujeron a toda velocidad por la autopista y subiendo a los Alpes. Luego volvieron, ansiosos de ver qué gran mejora había allí oculta. Los mecánicos quitaron las cadenas y abrieron el capó. Encontraron un motor de BMW. La Mercedes reformó sus motores.

CREACIÓN DE UN FUTURO EMOCIONALMENTE INTELIGENTE

Todos los hombres y mujeres notables a quienes he conocido en el curso de los años encontraron su propia manera de mantenerse en contacto con el pulso de la vida, la chispa interior que los mantiene extendiéndose, moviéndose, adaptándose, creciendo y aceptando retos. Por medio del buen humor y el entusiasmo, lo mismo que de las dificultades y las dudas, y con el valor de cambiar, se nos da la oportunidad de aprender de las experiencias de la vida e interactuar con ellas en formas que nos permiten crecer y aprender, escuchar y dirigir, y vivir con espíritu creativo.

Después de un discurso que pronunció hace años, John Gardner, profesor de servicio público en Stanford, recibió una carta de un individuo que le informaba que su hija de 20 años había perecido en un accidente de automóvil, y que en su billetera había encontrado la transcripción de un párrafo del discurso de Gardner. Agradecía que su hija lo hubiera tenido consigo pues le decía algo sobre los valores y principios de ella, que de otro modo él no habría conocido:

El significado no es una cosa que uno se encuentre por casualidad, como la respuesta a un rompecabezas o el premio en una busca de un tesoro. Es algo que uno mismo construye dentro de su vida. Lo construye de su propio pasado, de sus afectos y lealtades, de la experiencia dc la humanidad que le ha sido traspasada, de su propio talento y comprensión, de las cosas que cree, de las cosas y personas que uno ama, de los valores por los cuales está dispuesto a sacrificar algo. Los ingredientes están allí. Usted es el único que puede reunirlos en ese patrón único que será su vida. Que sea una vida con dignidad y significado para usted.

La inteligencia emocional es una fuente primaria del impulso que nos despierta y nos inspira para avanzar hacia lo desconocido. Pero hay ejecutivos que a cada paso quieren cubrirse contra todo riesgo y preguntan: "¿Quién más está ya haciendo semejante cosa nueva y haciéndola con éxito?" Es una pregunta razonable, sin duda. Un punto que se puede averiguar, ciertamente. Pero para iniciar la marcha, es un callejón sin salida. Segundo violín. Nunca primero. Y en esta forma muchos esperamos a que otros tomen la iniciativa, asuman la responsabilidad, creen el futuro. David J. Wolpe escribe: "Hay un cuento maravilloso de un individuo que se presenta ante Dios con el corazón adolorido por las injusticias del mundo. "Dios mío, exclama, mira todos los sufrimientos, la angustia, las penas del mundo. ¿Por qué no mandaste ayuda?" Y Dios le contesta: "Sí mandé ayuda. Te mandé a ti".

Esto, me parece a mí, es tan cierto en los negocios como en la vida. Sabemos que el éxito en la era del conocimiento ha venido a ser, en palabras de John Seely Brown, vicepresidente y jefe científico de Xerox Corporation, "tanto una cuestión del espíritu de la empresa como de la economía del negocio; tanto de la energía positiva que desata como del flujo positivo de dinero que crea". Los negocios en el último siglo se han convertido en la institución más poderosa del planeta. Y como institución dominante en cualquier sociedad, tienen que asumir la responsabilidad del todo, mostrar con el ejemplo el camino al futuro. Toda decisión que se tome, toda acción que se emprenda, tiene que verse a la luz de esa responsabilidad.

Las emociones, como los ojos, se han llamado espejos del alma, y es en el corazón humano donde nos conectamos con nuestra humanidad y con las posibilidades de grandeza y servicio. "Sobre toda cosa guardada, guarda tu corazón; porque de él mana la vida", está escrito en Proverbios 4:23. No podemos permitir que se malgaste por negligencia o se pierda en las sombras del intelecto.

¿Cuántas veces se ha preguntado usted, como nos hemos preguntado todos en la tranquila oscuridad de la alta noche, "¿Para qué es todo esto?" La mayor parte de la vida la pasamos trabajando. Nos decimos que es para ganarnos la vida, pero el corazón sabe que está comprometido en una lucha crucial por su existencia. El psicólogo William James observó que las leyes del hábito, las pequeñas elecciones que hacemos en nuestra vida de todos los días, "nos llevan irresistiblemente hacia nuestro destino". Y son más que todo los hábitos del corazón los que dan sentido a nuestra vida.

Pregúntese: ¿Qué sería posible si en mi familia todos desarrollaran más inteligencia emocional? ¿Qué pasaría si todos los miembros de mi equipo de trabajo, departamento, organización o comunidad tuvieran un alto CE? ¿Cuánto más podríamos todos dar, aprender, ganar, cooperar, crear y realizar el resto de nuestra vida? Los líderes de empresa tienen que encontrar una manera en que la comunidad de trabajo cambie; crear un ambiente organizacional en el cual cómo hagamos los negocios sea tan importante como qué producimos, y cómo sirvamos a los demás sea tan vital como cuánto ganamos.

"Las grandes ideas, se ha dicho, vienen al mundo tan suavemente como palomas —escribió Albert Camus en 1961—. Tal vez, entonces, si escuchamos atentamente oiremos en medio del estruendo de imperios y naciones un débil aletear, el blando despertar de la vida y la esperanza. Algunos dirán que esta esperanza está en una nación, otros que en un hombre o una mujer. Yo creo más bien que es despertada, revivida, nutrida por millones de individuos solitarios cuyos hechos y obras día tras día niegan las fronteras y las más crudas implicaciones de la historia. Como resultado, brilla brevemente la verdad siempre amenazada, y cada persona, sobre los fundamentos de sus propios sufrimientos y gozos, construye para todos".

Recuerdo las palabras del sabio Hillel en el primer siglo: "Si yo no estoy por mí mismo, ¿quién estará por mí? Y si yo estoy únicamente por mí, ¿qué soy yo? Y si no ahora, ¿cuándo?"

Como lo declaré al comienzo, el propósito de escribir este libro ha sido plantear y explorar algunos interrogantes potencialmente útiles relativos a las características de la inteligencia emocional y el valor de desarrollarla y aplicarla en el liderazgo, el aprendizaje organizacional y la vida. Abrigo la esperanza de que estas páginas sirvan de punto de partida para un viaje muy personal. Los ingredientes básicos están ahí, dentro de su corazón y su cabeza. Usted es el lector. Usted es el proceso. Como dijo Mahatma Gandhi: "Uno tiene que *ser* el cambio que quiere ver en el mundo".

Si no ahora, ¿cuándo?

CUADRO DE CE®
CUESTIONARIO

PROYECCIÓN DE SU INTELIGENCIA EMOCIONAL
Versión III.5, prueba de normas
Evaluación de CE y perfil individual integrados

INTELIGENCIA EMOCIONAL

La inteligencia emocional es la capacidad de sentir, entender y aplicar eficazmente el poder y agudeza de las emociones como fuente de energía humana, información e influencia. Las emociones humanas son el dominio de los sentimientos centrales, los instintos y las sensaciones emotivas. Cuando se confía en nosotros y somos respetados, la inteligencia emocional ofrece una comprensión más honda, más completamente formada de uno mismo y de los que le rodean.

SOBRE EL CUADRO DE CE

El instrumento que usted va a completar ha sido extensamente investigado, es estadísticamente confiable y se ha probado por normas en una fuerza laboral empleada en los Estados Unidos y el Canadá.

El Cuadro de CE le servirá de guía en su exploración de la inteligencia emocional, graficando una muestra de sus aptitudes y vulnerabilidades personales de rendimiento para identificar patrones individuales e interpersonales para el éxito.

La versión del Cuadro de CE para autocalificación tiene tres partes:

◻ El cuestionario del Cuadro de CE le ayudará en la evaluación de los diversos componentes relativos al CE y sus competencias inherentes.

◻ El puntaje del Cuadro de CE le dará la graficación visual de su rendimiento personal, creando una instantánea personal de sus actuales aptitudes y vulnerabilidades.

Cuestionario de CE

Dedique por lo menos 30 minutos a contestar el cuestionario. Empiece por el principio. Complete cada escala encerrando en un círculo el número en cada columna (3, 2, 1, 0) que mejor describa su respuesta a cada afirmación o pregunta.

Conteste todas las preguntas y complete todas las escalas en que aparecen. Trabaje rápidamente y sea tan honesto con usted mismo como le sea posible. Recuerde que este Cuadro de CE es completamente confidencial.

Para calcular su puntaje

Después de completar cada escala, *sume los números que haya encerrado en círculos en cada columna.* Apunte el total de cada columna al pie, en el lugar indicado.

Sume en seguida la fila de totales. Anote el gran total en la casilla de la derecha que se da para cada escala. Estos son los valores que posteriormente llevará a su puntaje de CE.

Ejemplo:

Fired, laid off, quit, or retired..	**(3)**	2	1	0
New job or employer...	3	2	1	**(0)**
New type of work...	3	2	**(1)**	0
Downsizing or reorganization at my company.......	**(3)**	2	1	0
Some other change at work not listed above which caused you distress..	3	2	**(1)**	0
Financial loss or diminished income........................	3	2	1	**(0)**
Death of a close friend or family member..............	3	2	**(1)**	0
Move or relocation...	3	2	1	**(0)**
Your separation or divorce....................................	3	**(2)**	1	0
Your marriage...	**(3)**	2	1	0
Bought a new home...	3	2	**(1)**	0
Crime Victim..	3	2	1	**(0)**
Birth of baby, adoption, step child(ren) or other person(s) added to household...............................	3	2	1	**(0)**
Involvement in a legal system................................	3	**(2)**	1	0
Serious personal illness or injury............................	**(3)**	2	1	0
Serious illness or injury of a close friend or family member...	3	2	**(1)**	0
Increased caretaking responsibilities for an aging or disabled family member...............	3	2	1	**(0)**
Some other change, not listed above, which caused you distress..	3	**(2)**	1	0

SCALE 1

$$12 + 6 + 5 + 0 = \boxed{23}$$

Sección I. Ambiente general

Escala 1: Sucesos de la vida

Piense en el año pasado. En la lista siguiente indique cuánta aflicción le causó cada uno de los sucesos de trabajo y personales que se anotan.

	Mucha	Moderada	Poca	Nada/No ocurrió
Despedido o renunció o se jubiló	3	2	1	0
Nuevo empleo o compañía	3	2	1	0
Nuevo tipo de trabajo	3	2	1	0
Reducción o reorganización en la compañía	3	2	1	0
Algún otro cambio en el trabajo, no incluido en la lista anterior, que le produjo angustia	3	2	1	0
Pérdida económica o disminución de ingresos	3	2	1	0
Muerte de un amigo íntimo o miembro de familia	3	2	1	0
Mudanza o traslado	3	2	1	0
Su separación o divorcio	3	2	1	0
Su matrimonio	3	2	1	0
Compró una nueva casa	3	2	1	0
Fue víctima de un crimen	3	2	1	0
Nacimiento de un hijo, adopción, hijastros u otras personas agregadas al hogar	3	2	1	0
Complicación en el sistema judicial	3	2	1	0
Seria enfermedad personal o heridas	3	2	1	0
Seria enfermedad o lesiones de un amigo íntimo o miembro de la familia	3	2	1	0
Aumento de responsabilidades de cuidar de un pariente viejo o inválido	3	2	1	0
Cualquier otro cambio no incluido en la lista anterior que le produjo angustia	3	2	1	0

ESCALA 1

+	+	+	=	

ESCALA 2: PRESIONES DEL TRABAJO

Piense en el mes pasado. En la lista
siguiente indique cuánta aflicción le
produjo cada una de las presiones del
trabajo que se anotan.

	Mucha	Moderada	Poca	Nada/No ocurrió
Seguridad del empleo	3	2	1	0
Relaciones con el jefe inmediato	3	2	1	0
Cambio de prioridades en el trabajo	3	2	1	0
Relaciones con compañeros de trabajo	3	2	1	0
Oportunidad de avanzar y desarrollarse	3	2	1	0
Exceso de trabajo	3	2	1	0
Control de la carga de trabajo	3	2	1	0
Falta de flexibilidad para hacer frente a emergencias de familia o personales	3	2	1	0
Favoritismo o injusticia en políticas de contratación y ascensos en el trabajo	3	2	1	0
Constante vigilancia de su desempeño en el oficio	3	2	1	0
Trabajo aburrido o poco interesante	3	2	1	0
Especial reconocimiento o premio en su oficio	3	2	1	0
Presión por conflicto de fechas límites en su oficio	3	2	1	0
Pérdida de devoción al trabajo	3	2	1	0
Se siente aprisionado en el papeleo e incapaz de realizar cosa alguna	3	2	1	0
Flexibilidad de horas de trabajo	3	2	1	0
El transporte de ida y regreso al trabajo	3	2	1	0

ESCALA 2

+   +   +   =

ESCALA 3: PRESIONES PERSONALES

Piense en el mes pasado. En la lista
siguiente indique cuánta aflicción le
produjo cada una de las presiones
personales que se anotan.

	Mucha	Moderada	Poca	Nada/No ocurrió
Dificultades financieras	3	2	1	0
Aumento de responsabilidades de cuidar de un adulto viejo o un pariente inválido	3	2	1	0
Desavenencias con socio o cónyuge	3	2	1	0
Crianza de un hijo	3	2	1	0
Estar separado del marido o la esposa	3	2	1	0
Deterioro de la salud personal	3	2	1	0

	Mucha	Moderada	Poca	Nada/No ocurrió
Encontrar quién cuide del niño, o problemas con actual situación de dicho cuidado	3	2	1	0
No tiene tiempo suficiente para pasar con los que están más cerca de usted	3	2	1	0
Vecindario peligroso o no seguro	3	2	1	0
Relaciones con un pariente íntimo (padres, hermanos, yernos)	3	2	1	0
Conflicto sexual o frustración	3	2	1	0
Conflicto trabajo-familia	3	2	1	0
Soledad o falta de intimidad	3	2	1	0
Cuestiones de fecundidad o reproducción .	3	2	1	0

ESCALA 3

+   +   +   =   [   ]

SECCIÓN II. CONOCIMIENTO EMOCIONAL

ESCALA 4: CONCIENCIA EMOCIONAL DE SÍ MISMO

En la lista siguiente indique cómo describe cada renglón la manera como usted piensa y siente sobre usted	Esto me describe:		
	Muy	Moderada-	U
Puedo nombrar mis sentimientos	3	2	1	0
He aprendido mucho acerca de mí mismo escuchando mis sentimientos	3	2	1	0
Soy consciente de mis sentimientos la mayor parte del tiempo	3	2	1	0
Sé cuándo me estoy alterando	3	2	1	0
Cuando estoy triste, sé por qué	3	2	1	0
Me juzgo a mí mismo por la manera como creo que los demás me ven.	0	1	2	3
Gozo de mi vida emocional	3	2	1	0
Me asustan las personas que muestran fuertes emociones	0	1	2	3
A veces quisiera ser otra persona...............	0	1	2	3
Presto atención a mi estado físico para entender mis sentimientos	3	2	1	0
Acepto mis sentimientos como propios	3	2	1	0

ESCALA 4

+   +   +   =   [   ]

ESCALA 5: EXPRESIÓN EMOCIONAL

En la lista siguiente indique cómo
describe cada renglón la manera
como usted piensa y siente sobre
usted mismo actualmente.

Esto me describe:

	Muy bien	Moderada- mente bien	Un poco	Nada bien
Les hago saber a los demás cuándo están haciendo un buen trabajo	3	2	1	0
Expreso mis emociones aun cuando sean negativas	3	2	1	0
Les hago saber a los demás lo que quiero y necesito	3	2	1	0
Mis amigos íntimos dirían que yo expreso mi aprecio por ellos	3	2	1	0
Me guardo mis sentimientos para mí solo..	0	1	2	3
Les hago saber a los demás cuando sentimientos desagradables intervienen en la manera como trabajamos	3	2	1	0
Me cuesta trabajo pedir ayuda cuando la necesito	0	1	2	3
Al tratar con los demás puedo percibir cómo se sienten	3	2	1	0
Haría cualquier cosa por no parecer tonto ante mis compañeros	0	1	2	3

ESCALA 5

+   +   +   =

ESCALA 6: CONCIENCIA EMOCIONAL DE OTROS

En la lista siguiente indique cómo
describe cada renglón la manera
como usted piensa y siente sobre
usted mismo actualmente.

Esto me describe:

	Muy bien	Moderada- mente bien	Un poco	Nada bien
Puedo reconocer las emociones de otros mirándolos a los ojos.	3	2	1	0
Me cuesta trabajo hablar con personas que no comparten mis puntos de vista	0	1	2	3
Me concentro en las cualidades positivas de los demás	3	2	1	0
Rara vez siento ganas de reñir a otro.	3	2	1	0
Pienso cómo se sentirían los demás antes de expresar mi opinión	3	2	1	0

Esto me describe:

	Muy bien	Moderada-mente bien	Un poco	Nada bien
Con cualquiera que hablo, siempre lo escucho con atención	3	2	1	0
Puedo presentir el ánimo de un grupo cuando entro en un salón	3	2	1	0
Yo puedo hacer que personas a quienes acabo de conocer hablen de sí mismas	3	2	1	0
Sé "leer entre líneas" cuando alguien está hablando.	3	2	1	0
Generalmente sé cómo piensan los demás sobre mí	3	2	1	0
Puedo presentir los sentimientos de una persona aunque no los exprese con palabras	3	2	1	0
Cambio mi expresión emocional según la persona con quien esté.	0	1	2	3
Sé cuándo un amigo está preocupado	3	2	1	0

ESCALA 6

+   +   +   =

SECCIÓN III. COMPETENCIAS DE CE

ESCALA 7: INTENCIÓN

Piense en el mes pasado. En la lista siguiente indique cómo describe cada renglón su conducta o intención.

Esto me describe:

	Muy bien	Moderada-mente bien	Un poco	Nada bien
Puedo excluir toda distracción cuando tengo que concentrarme	3	2	1	0
Generalmente termino lo que comienzo	3	2	1	0
Sé decir que no cuando es necesario.	3	2	1	0
Sé recompensarme a mí mismo después de alcanzar una meta	3	2	1	0
Puedo hacer a un lado las recompensas a corto plazo a cambio de una meta a largo plazo	3	2	1	0
Puedo concentrarme completamente en una tarea cuando es necesario	3	2	1	0
Hago cosas de que después me arrepiento.	0	1	2	3
Acepto la responsabilidad de manejar mis emociones	3	2	1	0

Esto me describe:

	Muy bien	Moderada- mente bien	Un poco	Nada bien
Cuando me veo ante un problema, me gusta despacharlo lo más pronto posible.	3	2	1	0
Pienso qué es lo que quiero antes de actuar	3	2	1	0
Puedo aplazar mi satisfacción personal a cambio de una meta más grande.	3	2	1	0
Cuando estoy de mal humor puedo superarlo hablando	3	2	1	0
Me da rabia cuando me critican	0	1	2	3
No sé cuál es el origen de mi enfado en muchas situaciones	0	1	2	3

ESCALA 7

+	+	+	=

ESCALA 8: CREATIVIDAD

Piense en el mes pasado. En la lista siguiente indique cómo describe cada renglón su conducta o intención.

Esto me describe:

	Muy bien	Moderada- mente bien	Un poco	Nada bien
He recomendado proyectos novedosos a mi compañía	3	2	1	0
Participo en compartir información e ideas	3	2	1	0
Sueño con el futuro para ayudarme a pensar hacia dónde voy.	3	2	1	0
Mis mejores ideas me vienen cuando no estoy pensando en ellas	3	2	1	0
Tengo ideas brillantes que me han venido de pronto y ya completamente formadas	3	2	1	0
Tengo un buen sentido de cuándo las ideas tendrán éxito o fracasarán.	3	2	1	0
Me fascinan los conceptos nuevos e inusuales	3	2	1	0
He implementado proyectos novedosos en mi compañía......................................	3	2	1	0
Me entusiasman las ideas y soluciones nuevas	3	2	1	0
Me desempeño bien haciendo tormentas de ideas para generar opciones sobre un problema	3	2	1	0

ESCALA 8

+	+	+	=

ESCALA 9: ELASTICIDAD

Piense en el mes pasado. En la lista
siguiente indique cómo describe cada
renglón su conducta o intención.

Esto me describe:

	Muy bien	*Moderada- mente bien*	*Un poco*	*Nada bien*
Puedo reaccionar después de haberme sentido desilusionado	3	2	1	0
Puedo realizar lo que necesito si me dedico a ello	3	2	1	0
Obstáculos o problemas en mi vida han producido cambios inesperados para mejorar	3	2	1	0
Encuentro fácil esperar con paciencia cuando es necesario	3	2	1	0
Siempre hay más de una respuesta correcta	3	2	1	0
Sé cómo dar satisfacción a todas las partes de mí mismo	3	2	1	0
No me gusta dejar para mañana lo que se pueda hacer hoy.................................	3	2	1	0
Temo ensayar otra vez una cosa que ya me ha fallado antes	0	1	2	3
Pienso que hay problemas por los cuales no vale la pena preocuparse	3	2	1	0
Yo me despreocupo cuando la tensión aumenta	3	2	1	0
Puedo ver el aspecto humorístico de las situaciones	3	2	1	0
A menudo dejo una cosa a un lado por un tiempo para obtener una nueva perspectiva	3	2	1	0
Cuando encuentro un problema me concentro en qué se puede hacer para resolverlo	3	2	1	0

ESCALA 9

+   +   +   =

ESCALA 10: CONEXIONES INTERPERSONALES

Piense en el mes pasado. En la lista siguiente indique cómo describe cada renglón su conducta o intención.	*Esto me describe:*			
	Muy bien	*Moderada- mente bien*	*Un poco*	*Nada bien*
Puedo lamentarme cuando pierdo algo que es importante para mí	3	2	1	0
Me siento incómodo cuando alguien se acerca demasiado a mí emocionalmente.	0	1	2	3
Tengo varios amigos con quienes puedo contar en caso de dificultades	3	2	1	0
Muestro mucho amor y afecto a mis amigos	3	2	1	0
Cuando tengo un problema, sé a quién acudir o qué hacer para ayudar a resolverlo	3	2	1	0
Mis creencias y valores guían mi conducta diaria	3	2	1	0
Mi familia está siempre conmigo cuando la necesito	3	2	1	0
Dudo de que mis colegas realmente me aprecien como persona	0	1	2	3
Me cuesta trabajo hacer amistades	0	1	2	3
Rara vez lloro	0	1	2	3

ESCALA 10

+   +   +   =

ESCALA 11: DESCONTENTO CONSTRUCTIVO

Piense en el mes pasado. En la lista siguiente indique cómo describe cada renglón su conducta o intención.	*Esto me describe:*			
	Muy bien	*Moderada- mente bien*	*Un poco*	*Nada bien*
Puedo contradecir con eficacia para producir un cambio	3	2	1	0
No expresaría mis sentimientos si creyera que con ello causaría un desacuerdo	0	1	2	3
En el fondo, yo sólo puedo confiar en mí mismo para hacer las cosas	0	1	2	3
Permanezco en calma aun en situaciones en que los demás se irritan	3	2	1	0
Es mejor no alborotar problemas si se pueden evitar	0	1	2	3

Esto me describe:

	Muy bien	Moderada-mente bien	Un poco	Nada bien
Me cuesta trabajo obtener consenso de mi equipo de trabajo	0	1	2	3
Pido retroinformación a mis colegas sobre mi rendimiento..............................	3	2	1	0
Tengo habilidad para organizar y motivar grupos de personas	3	2	1	0
Me gusta hacer frente a los problemas en el trabajo y resolverlos.........................	3	2	1	0
Escucho la crítica con mente abierta y la acepto cuando es justa	3	2	1	0
Dejo que las cosas crezcan hasta el punto crítico antes de hablar de ellas...	0	1	2	3
Cuando hago un comentario crítico, me concentro en la conducta y no en la persona	3	2	1	0
Evito las disputas	0	1	2	3

ESCALA 11

+	+	+	=	

SECCIÓN IV. VALORES DE CE Y CREENCIAS

ESCALA 12: COMPASIÓN

Piense en el mes pasado. En la lista siguiente indique cómo describe cada renglón su conducta o intención.

Esto me describe:

	Muy bien	Moderada-mente bien	Un poco	Nada bien
Yo puedo ver la mortificación de los demás, aunque no la mencionen	3	2	1	0
Puedo leer las emociones de la gente por sus ademanes.....................................	3	2	1	0
Actúo con ética en mi trato con los demás	3	2	1	0
No vacilaría en hacer un esfuerzo extra por ayudar a una persona que esté en dificultades	3	2	1	0
Tengo en cuenta los sentimientos de los demás en mi trato con ellos	3	2	1	0
Me puedo poner en el lugar de otra persona...	3	2	1	0
Hay personas a quienes jamás perdono	0	1	2	3

Esto me describe:

	Muy bien	Moderada-mente bien	Un poco	Nada bien
Puedo perdonarme a mí mismo por no ser perfecto	3	2	1	0
Cuando tengo éxito en algo, me parece que podía haberlo hecho mejor	0	1	2	3
Ayudo a los demás a quedar bien en situaciones difíciles	3	2	1	0
Constantemente me preocupo por mis deficiencias	0	1	2	3
Envidio a los que tienen más que yo	0	1	2	3

ESCALA 12

+   +   +   =

ESCALA 13: PERSPECTIVA

Piense en el mes pasado. En la lista siguiente indique cómo describe cada renglón su conducta o intención.

Esto me describe:

	Muy bien	Moderada-mente bien	Un poco	Nada bien
Veo el lado bueno de las cosas	3	2	1	0
Amo mi vida	3	2	1	0
Sé que puedo encontrar soluciones a problemas difíciles	3	2	1	0
Creo que las cosas generalmente salen bien	3	2	1	0
Continuamente me he visto frustrado en la vida por mala suerte	0	1	2	3
Me gusta ser el que soy	3	2	1	0
Veo los retos como oportunidades para aprender	3	2	1	0
Bajo presión estoy seguro de que encontraré una solución	3	2	1	0

ESCALA 13

+   +   +   =

ESCALA 14: INTUICIÓN

Piense en el mes pasado. En la lista siguiente indique cómo describe cada renglón su conducta o intención.

	Esto me describe:			
	Muy bien	Moderada-mente bien	Un poco	Nada bien
A veces tengo la solución correcta sin tener las razones	3	2	1	0
Mis corazonadas suelen ser acertadas	3	2	1	0
Visualizo mis metas futuras	3	2	1	0
Puedo ver el producto terminado o el cuadro antes de que estén completos.	3	2	1	0
Creo en mis sueños aun cuando otros no los vean ni los entiendan	3	2	1	0
Cuando me veo ante una elección difícil, sigo mi corazón	3	2	1	0
Presto atención cuando las cosas no me parecen del todo bien	3	2	1	0
Una vez que me he decidido, rara vez cambio de opinión	0	1	2	3
La gente dice que yo soy un visionario	3	2	1	0
Cuando alguien presenta una opinión distinta de la mía, me cuesta trabajo aceptarla	0	1	2	3
Uso mis reacciones intuitivas para tomar decisiones difíciles	3	2	1	0

ESCALA 14

+   +   +   =   ☐

ESCALA 15: RADIO DE CONFIANZA

Piense en el mes pasado. En la lista siguiente indique cómo describe cada renglón su conducta o intención.

	Esto me describe:			
	Muy bien	Moderada-mente bien	Un poco	Nada bien
Todos se aprovecharían de mí si yo los dejara	0	1	2	3
Confío en los demás hasta que tenga razones para no confiar	0	1	2	3
Tengo mucho cuidado para decidirme a confiar en una persona	0	1	2	3
Respeto a mis colegas	3	2	1	0
Las personas parecidas a mí en mi compañía han recibido más beneficios que yo (v.gr., aumentos de sueldo, ascensos, oportunidades, recompensas, etc.)	0	1	2	3

Esto me describe:

	Muy bien	Moderada- mente bien	Un poco	Nada bien
Las personas a quienes trato son dignas de confianza.	3	2	1	0
Parece que yo siempre salgo defraudado. ...	0	1	2	3
Muy poco en la vida es justo o equitativo	0	1	2	3
Cuando algo no funciona, yo trato de presentar un plan alterno	3	2	1	0
Cuando conozco a una persona nueva, descubro muy poco de información personal sobre mí mismo	0	1	2	3

ESCALA 15

	+	+	+	=	

ESCALA 16: PODER PERSONAL

Piense en el mes pasado. En la lista siguiente indique cómo describe cada renglón su conducta o intención.

Esto me describe:

	Muy bien	Moderada- mente bien	Un poco	Nada bien
Yo puedo lograr que las cosas se hagan	3	2	1	0
La suerte hace un papel muy importante en mi vida	0	1	2	3
Encuentro inútil luchar contra la jerarquía establecida en mi compañía	0	1	2	3
Las circunstancias están fuera de mi control	0	1	2	3
Necesito reconocimiento de los demás para que mi trabajo valga la pena	0	1	2	3
Es fácil que los demás gusten de mí	3	2	1	0
Me cuesta mucho trabajo aceptar cumplidos	0	1	2	3
Tengo la habilidad de conseguir lo que quiero	3	2	1	0
Siento que controlo mi vida	3	2	1	0
Si reflexiono sobre mi vida, podría sentir que básicamente no soy feliz.	0	1	2	3
Me siento asustado y creo que no tengo el control de las cosas cuando éstas cambian rápidamente	0	1	2	3
Me gusta encargarme de una cosa	3	2	1	0
Yo sé lo que quiero y lo busco	3	2	1	0

ESCALA 16

	+	+	+	=	

ESCALA 17: INTEGRIDAD

Piense en el mes pasado. En la lista siguiente indique cómo describe cada renglón su conducta o intención.	*Muy bien*	*Moderada-mente bien*	*Un poco*	*Nada bien*
		Esto me describe:		
Cuando cometo un error estoy dispuesto a reconocerlo	3	2	1	0
Siento que estoy engañando a los demás ...	0	1	2	3
Si no me apasionara mi trabajo, cambiaría de oficio	3	2	1	0
Mi oficio es una extensión de mi sistema personal de valores	3	2	1	0
Jamás digo una mentira	3	2	1	0
Encuentro que me dejo llevar por una situación aun cuando no esté de acuerdo con ella	0	1	2	3
Exagero mis habilidades para poder avanzar	0	1	2	3
Digo la verdad aun cuando sea difícil	3	2	1	0
He hecho en mi oficio cosas contrarias a mis principios	0	1	2	3

ESCALA 17

+   +   +   =

SECCIÓN V. RESULTADOS DE CE

ESCALA 18: SALUD GENERAL

Piense en el mes pasado. Indique con qué frecuencia ha experimentado los síntomas siguientes.	*Nunca*	*Una o dos veces al mes*	*Todas las semanas*	*Casi todos los días*

SÍNTOMAS FÍSICOS:

	Nunca	*Una o dos veces al mes*	*Todas las semanas*	*Casi todos los días*
Dolor de espalda	0	1	2	3
Problemas de peso (pérdida o exceso de peso)	0	1	2	3
Dolores de cabeza.	0	1	2	3
Jaquecas	0	1	2	3
Catarros o problemas respiratorios	0	1	2	3
Problemas del estómago (gases frecuentes, síndrome de irritabilidad intestinal, o úlceras)	0	1	2	3
Dolor del pecho	0	1	2	3
Dolores inexplicables.	0	1	2	3
Otros dolores crónicos no anotados en la lista anterior................................	0	1	2	3

Síntomas de conducta:

	Nunca	Una o dos veces al mes	Todas las semanas	Casi todos los días
Alimentación (pérdida del apetito, como con exceso, no tengo tiempo de comer)	0	1	2	3
Fumo	0	1	2	3
Tomo bebidas alcohólicas	0	1	2	3
Tomo calmantes	0	1	2	3
Tomo aspirina u otros analgésicos	0	1	2	3
Tomo otras drogas	0	1	2	3
Huyo de las relaciones estrechas	0	1	2	3
Critico, culpo o ridiculizo a los demás	0	1	2	3
Me siento víctima, o que se aprovechan de mí.....................................	0	1	2	3
Veo TV (más de dos horas al día)	0	1	2	3
Practico juegos de vídeo o computador, o uso la Internet (más de dos horas al día)	0	1	2	3
Me fastidian las personas con quienes me encuentro.............................	0	1	2	3
Accidentes o heridas	0	1	2	3

Síntomas emocionales:

	Nunca	Una o dos veces al mes	Todas las semanas	Casi todos los días
Me cuesta trabajo concentrarme	0	1	2	3
Me abruma el trabajo	0	1	2	3
Me distraigo fácilmente.	0	1	2	3
No puedo quitarme una cosa de la cabeza y estoy siempre preocupado	0	1	2	3
Me siento deprimido, desalentado o sin esperanza.	0	1	2	3
Me siento solo	0	1	2	3
Pierdo la memoria.	0	1	2	3
Me siento fatigado o abrumado.	0	1	2	3
Me cuesta trabajo resolverme o tomar decisiones.	0	1	2	3
Me cuesta trabajo empezar o tranquilizarme	0	1	2	3

ESCALA 18

+   +   +   = [ ]

ESCALA 19: CALIDAD DE LA VIDA

En la lista siguiente indique cómo describe cada renglón la manera como usted piensa y siente sobre usted mismo actualmente.

Esto me describe:

	Muy bien	*Moderada- mente bien*	*Un poco*	*Nada bien*
Estoy muy satisfecho con mi vida	3	2	1	0
Me siento enérgico, feliz y lleno de salud	3	2	1	0
Tengo sentimientos de paz interior y bienestar	3	2	1	0
Necesitaría hacer muchos cambios en mi vida para ser realmente feliz	0	1	2	3
Mi vida satisface mis más hondas necesidades	3	2	1	0
He obtenido menos de lo que esperaba de la vida	0	1	2	3
Me gusta ser exactamente como soy	3	2	1	0
Para mí el trabajo es una diversión	3	2	1	0
He encontrado trabajo significativo	3	2	1	0
Voy por un camino que me trae satisfacción	3	2	1	0
He aprovechado al máximo mis capacidades.	3	2	1	0

ESCALA 19

+   +   +   =

ESCALA 20: COCIENTE DE RELACIONES

En la lista siguiente indique cómo describe cada renglón la manera como usted piensa y siente sobre usted mismo actualmente.

Esto me describe:

	Muy bien	*Moderada- mente bien*	*Un poco*	*Nada bien*
Hay personas con quienes "me conecto" a un nivel más hondo..............................	3	2	1	0
Soy franco con las personas cercanas a mí y ellas son francas conmigo	3	2	1	0
He amado profundamente a otra persona ..	3	2	1	0
Generalmente encuentro personas con quienes hacer vida social.	3	2	1	0
Soy capaz de hacer compromisos a largo plazo con otra persona	3	2	1	0

Esto me describe:

	Muy bien	Moderada-mente bien	Un poco	Nada bien
Sé que soy importante para los que están más cerca de mí	3	2	1	0
Encuentro fácil decirles a los demás que los quiero	3	2	1	0

ESCALA 20

+	+	+	=	

ESCALA 21: ÓPTIMO RENDIMIENTO

En la lista siguiente indique cómo describe cada renglón la manera como usted piensa y siente sobre usted mismo actualmente.

Esto me describe:

	Muy bien	Moderada-mente bien	Un poco	Nada bien
Estoy satisfecho con mi desempeño en el trabajo	3	2	1	0
Mis compañeros de trabajo dirían que yo facilito buenas comunicaciones entre los miembros de mi grupo	3	2	1	0
Me siento distante en el trabajo y no participante	0	1	2	3
Me es difícil prestar atención a las tareas del trabajo	0	1	2	3
En mi equipo de trabajo participo en la toma de decisiones	3	2	1	0
Me cuesta trabajo cumplir los compromisos o completar las tareas	0	1	2	3
Mi rendimiento en el trabajo es siempre el mejor de que soy capaz	3	2	1	0

ESCALA 21

+	+	+	=	

Gracias por sus respuestas. Usted ha completado la parte del cuestionario del Cuadro de CE.

➤ *Para graficar visualmente sus puntajes, pase al "puntaje de CE".*

CUADRO DE CE

PUNTAJE	SUCESOS DE LA VIDA (1)	PRESIONES DEL TRABAJO (2)	PRESIONES PERSONALES (3)	CONCIENCIA EMOCIONAL DE SÍ MISMO (4)	EXPRESIÓN EMOCIONAL (5)	CONCIENCIA EMOCIONAL DE OTROS (6)	INTENCIÓN (7)	CREATIVIDAD (8)	ELASTICIDAD (9)
Óptimo	0 n 2	0 n 6	0 n 2	33 n 29	27 n 20	39 n 28	42 n 33	30 n 24	39 n 34
Diestro	3 n 7	7 n 13	3 n 7	28 n 24	19 n 17	27 n 22	32 n 27	23 n 19	33 n 28
Vulnerable	8 n 15	4 n 20	8 n 14	23 n 19	16 n 13	21 n 15	26 n 21	18 n 13	27 n 21
Cautela	16 n 54	21 n 51	15 n 42	18 n 0	12 n 0	14 n 0	20 n 0	14 n 0	20 n 0

ZONA DE RENDIMIENTO	AMBIENTE ACTUAL	CONOCIMIENTO	COMPETENCIAS

INTELIGENCIA

PUNTAJE

	CONEXIONES INTERPERSONALES	DESCONTENTO CONSTRUCTIVO	COMPASIÓN	PERSPECTIVA	INTUICIÓN	RADIO DE CONFIANZA	PODER PERSONAL	INTEGRIDAD	SALUD GENERAL	CALIDAD DE VIDA	COCIENTE DE RELACIONES	ÓPTIMO RENDIMIENTO
	10	11	12	13	14	15	16	17	18	19	20	21
	30	39	36	24	33	30	39	27	0	33	21	21
	n	n	n	n	n	n	n	n	n	n	n	n
	28	34	33	23	29	26	34	20	8	27	20	20
	27	33	32	22	28	25	33	19	9	26	19	19
	n	n	n	n	n	n	n	n	n	n	n	n
	23	27	29	19	23	21	29	17	18	22	17	17
	22	26	28	18	22	20	28	16	19	21	16	16
	n	n	n	n	n	n	n	n	n	n	n	n
	18	20	21	13	18	16	24	13	31	17	14	13
	17	19	20	12	17	15	23	12	32	16	13	12
	n	n	n	n	n	n	n	n	n	n	n	n
	0	0	0	0	0	0	0	0	96	0	0	0
			VALORES Y CREENCIAS						RESULTADOS			

EMOCIONAL